文津文庫

# 漢魏兩晉南北朝史叢考

余嘉錫 著

國家圖書館出版社

**圖書在版編目(CIP)數據**

漢魏兩晉南北朝史叢考/余嘉錫著.—北京:國家圖書館出版社,2010.12

ISBN 978-7-5013-4419-2

Ⅰ.①漢… Ⅱ.①余 Ⅲ.①中國—古代史—漢代—文集 ②中國—古代史—漢魏兩晉南北朝時代—文集 Ⅳ.①K230.7-53

中國版本圖書館CIP數據核字(2010)第181151號

責任編輯:賈貴榮 耿素麗

**書名** 漢魏兩晉南北朝史叢考

**著者** 余嘉錫 著

---

**出版** 國家圖書館出版社(原北京圖書館出版社)

(100034 北京市西城區文津街7號)

**發行** 010-66139745 66175620 66126153

66174391(傳真),66126156(門市部)

**E-mail** btsfxb@nlc.gov.cn(郵購)

**Website** www.nlcpress.com→投稿中心

**經銷** 新華書店

**印刷** 北京漢玉印刷廠

---

**開本** 787×1092毫米 1/16

**印張** 16.25

**版次** 2010年12月第一版第一次印刷

**印數** 1—3000冊

---

**書號** ISBN 978-7-5013-4419-2

**定價** 43.00圓

# 出版説明

本書收録余嘉錫先生所撰研究漢魏兩晉南北朝時期歷史問題的論文計九篇。涉及《史記》亡佚篇的考證、漢武帝時代的馬政、晉代的辟雍制度、魏晉南北朝乃至隋唐士人的服藥問題等。余先生精於古籍目録,長於史料運用。文章考證縝密,論述詳博,見解獨到,爲漢魏兩晉南北朝歷史研究提供了不可或缺的參考文獻。

余先生字季豫,湖南常德人,生於 1883 年,卒於 1955 年,是古典文獻學家、歷史學家。平生讀書甚廣,著述頗豐。著有《目録學發微》《世説新語箋疏》《四庫提要辨證》等書。本書所收論文係根據中華書局《余嘉錫論學雜著》1963 年版重排。我們在重新排版中對原稿進行了新的標點,以利於今人閲讀。需要説明的有:一是余先生學問博大精深,徵引書文信手摘來,故書名號的標注難免有漏標錯標之處。二是書名多簡稱縮寫,未予補齊,如《書鈔》《御覽》之類。三是我們對原書排版的個别錯漏字做了修改。

國家圖書館出版社

2010 年 6 月

# 目　　錄

# 《太史公書》亡篇考

## 序

序曰:《太史公》百三十篇,《漢書》謂十篇缺,然不舉其篇目。張晏《漢書注》始歷歷言之,謂爲遷没後亡失,元、成之閒褚先生補作四篇。臣瓚、蔡謨、裴駰、顔師古、李賢等並從之,無異議也。劉知幾始謂十篇是未成而非亡失,張守節始謂十篇皆褚先生所補。司馬貞之説,亦與張晏稍有異同。吕祖謙始謂所亡者惟《武紀》一篇,而張晏之説,遂成疑案矣。有清諸儒,群起考辨,人自爲書,家自爲説。紛然淆亂,莫衷一是。夫以史公之書,爲古今乙部之祖,而其書之完闕,迄無定論,寧非憾事也哉。余嘗留意斯事,欲有所討論,盡取諸書讀之,如入一閧之市,群喙喧呶,議論蜂起,懵然莫知其所從。由是發憤理而董之,分别條目,爲書二卷。臚舉諸家之説,悉載不遺。有所考證,疏之下方。諸説紛馳,是非靡定,竊不自量,妄欲爲之折衷,故輒加論斷,貢其狂僭。古書散亡,無徵不信,如有所疑,付之蓋闕,不敢强爲之説也。各家引徵,大抵從同,雖已酌加刋削,尚不能盡。又一人之説,分隸諸目,難免複重。極知煩碎,無當大雅,自比鈔胥,取便觀覽而已。凡所甄録,並出通人,千慮之失,猶所不免。至於近人僞經探原之作,多非常異義可怪之論,鄙人固陋,未喻其旨。道不同不爲相謀,與其囿學相非,毋寧置之不議,凡若此者,概不采掇。各尊所聞,各行所知,其或者不至得罪於君子乎。一九四一年十月,武陵余嘉錫書。

## 十篇有録無書第一

《漢書·藝文志》曰:春秋家《太史公》百三十篇,十篇有録無書。

案:《史記》自序,自稱《太史公書》,此省"書"字,乃志例如此,猶之劉向所作諸子書録,皆稱某子書,而今志但名某子也。

又《司馬遷列傳》曰:"遷之自序云爾,而十篇缺,有録無書。"

《後漢書·班彪傳》曰:"司馬遷作本紀、世家、列傳、書、表,凡百三十篇,而十篇缺焉。"

《史記·太史公自序》集解引《漢書音義》曰:"十篇缺,有録無書。"此下有"張晏曰"云云,見後。

案:此引臣瓚《漢書音義》也。《隋志》有《漢書集解音義》二十四卷,應劭撰。《新唐志》作應劭《漢書音義》。顔師古《漢書叙例》曰:"有臣瓚者,莫知氏族,考其時代,亦在晉初。又總集諸家音義,稍以己見續厠其末,凡二十四卷,分爲兩帙。今之《集解音義》,則是其書。而後人見者,不知臣瓚所作,乃謂之應劭集解。"裴氏《史記集解》序曰:"《漢書音義》稱臣瓚者,莫知氏姓,今直云瓚曰,又都無姓名者,但云《漢書音義》。"知其所引無姓名者,並出瓚書也。十篇缺,有録無書,明見《司馬遷傳》,而裴氏必引《音義》者,臣瓚之書,不録《漢書》本文,但摘字作注,如《經典釋文》五經單疏之體。顔氏《叙例》曰:"蔡謨全取臣瓚一部,散入《漢書》,自此以來,始有注本。"此七字乃張晏注上之標題,裴氏並引之,以見張晏之説,乃《司馬遷傳》中之注耳。

吴承志《横陽札記》卷九曰:"《漢書·藝文志》春秋類,《夾氏傳》十一卷,注'有録無書'。《太史公》百三十篇,注'十篇有録無書'。蒙案:兩注皆非班氏原文。司馬遷所云有録無書,謂《太史公自叙》有其目,而文不備也。夾氏書乃傳《春秋》,體例與《太史公書》不同,不得有自叙之篇,焉得有録。且卷數標著十一,無書何由知之。篇首叙云:'劉向校經傳,每一書已,輒條其篇目,撮其指意,録而奏之。會向卒,哀帝復使向子歆卒父業,歆於是總群書而奏其《七略》。今删其要以備篇籍。'如叙説,志目純本《録》《略》。夾氏無書,向、歆何憑校?《録》《略》何緣著目?裴駰自序集解引《漢書音義》曰'十篇缺,有録無書',所引《音義》,即此《太史公》下注文,知六字係蔡謨所輯孟康諸家注語。《夾氏傳》下'有録無書'四字,亦《音義》文必矣。"

案:吴氏此説,意爲穿鑿,紕繆殊甚。如謂遷傳之有録無書,乃據史公叙録,《夾氏傳》無自叙,不得有録。然吴氏已引《藝文志》劉向"録而奏之"之語矣。"録"者《别録》也,所謂"條其篇目,撮其指意"者,即《太史公自叙》之體,今尚有孫卿書録可證。《遷傳》贊所謂"劉向稱其有良史之才"云云,即是所作《太史公書録》中語。夾氏縱無自叙,劉向遂不得爲作書録乎?且西漢人著書如劉安、司馬遷、揚雄皆有自叙。謂夾氏釋經之書,便不得有自叙,叙後亦當有篇目,如隱公第一、桓公第二之類,《説文》叙可證。又不知其何理也。志言"成帝時書頗散亡"。《夾氏傳》之有録無書,或向、歆校書時其叙録猶存而書已亡。或劉向尚及見之,爲之著録,至歆作《七略》時而書亡,或夾氏雖作叙録,而其學則口耳相傳,未著竹帛,如費高氏之《易》。皆不可知。然吴氏竟因此指爲《漢書音義》之文,不知何所依據也。吴氏又謂裴駰引《音義》,爲《藝文志》"太史公"條下蔡謨注文。不知《志》言"十篇有録無書"只六字,《司馬遷傳》言"十篇缺,有録無書"凡七字,裴駰所引七字,明是傳語。且蔡謨書見《晉書》本傳,名《漢書集解》,不名《音義》也。蓋有意穿鑿,遂致紕繆如此。其他論《夾氏傳》語,亦多曲説。以與本篇無涉,故删去不論。

## 遷没後亡十篇褚先生補缺第二

《史記自序》《集解》《索隱》、見汲古閣刻單行本卷二十八,三家注本無。《漢書·司馬遷傳》注並引張晏曰:"遷没之後,亡《景紀》《武紀》《禮書》《樂書》《兵書》、宋本《集解》作《律書》,誤。《漢興以來將相年表》,《日者列傳》《三王世家》《龜策列傳》、傅靳蒯□□《索隱》作"等",《漢書》注無"蒯"字。《列傳》。元成之閒,褚先生補缺,作《武帝紀》《三王世家》《龜策日者列傳》。言辭鄙陋,非遷本意也。"《索隱》無"元成之閒"以下諸語。

案：裴駰所引，出於臣瓚《音義》，説已見前。顔師古《漢書注》所引諸家注釋，皆出蔡謨《集解》，觀其叙例可知。張晏魏人，見《漢書》叙例。去漢不遠，其言必有所受之，故臣瓚、蔡謨皆引以爲注，别無他説，知自晉宋諸家以及小顔，胥無異議。乃清儒多不信之，紛紛自爲之説，其實毫無證佐，殊無以見其必然也。《後漢書·班彪傳》注舉十篇之目與此同，但不出張晏姓名耳。附識之於此，不重録焉。

《史記自序》索隱曰："案：《景紀》取班書補之，《武紀》專取《封禪書》，《禮書》取荀卿《禮論》，《樂書》取《禮樂記》。《兵書》亡不補，略述律而言兵，遂分歷述以次之。《三王世家》空取其策文以緝此篇，何率略且重非當也。《日者》不能記諸國之同異，而論司馬季主，《龜策》直太卜所得占龜兆雜説，而無筆削功，何蕪鄙也。"

案：《索隱》於褚先生補缺諸篇，各著其説於本篇，或《太史公序録》之下，分見以下各條。與張晏略同。初未嘗謂《景紀》《禮書》《樂書》《律書》，爲褚先生所補也。此節乃泛論後人補《史記》之不當，即述贊中"惜哉殘缺，非才妄續"之意，其不舉《漢興以來將相年表》及《傅靳蒯成列傳》者，以其文不蕪鄙，又非取之班書，其實《景紀》亦與班書不同，説見後。故置之不言耳。後人紛紛詆《索隱》謂褚先生取班書補《景紀》之誤，不知《索隱》本不指爲褚先生，是未嘗深考也。

司馬貞《補史記》序曰："其中遠近乖張，詞義踳駁。或篇章倒錯，或贊論麄疎。蓋由遭逢非罪，有所未暇。故十篇有録無書是也。後褚少孫亦頗加補綴，然猶未能周備。"

案：小司馬於褚少孫尤而效之，妄加補綴，又復横肆詆訶，誠不自量。觀其語意，似謂十篇有録無書，爲未成之作，與《索隱》引張晏"遷没亡失"語不合。蓋竊取劉知幾之意，忘其自相違伐也。

《史記·龜策列傳》正義曰："《史記》至元成閒，十篇有録無書，而褚少孫備《景》《武紀》《將相年表》《禮書》《樂書》《律書》《三王世家》

《蒯成侯》《日者》《龜策列傳》。《日者》《龜策》,言辭最鄙陋,非太史公之本意也。"

案:臧庸《拜經日記》卷九曰:"張晏説褚少孫補《史記》四篇,張守節以十篇皆褚所補,未知何據。"嘉錫以爲守節實無所據也。注《史記》者三家,以正義較爲淺陋。此節依附張晏之言而失其意。晏言"遷没後亡十篇,元成之閒,褚先生補缺",而守節遂謂亡於元成閒。《太史公自序》《傳靳蒯成列傳》第三十八,諸家引張晏語或作傳靳蒯,或作傳靳等者,略之也。今乃獨舉蒯成而遺傳、靳兩人,麄疎如此。知其以十篇爲褚先生所補,直是讀書不仔細,非有所見而云然也。

劉知幾《史通·敘事篇》曰:"人之著述雖同自一手,其間則有善惡不均,精粗非類。若《史記》蘇、張、蔡澤等傳是其美者。至於《三、五本紀》《日者》《太倉公》《龜策傳》,故無所取焉。"

又《鑒識篇》曰:"張晏云:'遷殁後,亡《龜策》《日者傳》,褚先生補其所缺,言詞鄙陋,非遷本意。'案:遷所撰《五帝本紀》,七十列傳,稱虞舜見厄,遂匿空而出,宣尼既殂,門人推奉有若,其言之鄙又甚於兹,安得獨罪褚生而全宗馬氏也。"

又《古今正史篇》曰:"至宣帝時,遷外孫楊惲祖述其書,逐宣布焉;而十篇未成,有録而已。自注:張晏《漢書注》云,十篇遷殁後亡失,此説非也。元、成之閒,會稽褚先生更補其缺,作《武帝紀》《三王世家》《龜策》《日者傳》,一本脱'傳'字。辭多鄙陋,非遷本意也。"

案:《史通》兩引張晏、褚先生補缺之語,而叙事篇乃以《日者》《龜策》爲與蘇、張等傳同自一手,似是前後矛盾,而其實非也。蓋子玄本不甚信張晏之説,故謂十篇是未成而非亡失。《日者》《龜策傳》皆有太史公語,亦其草創未成,而褚先生特續補之耳。後來吕祖謙、王鳴盛輩之所考,子玄已啓其端矣。

吕祖謙《大事記解題》卷十曰:"以張晏所列亡篇之目校之《史記》,或其篇具在,或草具而未成。惟《武紀》一篇亡耳。司馬貞《索隱》信張晏之説,遂謂《景紀》後人取班書補之,是殆不然。學者合取司馬氏、班氏二紀觀其書法,則才識高下,可默喻矣。衛宏《漢舊儀注》曰:'司馬遷作本紀,極言景帝之短,及武帝之過,武帝怒而削去之。'衛宏與班固同時,兩紀俱亡。《景紀》所以復出者,武帝特能毁其副在京師者耳。藏之名山,固自有它本也。自注:如《古文尚書》漢魏儒皆不見,至晉南渡後始出。《武紀》終不見者,豈非指切尤甚,民間亦畏禍而不敢藏乎。"

案:此與《漢書·藝文志考證》所引吕氏説大同小異,惟彼較此爲更詳。自劉知幾已不信張晏之説,謂《日者》《龜策傳》出自太史公之手,然無以解於有録無書。吕氏謂爲佚而復出,其爲説較圓矣。特不知衛宏之説,本未可據耳。説詳後《景紀》條。此節雖專爲《景紀》而發,以其説導後來諸家之先路,故仍録之於此,以爲張本。

王應麟《漢書·藝文志考證》卷三引東萊吕氏曰:"方班固時,東觀蘭臺所藏十篇,雖有録無書,正如《古文尚書》兩漢諸儒皆未嘗見,至江左始盛行,固不可以其晚出遂以爲僞也。"

案:以此與《大事記》互證,語意尤爲明白,故重録之。其論十篇之語,則分録於各條之下。夫古書佚而復出,固亦事理所常有。然東萊不知《古文尚書》之僞,援以立説,實非佳證也。

陳振孫《直齋書録解題》卷四曰:"今案此十篇者皆具在,褚所補《武紀》全寫《封禪書》,《三王世家》但述封拜策書,二列傳皆猥釀不足道。而其餘六篇,《景紀》最疏略。《禮樂書》謄荀子《禮論》、河間王《樂記》。《傅靳列傳》與《漢書》同,而《將相年表》迄鴻嘉,則未知何人所補也。"

案:振孫説雖無大發明,而不信十篇中有太史公原書,其識高出王鳴盛輩遠矣。

《四庫全書總目》卷四十三《史記提要》曰:"《漢書》本傳稱其十篇有録無書,張晏以爲遷殁之後,亡《景帝紀》《武帝紀》《禮書》《樂書》《兵書》《漢興以來將相年表》《日者列傳》《三王世家》《龜策列傳》《傅靳列傳》。劉知幾《史通》則以爲十篇未成，有録而已，駁張晏之説爲非。今考《日者》《龜策》二傳，並有'太史公曰'，又有'褚先生曰'，是爲補綴殘稾之明證，當以知幾爲是也。然《漢志》春秋家載《史記》百三十篇，不云有闕。蓋是時官本已以少孫所續合爲一編。觀其《日者》《龜策》二傳，並有'臣爲郎時'云云，是必嘗經奏進，故有是稱。其褚先生字，殆後人追題以爲識別歟？"

案：吾亡友高閬仙步瀛《史記舉要》引《提要》此條駁之曰："步瀛案：十篇除《將相表》《三王世家》《日者》《龜策傳》，皆'太史公曰'、'褚先生曰'並見，餘二本紀三書一列傳，皆有'太史公曰'，殆後人所僞託，安得遽信爲真，而定爲未成之稾乎？班《志》原注明言十篇有録無書，何瞠目未見？乃謂不云有闕，而造此謬説，殊不可解也。少孫元、成間爲博士。劉子政父子校中祕書，即在成帝時，《史記》所闕，斷不取同時人所補以充之。且褚少孫所補《三代世表》《外戚世家》《梁孝王世家》《田叔列傳》，皆有'臣爲郎時'語，《三王世家》曰'臣幸得以文學爲侍郎'，《滑稽列傳》曰'臣幸得以經術爲郎'，又不獨《日者》《龜策》二傳。書目所言，一似《史記》《漢書》尚未檢者，亦可異矣。邵晉涵《史記提要》《文溯閣四庫全書提要》，皆無此説，不知何人所改，致此大謬，恐非紀文達之筆也。案：凡《提要》刻本與閣本不同者，不勝枚舉，其弊由於急欲脱稾，不肯細檢原書。閬仙此言，似有意迴護。至'褚先生曰'字，當即後人合褚補於《太史公書》者所加。而《陳涉世家》'褚先生曰'，乃'太史公曰'之誤，《集解》所校甚是，又不得一例觀之矣。"嘉錫案：閬仙所駁，誠中《提要》之病，惟《將相表》中並無太史公、褚先生等字，立説不免小誤。《提要》以少孫自稱臣，爲其書嘗經奏進，褚先生字殆後人追題。閬仙又以爲後人合諸補於《太史公書》時之所加，愚皆以爲不然。漢人稱臣乃自謙之詞，不必對君。少孫作書時，已附入《太史公書》，説詳"總論"。褚先生乃少孫所自稱以别於太史公。故《三代世表》有"張夫子問褚先生曰"，《索隱》曰："張夫子未詳。"姚範《援鶉堂筆記》卷十五曰："張夫子即張長安幼君也。"案：姚説是也，張長安與少孫同事王式，受《魯詩》，見《漢書·儒林傳》。

《建元以來侯者年表》有"後進好事儒者褚先生曰",明是少孫本文如此。如《提要》言,則雖改作"張夫子問臣","後進好事儒者臣少孫",終不似對君之詞。如閬仙言,則不知其自稱本何如,後人又如何追加也。方閬仙以此書贈余時,未及細閱。今余討論及此,而閬仙已於數月前逝去,執筆黯然,恨不得如昔日往復辯論也。至以十篇中"太史公"字爲後人僞託,亦與愚意不同,説詳"總論"。

王鳴盛《十七史商榷》卷一曰:"《漢書》所謂十篇有録無書者,今惟《武紀》灼然全亡,《三王世家》《日者》《龜策傳》爲未成之筆,但可云闕不可云亡。其餘皆不見所亡何文。"

案:王氏此條,考十篇有録無書,凡七百八十餘字。論十篇語,今分録入本條之下,見後。除引張晏注及《索隱》外,其自爲説大抵與《漢志考證》所引東萊吕氏語同,而竟一字不及吕氏,是不可解也。且吕氏雖言十篇非皆無書,然謂爲班固之後復出於民間,故尚能言之成理。王氏除疑《龜策》元文出於褚先生之後外,其餘皆曰不知張晏何以云亡,或曰不可云亡。然則不惟張晏爲妄語,即劉歆《七略》、班固《漢志》所謂有録無書者,亦未可據矣。爲説如此,則凡古書之不如吾意者,皆不足信,直舉而拉雜摧燒之可也,奚以考證爲哉!

梁玉繩《史記志疑》卷七,歷引《漢書·藝文志》《司馬遷傳》《後漢書·班彪傳》《張晏注》《索隱》《正義》、所引原文均已見前;今不録。其引《索隱》謂"《景紀》褚先生取班書補之"。今案《索隱》並無"褚先生"三字。《漢舊儀注》《西京雜記》《魏志·王肅傳》、及衛宏 三書原文見後"景紀"條,亦不録。《大事記》原文亦見前。之説,並駁之,其略曰:"衛宏言史公之死,竟似北魏崔浩。然《漢書·遷傳》未聞有下獄之事,且遷史死後稍出,至宣帝時始宣布,明載本傳,武帝安得見之。此節詳見後"景紀"條,故僅删存其略。若説史公未成,則《自序》中篇目完全,並字數亦明白記載,何云未成?至班固生於東漢,其書成於章帝建初中,乃司馬貞言"褚生以元成閒人"而取用之,有是理乎?更可笑者,張晏諸人,動言褚生補《史》,今即其所數十篇,明言褚補之者,惟《三王世家》《日者》《龜策》兩傳。其餘七篇,安得概指爲褚作耶?此下有一節辨補《史》不止少孫一人,歷舉諸篇增入天漢後事爲證,今删去。又如晏等所數十篇,則《三代世表》《建元侯表》《外戚世家》《梁孝王世家》《田叔傳》《滑稽傳》,少孫俱有附益,何以不在十篇之數歟?而十篇之中,《兵書》既序目所無,則止九篇,與前後書言十篇不合。若云《律曆》本一而分次之,則史公序目元分爲二書也。據《藝文志》,馮商續太史公七篇。《班彪傳》:"《史記》自太初以後,闕而不録,好事者或綴集時事。"李賢注:"好事者,謂揚雄、劉歆、陽城衡、褚少孫、史孝山之徒。"又《史通·古今正史篇》,續《史記》諸儒,有劉向等,則補《史》非少孫一人明矣。今讀《孝景紀》,所書惟大事,另一體格,後世史家作帝紀多祖此例,且有《漢書》所無者。宋真德秀録《景紀論》於《文章正宗》,亦以爲史公之筆,夫豈他人所能僞哉?《將相名臣表》惟缺前序,自高祖元年至太初四年完然具存,天漢以下後人所續,亦如《建元侯表》之類,非本表有未全也。《律書》即是兵書,《易》稱師出以律,而古者吹律以聽軍聲,所以名律爲兵,《索隱》已嘗論之。觀本書及自序可見,烏得以爲闕乎?《傅靳傳》非史公不能作,其叙事簡而有法,與《曹相國世家》《樊》《酈》《滕》《灌傳》同一體例。孟堅仍其文,少所删潤,其闕安在。蓋《史記》凡闕七篇,十篇乃七篇之譌。故兩《漢書》謂十篇無書者固非,而謂九篇具存者尤非也。七篇者,今上《本紀》一、《禮書》二、《樂書》三、《曆書》四、《三王世家》五、《日者傳》六、《龜策傳》七。或問以十篇爲七篇之譌,何據?曰:《史》《漢》中"七""十"兩字互舛甚多,而其所以誤者,篆隸字形相似,《隸釋·孔龢碑》三月廿十日,是已。"

案:梁氏所著《史記志疑》,頗多武斷,然未有如此篇之甚者。榷而論之,其謬有七。《史記索隱》謂《景紀》取班書補之,並未言何人所補。今引其語,於句中自增"褚先生"三字,因詬司馬貞不知褚少孫在班固之前,此其厚誣古人,不啻獄吏舞文,故入人罪,其謬一也。張晏言褚先生補缺,作《武帝紀》《三王世家》《日者》《龜策列傳》四篇耳。其謂十篇皆褚所補者,張守節一人之言也。裴駰、司馬貞皆無此説。梁氏一網打盡,譏張晏諸人,動言褚生補

《史》,概指十篇爲褚作。不知晏之言見於何篇,所謂諸人者皆何人耶?其謬二也。梁氏所指《三代世表》《建元侯表》等篇,褚少孫俱有附益,晏等何以不數。不知晏所謂"褚先生補缺者",爲遷殁後亡失十篇言之也。《三代世表》等篇,太史公原書具在,褚先生特有所附益耳,自不得數入十篇之内。梁氏以此反詰張晏,是不知晏語爲《司馬遷傳》"十篇缺有録無書"之注,且並其文義亦未甚解也。其謬三也。既知《律書》即《兵書》,又謂《兵書》爲序目所無,與十篇之數不合,數行之内,忽棄忽取,前後矛盾。其謬四也。《史記》内有後人闌入之語,續《史記》者有馮商、揚雄等,此在稍讀書者類能知之,故古今人未有以增入之事概屬之褚先生者。梁氏謂補《史》不止少孫一人,旁徵博引以爲之辯,無的放矢,徒爲詞費。其謬五也。《漢書》言十篇缺,有録無書。《後漢書》言十篇缺焉。梁氏於此十篇或以爲真,或以爲僞,第以其意評之,間有考證,亦殊未確。所考分見"景紀"以下諸條。而遽改兩《漢書》:"十"字爲"七",以爲因字形相似而誤。夫班固原本如何不可知,若魏晋人所見《漢書》,則張晏嘗枚數十篇之目,臣瓚、蔡謨並從之,可見確是十字而非七字。梁氏生千餘載之下,獨毅然直指其誤,不知何所據依,豈嘗得葫蘆中《漢書》真本乎。其謬六也。十篇之中,梁氏信《景紀》《將相名臣表》《律書》《傅靳傳》,爲真太史公之筆,則其缺者六篇而已。乃忽於張晏所指十篇之外,增一《曆書》,以爲七篇。夷考其説,則謂史公《曆書》惟存前序,其曆術甲子篇以下,爲後人所增入,見《志疑》卷十五,説詳"十篇之外褚先生所續"條。然則非僞撰也。前序尚存,可謂之"有録無書"乎?其謬七也。凡此七謬,一經指出,有絶可笑者。其弊在果於自信,勇於疑古,犯學者之大忌。計其一篇之中,惟駁衛宏、王肅之説,及謂《史記》非未成,尚可節取耳。

趙翼《廿二史劄記》卷一曰:"《漢書·司馬遷傳》,謂《史記》内十篇有録無書。顔師古注引張晏曰:'遷没後亡十篇,元成間褚少孫補之。'是少孫所補只此十篇。然細按之,十篇之外尚有少孫增入者。"以下語見"十篇外褚先生所續"條。

案：以十篇皆褚所補爲張晏語者，梁玉繩之謬説也。然梁氏所引，尚仍張晏本文，趙氏乃直改竄其詞，其亦鄰於妄誕矣。

又曰："案：史公自叙，十二本紀、八書、三十世家、七十列傳，共百三十篇，五十二萬六千五百字，是史公已訂成全書。其十篇之缺，乃後人所遺失，非史公未及成而待於後人補之也。班固作《遷傳》，但云十篇有録無書，而不言少孫所補。然班書内燕王旦等封策，及平陽公主以衛青爲夫等事，則采少孫語入列傳。則知少孫所補，久附《史記》並傳矣。"

案：此條所言大抵皆是，説詳"總論"。

沈欽韓《漢書疏證》卷二十四曰："今考書中有題褚先生者，自注：《十二諸侯年表》《建元侯者表》《補外戚三王世家》，及《田仁》《滑稽》《日者》《龜策》等傳。有無題而知有補綴者，《景武紀》《將相名臣表》、自注：迄成帝鴻嘉年。《禮樂》《律志》《韋賢》等傳，或是馮商所續也。"

案：自注中《十二諸侯年表》乃《三代世表》之誤。沈氏此條所舉無《傅靳蒯成傳》，蓋自以意定之，不純用張晏之説。其以《景紀》《將相年表》爲馮商所續，可謂發前人所未發，惜其無所考證耳。其他諸篇則無明據。至謂《武紀》亦出於商，尤必不然。商爲劉向弟子，其學必有師法，且奉詔續太公書，安有隨手鈔撮《封禪書》以爲《武紀》者乎？

《詁經精舍文集》卷八汪繼培《史記闕篇補篇考》曰："十篇之目，班氏所未言，無從懸揣。或班氏修《史》時雖亡，而後或得出，如《泰誓》之比，亦未可定。紛紛指屬，多成臆斷，亦疑以傳疑，可矣。"

案：《詁經精舍集》録此題文凡二篇，一爲孫同元，一即汪繼培也。汪既考證名家，孫亦名父之子，孫志祖子。固宜有所發明。及讀其文，則皆勦襲梁氏《志疑》，敷衍成篇。蓋書院課藝，不過如此，未足與言著述也。惟此數語雖亦本之吕東萊，尚爲其所自撰，故節録之，以見其概。餘則不必浪費紙墨矣。

吴承志《横陽札記》卷九曰："《遷傳》：'十篇缺，有録無書。'亦非謂散亡。馮商所續《太史公》七篇，止太初已後闕未撰録之傳，是中書百三十篇完然無闕。褚少孫補《三王世家》《龜策列傳》二篇，並云'求不能得'，此少孫所見歧異。《三王世家》本止有武帝制文，及大司馬丞相諸臣疏議，無三王事。《龜策列傳》篇例亦與《伯夷》相類，僅具要略，不爲詳叙。少孫必欲與他篇齊同，因疑其闕。班彪曰：'遷作本紀、世家、列傳 原脱此二字，今據《後漢書》補。書、表凡百三十篇，而十篇缺焉。'彪所見又增八篇，固本其説。其篇名兩文俱不具。《集解》引衛宏《漢舊儀注》曰：'司馬遷作《景帝本紀》，極言其短及武帝過，武帝怒而削去之'，與《遷傳》'死後其書稍出，宣帝時外孫楊惲遂宣布焉'之文不合。二篇疑非彪所云缺者。《集解》又引張晏説，據少孫補篇按吴氏意謂《武紀》。續篇謂《三王世家》《龜策》《日者傳》。合之宏説，謂《景紀》。益以《禮》《樂》《兵》三書，《傅靳蒯成列傳》，及不知誰氏所續之《將相名臣年表》，以當十數。今《孝景本紀》《禮書》等原脱此字。九篇俱傳，惟《孝武紀》全録《封禪書》文。錢氏《考異》云：'此紀魏晉以後鄉里妄人取以足數'，則非晏所見。《禮》《樂》二書，並有今上之文。《兵書》即《律書》，末有太史公贊語，今本誤與《曆書》連合。《日者列傳》志司馬季主，條例亦具於贊。《孝景紀》《將相表》《傅靳傳》並爲固書所取。《將相表》有續附之文，與《高祖功臣侯年表》有續附之文無異。十篇似俱非亡佚。固書《循吏傳》本遷目別自爲例。《天文志》采《天 原脱'天'字 官書》而增益漢事，《滑稽列傳》與《龜策》《日者》概從删削。竊疑彪所云十篇，謂《孝武紀》《禮書》《樂書》《律書》《三王世家》《日者傳》《龜策傳》及《天官書》《循吏》《滑稽》兩傳，無《孝景紀》《將相表》《傅靳傳》。晏説有誤。其'傅靳蒯'三字，又傳寫僞舛，並非晏舊也。自注云：師古注作《傅靳列傳》，無"蒯"字。詳字形，"傅"與"傳"相近，"蒯"與"列"相近，蓋涉上下文而誤衍，其"靳"字本缺，後人又因衍字而增入也。《孝武紀》文今無可考，以《三王世家》之例證之，其篇必亦止具大綱，無詳細事目，故少孫有補，彪以爲缺。然則十篇實皆有書，《音義》襲《遷傳》而失。師古注綴晏解於傳，不繫於志。晏所見志文無此注，抑亦明矣。"

案：吴氏此説，導源於梁氏《志疑》，而變本加厲。其言之穿鑿無理，迂曲難通，視梁氏益甚。較其大病，約有二端：曰矛盾，曰傅會。如駁衛宏之說，而曰"二篇疑非班彪所云缺"，二篇者，《景紀》《武紀》也。乃其後數彪所云缺十篇，《孝武紀》復與焉。既謂張晏據褚少孫、衛宏說，益以《禮》《樂》《兵》三書、《傅靳蒯成傳》《將相表》，以當十數。又謂"傅靳蒯"三字爲因字形相近而衍。然則止九篇耳。晏爲"十篇缺有録無書"作注，顧舉其九而遺其一乎？其自相矛盾有如此者。因不信張晏之說，遂於所舉十篇之中，去其《景紀》《將相表》《傅靳傳》三篇，而易以《天官書》《循吏傳》《滑稽傳》，已屬師心自用。乃其爲說，則謂《天官書》不叙漢事，《循吏傳》例與班氏不同，《滑稽傳》爲班氏所删，故班、彪皆以爲缺。意謂彪所云十篇缺者，特嫌其叙事缺略，而非亡缺之缺也。不知彪言遷書凡百三十篇，而十篇缺焉，語意至爲明白。若釋缺字爲缺略，文義豈復可通？且班固作《遷傳》，於"十篇缺"下，益以"有録無書"，夫豈叙事缺略，而便以爲無其書乎？固縱不能讀父書，不曉其語意，豈並《太史公書》亦未之讀乎？《滑稽傳》爲所删削，便謂之缺，是又與缺略之義不同。且《刺客傳》亦爲所删矣，何以不數之乎？其曲爲傅會有如此者。蓋讀古書不能通，求其故而不得，而必强爲之說，其弊有不可勝言者。考證若此，不如毋考之爲愈也。

高步瀛《史記舉要》曰："案：張晏，魏人，所舉十篇之目，當必確鑿可據。其他六篇不言補，則當時之本與今十篇具在者又不同。劉知幾《史通·正史篇》曰：'十篇未成，有録而已。張晏《漢書注》云，"十篇遷没後亡"，非也。'案：子玄，唐人，何由知張晏之非？是褚先生所補，當時或别行，或附後，必不混入《史記》原書之中，故其所益者尚有《三代世表》《外戚世家》《梁王世家》《田叔列傳》《滑稽列傳》等，而張晏不數之者，以不在十篇之目，又未嘗羼入元書也。自魏、晉以後，喜於合併，自注云：如王弼注《易》，杜預注《左傳》。而好造僞書，自注云：如《孔子家語》《僞古文尚書》。於是褚所未補者，皆一一補之，即褚所補者，亦嫌其未盡，而别託爲史公之筆。《孝武》一紀，或並非褚氏之舊矣。此下論《景紀》諸篇語，分見各條下，此不録。要之今本十篇所有，决非太史公原書。吕東萊狃於今本《史記》,至謂張晏所列十篇或其篇具在,或草具未成,非皆無書。王鳴盛謂除《武紀》外,其他皆司馬子長所爲,尤爲鹵莽滅裂。蓋由狃於成見,不免以僞爲真。近人則又故爲新奇,於十篇外多疑爲僞,而委罪劉歆,妄加删削。其鹵莽滅裂,更不足辯矣。"

案:閬仙謂今本十篇,決非太史公原書,一掃自宋以來紛紛揣測之説,誠爲明決痛快,惟謂褚先生所補必不混入《史記》之中,則殊失考。據《滑稽傳》後褚所自叙,則當時實已隨篇附入矣。又於後人補史,概斥爲僞託,亦恐未然。並詳總論。

## 《景紀》第三

《史記·太史公自序》集解引衛宏《漢書案:"書"字衍文。舊儀注》曰:"司馬遷作《景帝本紀》,極言其短及武帝過,武帝怒而削去之。後坐舉李陵降匈奴,故下遷蠶室,有怨言,下獄死。"

案:衛宏,東漢初人,《後漢書·儒林》本傳云:"光武以爲議郎。"作《漢舊儀》四篇,以載《西京雜事》,本傳語。其時班氏父子書未成,揚雄等續太史公書蓋亦傳播未廣,宏無所據依,故其所著書,頗載里巷傳聞之辭。如所作《詔定古文尚書 當作"官書" 序》,謂伏生使其女傳言教晁錯《尚書》,《史記·晁錯傳》正義引。及此所記司馬遷事皆是也。考之《漢書》,遷之得罪,坐救李陵耳,未嘗舉以爲將,亦無下獄死之事。則其言武帝怒削本紀,自屬訛傳,不可以其漢人而信之也。桂馥《晚學集》卷四《書史記景武紀後》曰:"考遷《報任安書》,下蠶室後仍在朝,《漢書》亦不言下獄事。其下蠶室在天漢初,其卒在昭帝初,案:近人王國維《太史公行年考》其紀年終於昭帝始元元年,與桂説合。張鵬一《太史公年譜》則謂卒於昭帝末,要之皆無明據也。未嘗死於獄中也,衛宏之説不足信據,即此可見。"梁玉繩《史記志疑》曰:"衛宏等言史公之死,竟似北魏崔浩。然《漢書·遷傳》但云遷死,未聞有下獄之事。況被刑後爲中書令,尊寵任職。故其《報安書》稱著史未就,會陵禍,甘隱忍成一家言,以償前辱,不復推賢進士。則死獄之説固虚,而以爲書成於救李陵之前亦謬。且遷史死後稍出,至宣帝時始宣布,明載本傳,武帝安得見之?且《史公自序》曰:'天下翕然,大安殷富,作《孝景本紀》。漢興五世,隆在建元,作《今上本紀》。'可知紀中必不作毁謗語,祇殘缺失傳爾,豈削之哉。且《封禪》《平準》諸篇頗有譏切,又何以不削?而其餘八篇,不盡是譏切,非關怒削,又何以俱亡?"

《西京雜記》卷六 抱經堂本卷下。曰:"漢承周史官,至武帝置太史公。太史公司馬談,世爲太史。子遷年十三,使乘傳行天下,求古諸侯史記,續孔氏古文,序世事,作傳百三十卷,五十萬字。談死,子遷以世官復爲太史公,位在丞相下。當作"上"。天下上計先上太史公,副上丞相。太史公序事如古《春秋》法。司馬氏本古周史佚後也。作《景帝本紀》,極言其短及武帝之過,帝怒而削去之。後坐舉李陵,陵降匈奴,下遷蠶室。有怨言,下獄死。宣帝以其官爲令,行太史公文書事而已,不復用其子孫。"

案:《西京雜記》乃葛洪雜鈔漢魏人諸書爲之,託言出自劉歆《漢書》,或以爲梁吴均僞作者,非也。説詳余《四庫提要辨證》子部七。此條全從衛宏《漢舊儀》内鈔出,自作"景帝本紀"至"下獄死",乃裴駰所引,已見上條,餘亦雜見《漢書·司馬遷傳》如淳注《史記自序》集解引如淳同。及《太平御覽》卷二百三十五。特諸書所引皆有删節,而此則其全文耳。然其説實不可據。除已爲桂馥、梁玉繩所駁者外,如謂"談爲太史遷年十三,使求古諸侯史記,作傳百三十卷";考《史記·六國年表序》,明言"秦焚詩書,諸侯史記尤甚。詩書所以復見者,多藏人家,史記獨藏周室,以故滅",則太史公父子何嘗得見古諸侯史記耶?且叙作傳百三十卷於談死遷爲太史公之前,似謂《史記》爲談所作,又似遷作於談未死時者。要之與《太史公自序》皆不合。又謂司馬氏爲史佚之後,亦不見於他書。梁玉繩《人表考》卷二,據《逸周書》及《晉語》,謂史佚氏尹,少昊之裔,周尹氏是其後,其説頗確。至言武帝置太史公,宣帝以其官爲令,尤與《百官表》牴牾，晉灼、顔師古已駁之矣。此蓋出於當時流俗人之口，衛宏誤采以著書，故其言無一可信。然則所謂武帝怒削《本紀》云者，可不待深考，而已知其非實矣。

《魏志·王肅傳》附父《朗傳》後。曰："帝又問司馬遷以受刑之故，内懷隱切，著《史記》，非貶漢武，令人切齒。對曰：'司馬遷記事不虛美，不隱惡，劉向、揚雄服其善叙事，有良史之才，謂之實録。漢武帝聞其述《史記》，取孝景及己《本紀》覽之，於是大怒，削而投之。於今此兩紀有録無書。後遭李陵事，遂下遷蠶室。此爲隱切在孝武，而不在史遷也。'"

案：余始疑王肅一時顯學，何至與衛宏同一謬誤。及讀其於"今此兩紀有録無書"之言，乃悟漢魏人之爲此說，乃因不解十篇之何以有録無書，尤以帝紀之重要而竟亡失，以爲必有其故，於是以其私意妄爲揣測而爲之辭。不及其餘八篇者，以其無從臆度，遂置之不言耳。何焯《義門讀書記·三國志》第一卷 此《讀書記》之卷數。曰："子邕此對，本之衛敬仲，與班氏所記不同。敬仲所記非實，於時主則爲善對。"桂馥《書〈史記·景武紀〉後》曰："馥案：《後漢書·蔡邕傳》，王允謂武帝不殺司馬遷，使作謗書以遺後世。據此，則《史記》不盡作於腐刑之前，亦未聞削而投之。史遷《報任安書》，受刑之後，始成《史記》，與肅說不合。《吴志·韋曜傳》：'昔李陵爲漢將軍，敗不還而降匈奴，司馬遷不加疾惡，爲陵遊說。漢武帝以遷爲良史之才，欲使畢成所撰，忍不加誅。書卒成立，垂之無窮。'此說與王允無異。今《史記·禮書》《樂書》《日者》《龜策》諸篇，褚少孫所補，謂《禮》《樂》兩書爲少孫補，實無明據。豈孝武削而投之者耶？斯不然矣。班固《典引》：'永平十七年，詔曰：司馬遷著書，成一家之言，揚名後世。至以身陷刑之故，反微文刺譏，貶損當世，非誼士也。'案：此亦言陷刑之後，始有刺譏，則武帝削投之說，未爲實據。張晏曰，'遷没之後，亡《景紀》《武紀》'，不言遷生時爲武帝所削。"汪師韓《韓門綴學》卷二曰："竊謂景、武世近，故遷有不及爲。案：此說非是。其《報任安書》固云，

‘草創未就，適會此禍，惜其未成。及已被刑，更欲著書以償前辱’，豈有武帝既削其書，而遷猶孜孜於著述耶？王肅乃朗之子，朗得《論衡》稱異，而肅亦好舉異聞耳。”

鄭樵《通志》卷五十《景帝紀》曰：“臣謹案：張晏曰：‘自景帝至平帝《本紀》，皆王莽時劉歆、揚雄、馮衍、史岑等所記。惟《武帝紀》遷没其書殘缺，褚先生補之，所謂褚先生是也。’”

案：張晏此説不見他書，不知《通志》自何處轉引，疑爲《史記集解·孝景本紀》之佚文。蓋今之《集解》，已非裴氏原書，隋唐《志》皆八十卷，自《崇文總目》以下皆作一百三十卷。不免脱漏，而夾漈所據，猶善本也。晏爲此言，蓋謂班氏《漢書·帝紀》孝文以前，以史遷爲本。景帝以下，則據劉歆等《續太史公記》重修。惟中閒《孝武》一紀，褚先生所補，文不足采，始由班氏父子自行改作也。今取史、漢《景紀》兩篇相較，雖《漢書》增益甚多，而仍以《史記》爲藍本。知今本雖非史遷原書，實出於《續太史公記》矣。第張晏此注雖爲《通志》所引，而後人多不之知，遂謂今《景紀》真史遷之筆。高閬仙始表而出之。其搜尋可謂不易。然吾以爲《景紀》實馮商所作，説詳於後。

《大事記解題》卷十曰：“《史記·文帝紀》多載詔書，入《景紀》則皆不載，蓋以爲不足載也，其旨微矣。司馬貞信張晏之説，遂謂《景紀》後人取班書補之，是殆不然。學者合取司馬氏、班氏二《紀》，觀其書法，則才識高下，可默喻矣。”

案：作《本紀》而不載詔書，與《高祖》《孝文紀》體例顯然不同，即此已可知非太史公之筆。吕氏翻謂景帝詔書爲不足載，真曲説也。吕氏歷指《漢書》不如《史記》。其説有是有非，文繁不録。

《漢書·藝文志考證》卷三引東萊吕氏曰：“張晏所列亡篇之目，其一曰《景紀》，此其篇具在者也。所載閒有班書所無者。”《直齋書録解題》卷四曰：“《景紀》最疏略。”

案：陳氏此語頗爲有識。其論餘篇語，已見前，不重録。

《十七史商榷》卷一曰："今考《景紀》現存，是遷原文，不知張晏何以言遷没後亡。且此紀文及贊，皆與《漢書·景紀》絶不同，又不知《索隱》何爲言以班書補之。"

《拜經日記》卷九曰："《索隱》曰：'《景紀》取班書補之。'案：取班書勘之，迥不同。《史記》首云'孝文之中子也'，而班書改云'文帝大子也'，已失其事實。《史記》云'孝文在代時，前後有三男。及竇后得幸，前後死，及三子更死，故孝景得立'，序孝景得立之由甚明晰，而班書删之。'元年四月，乙卯，赦天下，乙巳，賜民爵一級'，而班删'乙卯'、'乙巳'四字。'匈奴入代，與約和親'，而班書但云'遣御史大夫青翟至代下'，則匈奴入代事不明了。又改元則書中元年、中二年，後元年、後二年，而班書省言元年二年，亦失旨。《史記》於天災及王侯官制改建詳言之，而班書多簡省不載，殊失本紀之體，徒增入詔書。竊以爲遠不逮《史記》，乃反謂取之班書，不檢甚矣。史勝於班者，隨在皆是，學者讀之自見。惟篇末書太子即位，是爲孝武皇帝，當是後人竄改，應稱今皇帝或今天子也。"

案：臧氏譏《漢書》不書匈奴入代，不記天災，皆《大事記解題》之説，誠中其病。其他則不免有誤。如謂《漢書》不當改文帝中子爲大子，不知《漢書》實作"太子"，非"大小"之"大"也。又謂班書於景帝兩次紀元，只書元年、二年，不知《漢書》實作中元年、後元年，惟自二年以下始省去耳。至謂篇末太子即位是爲孝武皇帝，原本當作今皇帝，或今天子，則梁玉繩亦有此説。見《志疑》卷七。蓋信今本《景紀》爲太史公筆，故以爲後人所改。愚案此種句法，《史記》多有之，皆由後追紀之辭，故先言某人立，後稱位號或謚法。如《周本紀》"古公卒，季歷立，是爲公季"，"西伯崩，太子發立，是爲武王"之類是也。今《景紀》稱是爲孝武皇帝，正是出於後人追叙之證。如史公生武帝之世，而曰太子即位，是爲今皇帝，不已贅乎。

**嘉錫案**：張晏謂遷没後亡《景紀》，今《景紀》非太史公筆也。凡《史記》百三十篇，太史公皆撮其旨要著於自序，讀之則其所致意者可知也。《文紀》序曰："漢既初興，繼嗣不明，迎王踐，天下歸心。蠲除肉刑，開通關梁，廣恩博施，厥稱太宗。作《孝文本紀》。"故《紀》中叙此數事，特詳於除肉刑，叙至二百數十字，雖强半與《倉公傳》相複重，不恤也。《景紀》序曰："諸侯驕姿，吴首爲難，京師行誅，七國伏辜。天下翕然，大安殷富。作《孝景本紀》。"然則篇中所着重，惟此一事，叙之當委曲詳盡，而今《紀》乃僅以六十餘字了之，是尚能得史公著書之意乎？且《史記》諸本紀，兼紀言動，此古史官之遺法，不似後人作紀，僅列事目，欲知時政之得失，須求之列傳中也。而《景紀》乃盡削詔書不載，叙十六年之事，寥寥千許字，簡則簡矣，而史法之變自此始，遂爲後來《新唐書》《五代史記》之濫觴。以與孝文以上諸紀較，其不出一手明甚。而吕祖謙、臧庸翻以不載詔書爲勝於班固，豈不異哉？《通志》引張晏説，以爲自景帝至平帝《本紀》，皆王莽時劉歆、揚雄等所記，其説固必有所據。然考《論衡·須頌篇》言"司馬子長紀黄帝以至孝武，揚子雲録宣帝以至哀平"，則不當有景帝。《史通·正史篇》亦謂："《史記》所書年止漢武，其後劉向、向子歆及諸好事者，相次撰續，迄於哀平。"是諸家僅續漢武以後之事，亦不當有《景紀》。與張晏説皆不合。余嘗反覆思之，而得其故焉。《史通》所舉續《史記》諸人有馮商。《漢書·藝文志》著録馮商《續太史公》七篇。《張湯傳》注引如淳言："商以成帝時受詔《續太史公》十餘篇。"蓋漢人於《太史公書》凡再續。一續於成帝時，劉向、馮商是也。再續於王莽時，張晏、劉知幾所舉劉歆、揚雄、馮衍、史岑諸人是也。《論衡》獨舉揚子雲者，雄及諸人各有所續，而撰輯成書則出於雄，故曰："録宣帝以迄哀平。"録者，編次著録之謂也。馮商所續十餘篇，已入《七略》，本自單行。今《史記·景紀》，蓋即商所續也。奚以明其然耶？班固於春秋家下自注"省《太史公》四篇"，韋昭、如淳並云"商續《太史公書》十餘篇"，韋説見《藝文志》注。而《志》所著録僅七篇，則其所省是商所續，而非司馬遷書，固已甚明。姚振宗《漢書藝文志條理》卷二已有此説。考《漢志》全本《七略》，班氏所省皆重出之書。如兵權謀省《伊尹》《太公》《管子》《孫卿子》

《鶡冠子》《蘇子》《蒯通》《陸賈》《淮南王》二百五十九篇重。原脱"篇"字,"重"誤作"種",從劉奉《世説》校改。兵技巧省《墨子》重。按之本志,《伊尹》《太公》《管子》《鶡冠子》在道家,《孫卿子》《陸賈》在儒家,《蘇子》《蒯通》在縱横家,《淮南王》在雜家,《墨子》在墨家。既録其全書,則省其所重出也。《續太史公書》不見於他家,並非重出而竟省之者,何也?蓋《七略》所録《太史公書》百三十篇,十篇有録無書者,史遷之原書也,無他家補篇。班固所見本,或已將馮商所補四篇合爲一書。固以爲是特補太史公,非所自續也,遂省去之。然《七略》於司馬遷、馮商兩家分别著録,原非重複,故班氏自注於省太史公四篇下,不着重字,與省兵十家者異。以此推之,其故可知矣。《景紀》者,四篇之一也。若曰非此故也,則《七略》書凡六百三家,見《廣弘明集》卷三阮孝緒《七録》序。《漢志》書五百九十六家,除入三家,省兵十家外,他書一篇不省,而獨省此四篇,將何説以解之耶?沈欽韓《漢書疏證》亦疑此篇爲商作,特其説出於揣測,無所徵引,余故詳考之如此。難者曰:固既省此四篇,而於太史公百三十篇下不加注明,則此四篇竟無着落。固之疏漏詎至於此?答曰:古人著書不皆精密。固作《藝文志》,據《七略》爲要删,蓋除其所出入省併自加注明以外,餘皆撮取《七略》之語,一書多不過數十字,所删除者多矣,而未嘗有所增益也。十篇有録之名且不著,遑論馮商所續。褚少孫補《史》,本附遷書以行,《七略》未著録。固遂置之不言,亦何有於商。省去四篇之無着落,當責之固,不足難吾説也。難者又曰:張晏謂景帝以下《本紀》皆王莽時劉歆、揚雄、馮衍、史岑等所記,不言馮商。又於十篇有録無書,僅舉褚先生所補四篇,亦不及商。今忽謂《景紀》爲商所撰,豈有所據歟?答曰:吾即據《藝文志》省太史公四篇言之也。蓋漢魏時《續太史公書》有二本,揚雄所輯者,始於宣帝以迄哀平,此爲王莽時諸人所撰之原書,王充所見是也。後人以其名爲《續太史公書》,而中缺昭帝一代,《昭紀》疑亦馮商所續,當在《漢志》著録七篇之中。《景紀》書亡亦未補,《武紀》有褚少孫所補。乃取馮商所續併入揚雄書中,劉向續傳是否因與劉歆爲一家,已收入揚雄書中,抑後來與馮商書同時併入,不可知也。《史通》所謂"向、歆、馮商、揚雄等相次撰續,猶名《史記》",是也。張晏所見,即是此本。故《本紀》上起景帝，下迄哀平。特晏偶不詳考，僅知爲王莽時劉歆等所記，而不知中有馮商書，又不能得每篇之主名。故於十篇之補亡，僅舉褚先生而不及商也。難者又曰：《七略》謂馮商頗序列傳，《漢志》顔注引。則商未嘗作本紀、書、表，安得有《景帝紀》乎？答曰：此特從其多者言之，劉師培所謂舉偏以該全。《儀禮》十七篇非盡《士禮》，而有《士禮》之目也。見所作《古書疑義舉例補》。若泥其詞，而謂商必不作本紀，則褚先生言好觀覽太史公之列傳，《三王世家》語。《西京雜記》言司馬遷作傳百三十卷，將《太史公書》亦無本紀、世家、書、表乎？凡吾所言雖無明文可據，未敢固執以爲必然。然自信其爲讀書得閒，而非意爲穿鑿也。嚮使班固、張晏已明言某篇爲馮商所補，則後人已無容置喙，而吾文亦可不作矣。

## 《武紀》第四

《孝武本紀第十二》集解曰："駰案：《太史公自序》曰：'作《今上本紀》。'其述事皆云今上今天子。或言孝武帝者，悉後人所定也。張晏曰：'《武紀》，褚先生補作也。先生名少孫，漢博士。'"

《索隱》曰："褚先生補《史記》，合集武帝事以編年，今止取《封禪書》補之，信其才之薄也。"

《藝文志考證》卷三引東萊呂氏曰："張晏所引亡篇之目，其二曰《武紀》，十篇唯此篇亡。"

殿本《史記》卷十二《考證》曰："臣照案：自叙目内並不云《孝武本紀》。遷死於武帝之前，安得有孝武之稱？目云'作《今上本紀》'，夫既曰《今上本紀》，則自當有目無書。且遷作本紀，自黄帝以至武帝，則自當無書而有其目。班固云'十篇缺'，並不載何十篇缺，則固意數《今上本紀》與否？尚未可知。後人奮起補之，補之而又全録《封禪書》以爲《孝武本紀》，愚陋妄謬極矣。恐褚先生亦不至於此。張晏所爲褚先生補者，亦臆説也。"

案：殿本《史記》有跋語一篇，亦張照作，謂"遷，武帝之臣也，所稱《今上本紀》,固宜有録無書”,與《考證》同。夫使司馬遷果未作《今上本紀》,何爲虚張其目?且自序又何以言“上記軒轅,下至於兹,著十二本紀”乎?彼徒見後世實録本紀,率作於人君厭代以後,遂謂史遷不當爲《武帝作紀》,此其見與兒童無以異。至謂遷死於武帝之前,亦不知何所據而云然。惟謂《武紀》並非褚先生作,尚可節取。且其書刻於乾隆四年,在錢竹汀作《考異》之前,故聊復存之。其他泛論十篇者,皆不録。

錢大昕《廿二史考異》卷一曰:“予謂少孫補《史》,皆取史公所闕,意雖淺近,詞旡雷同,未有移甲以當乙者也。或魏晉以後,少孫補篇亦亡,鄉里妄人,取此以足數爾。”

《十七史商榷》卷二曰:“《武紀》,褚少孫全取《封禪書》爲之。觀《文紀贊》云:‘孔子言:必世後仁。善人治國百年,可以勝殘去殺。漢興至孝文四十餘載,德至盛也。廩廩鄉改正服封禪矣,謙讓未成於今。嗚呼,豈不仁哉!’而自序則云:‘漢興五世,隆在建元,封禪,改正朔,易服色,作《今上本紀》。’以不改正服封禪爲仁,則以改正服封禪爲不仁。遷若作《武紀》,封禪固所必書,然必無專紀封禪之理,且亦何取重見。其有録無書,豈誠未暇作乎,抑諱而有待也?而少孫率意補之,真妄人耳。”

案:自序明云:“上記軒轅,下至於兹,著十二本紀。”則《今上本紀》確已作成。史公自言“藏之名山,傳之其人”,其書及身並未宣布,何所懼而有待乎。

《史記志疑》卷七曰:“史公《今上本紀》,全缺,首六十字後人妄加。《索隱》云:‘景十三王傳,廣川王以上皆武帝兄,自河閒王德以至廣川凡有八人,則帝第九。’言中子非也。此下取《封禪書》補之,故《索隱》譏其才薄而又臆爲增改。如李少君是深澤侯舍人,而以爲深澤侯。亳人謬忌亦稱薄忌,而以爲亳人薄誘忌。神君之最貴者太一,而以爲大夫。欒大四印,合五利爲四,而乃並天道玉印爲四金印。祭恒山徧岳瀆,均天漢後事,而謬割郊祀志以竄入之,殊覺乖亂。”

案:補紀之謬不待言,但梁氏所指摘有不盡然者。《索隱》謂武帝第九固是。然《史》《漢》所云中子者，明其非長子少子耳，本不論次第，故《漢書》亦云"孝武皇帝，景帝中子也"，安得獨以此紀爲非耶？"非也"二字乃梁氏語。《封禪書》云："少君者，故深澤侯舍人，主方。"《紀》云："少君者，故深澤侯入以主方。"《集解》引徐廣曰："進納於天子而主方。"文雖不同，然未嘗以少君爲即深澤侯也。《紀》"亳人薄誘忌"，《集解》引徐廣曰："一云，亳入謬忌也。"《索隱》曰："此文衍'薄'字，而'謬'又誤作'誘'。"然則今本乃傳寫之誤，徐廣所見一本尚不誤也。安得指爲補史者之臆改乎？梁氏有意吹求，而竟不讀注，可謂鹵莽。

《拜經日記》卷九曰："今取《孝武本紀》與《封禪書》契勘，知《武紀》直録《封禪書》，無一字之異。今本閒有異同，乃傳寫之故耳。惟篇首云：'孝武皇帝者，孝景中子也，母曰王太后。孝景四年，以皇子爲膠東王。孝景七年，栗太子廢爲臨江王，以膠東王爲太子。景帝十六年崩，太子即位，爲孝武皇帝。'以上文鈔《景紀》，以下全録《封禪書》矣。篇末'太史公曰，余從巡祭天地諸神名山川'云云，亦即《封禪書》贊也。疑褚氏既補《武紀》，不應只鈔《封禪書》。或是褚以後人所爲。此篇無褚先生曰，亦一證。"

《廿二史劄記》卷一曰："案：史公自序作《武帝紀》，謂'漢興五世，隆在建元，外攘夷狄，内修法度，舉封禪，改正朔，易服色，故作《今上本紀》'，是遷所作《武紀》，凡征匈奴，平兩越，收朝鮮，開西南夷，以及修儒術，改夏正等事，必按年編入，非僅侈陳封禪一事也。今少孫所補，則係全取《封禪書》下半篇所叙武帝事，遂以作《武帝本紀》。凡《封禪書》中所云今上，皆改曰武帝。自注云："中尚有一'今上'字未改。"其文字稍異者，惟'亳人謬忌'，《武紀》改云'薄誘忌'，'少翁以書置牛腹中，天子識其手書'，《武紀》改云'天子疑之，識其手書'而已。《武紀贊》亦全用史公《封禪書》後文，無一字改易。"

俞樾《湖樓筆談》卷三曰："褚先生取《封禪書》作《武帝本紀》，然亦有小異者。如'食巨棗大如瓜'，作'食臣棗'，《漢書·郊祀志》亦然。恐史公原文本是臣字，傳寫者誤也。至《紀》與《書》異，而勝於《書》者。如《書》云：'天子識其手書。'《紀》云：'天子疑之，有識其手書,問之人,果僞書。'此當以《紀》爲長。蓋牛腹中書,必文成使人爲之,非所自爲也。《書》云:'神君最貴者太一,其佐曰大禁司命之屬。'《紀》云:'神君最貴者大夫。'按神君乃巫之神,以巫爲主人,居帷幄中與人言,即所謂'上郡有巫病,而鬼神降之'者也。太一乃天神之最貴者。漢祀太一有二:其一則天子三年親郊祠,如雍郊之禮。其一則亳人薄誘忌所奏祠,以歲時致禮,謂之薄忌太一。是二者均與神君無涉也。太一之佐曰五帝,亦非大禁司命之屬也。然則此太一當作大夫,蓋巫神之貴者曰大夫耳。秦漢時民俗相尊稱之則曰大夫,若蕭何稱沛中吏是也。巫覡鄙俚,亦沿此稱,非謂太一也,亦當以《紀》爲長。"

案:昔者屈原放逐沅湘之間,因其俗信鬼而好祠,爲作《九歌》以樂神,即巫覡所事之神也。第一篇爲《東皇太一》,其辭曰:"吉日兮良辰,穆將愉兮上皇。"夫尊之曰東皇,曰上皇,不可謂非最貴者矣。《封禪書》云:"置壽宫神君,"壽宫"上原有"酒"字,從《武紀》删。壽宫神君最貴者太一。"而《九歌》第二《雲中君》曰:"蹇將澹兮壽宫。"其第五、第六曰《大司命》《少司命》,是此諸神皆壽宫神君之一,所謂太一之佐也。《武紀》作"大夫",形近致譌耳。俞説非是。

**嘉錫案**:張晏謂褚先生所補,言辭鄙陋,非遷本意者,爲《武紀》《三王世家》《龜策》《日者傳》四篇言之也。今之《武紀》,全出鈔襲,不止鄙陋而已,且與其他所補諸篇皆不類。蓋不獨非褚先生所補,亦並非張晏之所見也。錢氏、臧氏固疑及於此,惟其説尚未詳,請得而疏通證明之。篇首六十字,臧氏謂其鈔自《景紀》是也,然其閒已有甚可笑者。《景紀》末云:"太子即位,是爲孝武皇帝。"《武紀》亦鈔入之。不知此等句法,《太史公書》中自有義例。《五帝本紀》爲全書所託始,其篇首稱黄帝者,乃以後來之號追加之於前,又云"是爲黄帝"者,明其至此已即天子位,故有黄帝之號也。至於繼統之君。則綴某人立是爲某帝於前紀之末,而本紀内不復着此語,自顓頊紀至孝文紀皆是也。高祖雖創業之君,其紀内亦無此語。今《武紀》既云:"孝武皇帝,景帝中子也",並叙其以膠東王爲太子,而復云"太子即位,是爲孝武皇帝"幾於文義不通。以此學太史公,是但知效顰,而不知其所以顰也。褚先生當時大儒,以文學經術爲郎,雖不善著書,亦何至於此。且其所補綴附益,皆自稱褚先生曰,以别於太史公原書,往往自言其作意及其事之所從得者。詳見以後各條。未嘗有依託剽竊之意。《武紀》一篇,全出鈔襲,可謂至愚極陋,而篇末獨不綴一字,其必不出少孫之手,尤大彰明較著者矣。張晏雖能知十篇之目,然於其六篇不言爲誰何所補。雖明知《景紀》爲劉歆、揚雄、馮衍、史岑等所記,而終不能得其主名。獨於《武紀》等四篇確指爲褚先生補作者,即據其篇中自言之也。若如今之《武紀》,並無褚先生字,晏安得漫指而厚誣之乎?錢氏謂"或魏晉以後,少孫補篇亦亡,鄉里妄人取此以足數"。今案:裴氏《集解》於此篇引用徐廣《史記音義》語甚多,廣爲東晉末人,廣以宋元嘉二年卒,年八十,見《建康實録》卷十二。所見本已如此。以此考之,蓋兩晉閒人所爲也。

## 《漢興以來將相名臣年表》第五張晏所言十篇先後次第,與《史記》不同,今依《太史公自序》。

本篇太始元年下《集解》曰:"班固云:'司馬遷記事訖於天漢。'自此以後,後人所續。"

《索隱》卷七 單行本。曰:"裴駰以爲天漢已後,後人所續,即褚先生所補也。後史所記,不無異呼,故今不討論也。"

案:張晏言:"遷没後亡《漢興以來將相年表》"不言爲何人所補。《集解》《索隱》於張晏所言缺十篇之目,未嘗有異辭。獨於此《表》集解則不言全篇已亡,而第以太始元年以後爲後人所續,《索隱》又以爲褚先生所補,皆與張晏不同,信如其説,則《三代世表》《建元以來侯者年表》,皆有褚先生續補明文,《高祖功臣年表》《惠景閒侯者年表》,皆有太始元年以後事,與此篇同。何以張晏皆置之不數,而獨謂此篇爲有録無書乎?有以知其説之不可通矣。且太史公曰:"余述歷黄帝以來,至大初而訖",班固曰:"訖於天漢",非不同也。蓋太初盡四年,改元天漢,天漢之初,即太初之末也。今《集解》《索隱》謂太始元年以後爲後人所續，褚先生所補，是誤以爲訖於天漢四年，與自序不合。

《藝文志考證》卷三引東萊吕氏曰："張晏所列亡篇之目，其三曰《漢興以來將相年表》，其書具在，但闕前叙。"

《廿二史考異》卷二曰："《建元以來侯者年表》：'爰戚，今帝復立子爲廣陵王。'案：廣陵王霸，以厲王子紹封，在元帝初元二年，褚先生所補，今帝謂元帝也。而《張蒼列傳》稱孝元帝，《將相名臣年表》續至成帝鴻嘉元年，《曆書》亦數至成帝建始四年，自注：較《將相表》先九年。是少孫補綴，前後亦非一時。"

案：張晏言褚先生補亡者僅四篇，無《曆書》及《將相年表》。且此二篇及《張蒼傳》皆無"褚先生曰"字。錢氏此説，不免爲《索隱》所誤。

《十七史商榷》卷一曰："《漢興以來將相年表》，惟太始以後，後人所補，其前仍是子長筆，何以云亡？"

案：《將相表》無序贊，其旁行斜上無以異於諸史表，非有文字高下可辨也，而叙事又多訛謬，何以知爲子長之筆耶？謂自太始以後始爲後人所補者，裴駰也。其言絶無他證，可據以駁張晏乎？

《史記志疑》卷十四曰："此表無序，蓋缺亡也。"其卷七論《將相表》語已見前。

又曰："'孝武建元元年'，改'今上'爲'孝武'，乃續表者妄爲之。"

又曰："天漢以下，至孝成鴻嘉元年，皆後人所續。以《漢書》校之，大半乖迕。如劉屈氂爲澎侯，而稱彭城侯。王章爲安平侯，而兩書平安侯。韋玄成嗣父爲侯也，而曰因爲丞相，封扶陽侯。元帝永光二年七月，馮奉世擊西羌。八月，任千秋别將並進。乃此移奉世擊羌之月爲千秋，反遺却奉世主帥。張禹以鴻嘉元年免相，哀帝建平二年卒，乃謂禹卒於鴻嘉之元。斯皆誤之大者。其餘年月官職，駁戾頗多。"

案：謂此《表》與《漢書》乖迕，是也。然天漢以前與《史》《漢》牴牾者，亦多有之。梁氏已逐條指出，安見必至天漢元年始爲後人所續耶？鴻嘉元年禹卒，"卒"字當作"免"，與澎侯之作"彭城侯"，安平侯之作"平安侯"，皆傳寫之誤。若韋玄成初雖嗣父爲扶陽侯，然其後已削一級爲關内侯。及爲丞相，始復故封，見《漢書·恩澤侯表》及本傳。此《表》所書本不誤，梁氏駁之，非也。至於年月駁戾，莫甚於元光四年書田蚡卒，而書族灌夫家棄魏其侯市於五年十月，與《魏其武安侯傳》年月皆不合。《傳》言"武安侯病，使巫視鬼者視之，見魏其灌夫共守，欲殺之"，是蚡必不先二人卒。若因其乖迕而斷爲出後人之手，則此條正在天漢以前，適足證明全篇皆非太史公筆耳。

**嘉錫案：**《太史公書》每篇皆有議論，自稱太史公。十表之中，有序者九，獨此表不著一字，與全書異。且太史公叙事，未有不與自序相應者。序録曰："國有賢相良將，民之師表也。維見《漢興以來將相名臣年表》，賢者記其治，不賢者彰其事。作《漢興以來將相名臣年表》。"今表中所謂大事記者，皆國家之事，至於將相，但載封拜罷免薨卒而已，其治未記，其事不彰，惡覩所謂賢不賢者耶？《表》與録不相應，其不出太史公手明甚。《表》中紀事與《史》《漢》牴牾處甚多，亦有兩書所無者，如"高帝五年，立大市。孝惠元年，蜀湔氏反擊之。四年，赦無所復作。六年，赦齊。高后五年，令戍卒歲更。孝文七年，初置南陵，温室鐘自鳴"之類，皆是也。知必出前漢人之手。揚雄等《續太史公書》，訖於哀平，而此《表》終於成帝鴻嘉元年，下距平帝之末，凡二十五年，則非王莽時人所續也。十表之中，有後人續補者四篇。考其時代，《高侯功臣年表》《惠景間侯者年表》，本止元封，而續至後元二年。《建元以來侯者年表》，褚先生所續，稱元帝爲今帝，爰戚侯條。又有初元以來語，陽平侯條。而記扶陽侯韋玄成，只云奪爵爲關内侯，事在宣帝神爵元年。不及永光二年爲丞相復故封之事，知作於元帝之初。惟此表獨訖於鴻嘉元年，是必成帝時人所作矣。夫王莽以前元成時人續《太史公書》者，褚少孫、劉向、馮商三家耳。少孫補作四篇，張晏注載其篇目，無《將相年表》。裴駰雖疑表中太始以後爲後人所續，亦不言姓名。知非少孫所補也。劉向本傳言："向年七十二卒，卒後十三歲而王氏代漢。"則當卒於哀帝建平元年,王先謙《補注》引葉德輝説,誤以"建平"爲成帝年號。上距鴻嘉元年凡十四年,向此年五十八歲。使此表爲向作,則儘可從容撰述,盡一紀元之年,如太史公之至太初而訖,可也,曷爲絶筆於鴻嘉元年四月乎?縱使爲殘缺之稾,而其子歆亦續《太史公書》,何以不賡續成之乎?沈欽韓疑此篇或是馮商所續,詳見前。余以班固省太史公四篇推之,沈説是也。如淳引班固目録,言"商以成帝時受詔續太史公書",見《漢書·張湯傳》注。顔師古引《七略》,謂"商頗序列傳,未幾病卒"。見《藝文志》及《張湯傳》注。是商卒於成帝時,故劉歆《七略》得著於録。其記事止於鴻嘉元年四月庚戌薛宣爲丞相,而不及同日拜御史大夫之王駿。又是年,辛慶忌爲右將軍,亦不見載。鴻嘉二、三、四年無拜罷。此皆例所必書者,而竟付闕如。可見未及終篇即已絶筆,商殆卒於鴻嘉中歟?嚮使出於劉向,必不至闕略如此也。表中大事記,書法謹嚴,吕祖謙以爲古策書之遺法,至仿其體以著書。然自甘露三年以後三十餘年,竟不記一事,僅永光二年一記日食,餘但書丞相薨免而已。蓋及身所見,有所避而不敢書也。即此亦可證非後人所作矣。若夫張禹之當書免而書卒,不獨當時人不宜有此,即出後人之手,亦何至不讀《漢書》。其爲傳寫之誤甚明,不必以此議之也。

## 《禮書》第六

本篇"太史公曰至矣哉",《索隱》曰:"已下亦是太史公取荀卿《禮論》之意,極言禮之損益,以結《禮書》之論也。"

案:《索隱》於《太史公自序》引張晏説,謂遷没後《禮書》亡,又歷舉後人所補之篇,亦數及《禮書》,乃於此則謂爲太史公自作。蓋胸無定見,故前後矛盾如此。

又"故厚者禮之積也,大者禮之廣也",《索隱》曰:"此文皆荀卿《禮論》之所載者也。"

《正義》曰:"此書是褚先生取荀卿《禮論》兼爲之。"

案:張守節以爲十篇皆褚先生所補,故有此説,然絶不足據,辯已見前。

《藝文志考證》卷三引東萊吕氏曰:“張晏所列亡篇之目,其四曰《禮書》,其叙具在。自‘禮由人起’以下,則草具而未成者也。”

凌稚隆《史記評林》卷二十三引楊慎曰:“自‘禮由人起’至‘儒墨之分’一段,《荀子·禮論》之文。中閒‘治辨之極也’,至‘刑錯而不用’一段,《荀子·議兵篇》答陳囂之文。後自‘天地者生之本也’至終篇,亦皆《禮論》之文。乃斷‘至矣哉’之上,加‘太史公曰’,此小司馬譏其率略蕪陋,其爲褚少孫補明矣。”楊慎語出於《史記題評》,其書乃李元陽就升菴評本增益刻行。後來《史記評林》《史記測義》諸本,皆從之轉録。《題評》傳世甚稀,僅著録於《善本書室藏書志》卷八。故就《評林》引用。

案:自《索隱》《正義》皆以《禮書》爲取之《禮論》,至楊氏始指出中閒雜以《議兵篇》之文,考證誠爲入細。然《正義》謂此篇爲褚少孫所補,本無所據。楊氏又從而實之。不過因相傳《武帝紀》爲少孫之筆,遂以爲凡蕪陋者必出於少孫,所謂衆惡皆歸耳。

殿本《史記》卷三十二《考證》曰:“張晏所稱褚先生補書,惟《孝武本紀》《三王世家》《日者》《龜策列傳》,未嘗及《禮書》也。今考太史公曰‘洋洋美德乎’以下,至‘垂之於後云’句,所爲太史公《禮書》,當如是止矣。其‘禮由人起’以下,則後人少其書,而取荀卿子文補之耳。不知禮意禮制,已備舉數百言之内,不必復補也。若夫割裁《禮論》之文,横加‘太史公曰’四字,作《禮書》贊,則謬戾已甚,恐褚先生不至是。”

案:《考證》此條出於張照,其前尚有一段,謂自“禮由人起”以下,出於《荀子·禮論》及《議兵篇》,全剽楊慎語,今删去。

《廿二史考異》卷三曰:“張晏謂《禮書》《樂書》遷没之後亡,今二篇俱有‘今上即位’之文,似非盡褚先生所補。”

案:後人補作,亦不妨摹擬太史公語氣,説詳“總論”。

《十七史商榷》卷一曰:“《禮書》《樂書》,雖是取荀卿《禮記》,其實亦是子長筆,非後人所補,不知張晏何以云亡。”

案:《樂書》取之《樂記》。王氏既信其是子長筆,而以爲取之《禮記》,不知司馬子長何緣得見戴聖書乎?其亦大可笑矣。

《史記志疑》卷十五曰:“史公《禮書》惟存一序,後人因其缺而取《荀子》續之。自‘禮由人起’至‘儒墨及天地生之本’至末,是《荀子·禮論》。中閒‘治辨之極’至‘刑措而不用’,是《議兵篇》荅陳囂語。自注:《索隱》概謂《禮論》,非。而末段又割截《禮論》,横加‘太史公曰’四字以作論,尤爲乖陋。”

案:《志疑》此條與楊升菴説全同,但字句小異耳。將未見其書,無心暗合耶?抑鄙夷其學,有意諱所自來耶?今並存之,學者比而觀焉,其必有以處此矣。梁氏曾引《史記測義》,升菴此條,即見於《測義》中。

《拜經日記》曰:“按此篇爲褚補,無明文也。《索隱》於此篇,不以爲褚補。”

**嘉錫案:**《禮書》一篇,除割截《禮論》,横加“太史公曰”四字,最爲乖戾外,其他尚無大紕繆。故諸家自司馬貞以下,多以爲是太史公本書。然張晏所言,亡失十篇,以今考之,其九確出後人所補,咸有明證,即《禮書》可知矣。餘詳“總論”。

## 《樂書》第七

本篇《正義》曰:“《樂書》者,猶《樂記》也。鄭玄云:‘以其記樂之義也,此於《别録》屬《樂記》,蓋十一篇合爲一篇。十一篇者:《禮記》疏無此四字。有《樂本》,有《樂論》,有《樂施》,有《樂言》,有《樂禮》,有《樂情》,有《樂化》,有《樂象》,有《賓牟賈》,有《師乙》,有《魏文侯》。今雖合之,亦略有分焉。’劉向校書,得《樂書》案:當作《樂記》。二十三篇,著於《别録》。今《樂記》雖有十一篇,其名猶存也。”存,孔疏作“在”。

案:張守節因《樂書》全録《樂記》,故注之如此。所引鄭玄語,出鄭氏《三禮目録》,見《禮記》卷三十七《樂記》孔疏。其劉向校書以下,則孔穎達語,而守節襲之。然孔氏云"其名猶在"者,謂劉向校書得《樂記》二十三篇,今《樂記》斷取十一篇。餘有十二篇,其名猶在:《奏樂》第十二,《樂器》第十三,《樂作》第十四,《意始》第十五,《樂穆》第十六,《説律》第十七,《季札》第十八,《樂道》第十九,《樂義》第二十,《昭本》第二十一,《招頌》第二十二,《竇公》第二十三,是也。守節乃云"今《樂記》雖有十一篇,其名猶存",是未解孔疏之意也。

又本篇"子貢問樂",《正義》曰:"結此前事悉是答子貢問之事。其《樂記》者,公孫尼子次撰也。以前劉向《别録》篇次,與鄭《目録》同,而《樂記》篇目又不依鄭《目》。今此又篇次顛倒者,以褚先生升降,故今亂也。今逐舊次第隨段記,使後略知也。以後文出褚意耳。"

案:以《樂書》與《小戴記》校其篇次,誠有顛倒,然恐是《樂記》别本如此,與劉向校定本及小戴所見本原自不同,未必補史者以意爲升降。且《樂書》不知出何人之手,張氏又强坐褚先生,蓋猶守其十篇皆褚所補之説耳。謂"凡音生於人心"以下,出於褚意,亦非也。臧庸《拜經日記》卷九曰:"按鄭氏《目録》,本依劉向之次。今本不同者,蓋疏家亂之。此語未諦。至《史記·樂書》所載《樂記》共十三。'夫樂不可妄興也',爲《奏樂篇》結句。'夫上古明王舉樂者',爲《樂義篇》起句。中有'太史公曰'四字,係後人妄加,當删正。其先後之序,必原本如是,非後人所能升降也。"臧氏又引《正義》此條"以後文出褚意"句,駁之曰:"按張氏所指以後,謂《禮記》十一篇之外,《奏樂》第十二以下文也。以此下不見今《禮記》,故疑出褚意,而不知《樂書》之取《樂記》,本十三篇也。《奏樂篇》本出《韓非子》。然則凡輕斥爲褚補者,特出一己臆度之見,非有所本也。"

**嘉錫案:**《樂書》所取《樂記》凡十三篇,此説爲唐以來人所未曉,自臧氏發之,使古書佚文多得二篇,誠快事也。惟謂"夫上古明王舉樂者"以下爲《樂義篇》文,則恐未然。《樂記》原目,"《樂器》篇第十三"。今《樂書》文曰:"琴長八尺一寸,正度也。弦大者爲宫,而居中央,君也。商張右旁,其餘大小相次,不失其次序,則君臣之位正矣"云云,以此觀之,恐正是《樂器》篇文耳。

《資治通鑑考異》卷一曰:"《史記·樂書》:'武帝作十九章歌。常以正月上辛祠太一甘泉,使僮男僮女七十人俱歌。'又嘗得神馬渥窪水中,復次以爲《太一之歌》。後伐大宛,得千里馬,次以爲歌。中尉汲黯進曰:'陛下得馬詩以爲歌'云云,丞相公孫弘曰:'黯誹謗聖制,當族。'"《漢書·禮樂志》:"武帝定郊祀之禮,祠太一於甘泉,祭后土於汾陰,乃立樂府:作十九章之歌,以正月上辛用事甘泉圜丘。"按《天馬歌》,本志云:"元狩三年,馬生渥窪水中作。"《武紀》云:"元鼎四年秋,馬生渥水窪中。五年十一月,立泰畤於甘泉。太初四年,貳師獲汗血馬,作《西極天馬之歌》。"公孫弘以元狩二年薨,汲黯以元狩三年免右内史,五年爲淮陽太守,元鼎五年卒。又黯未嘗爲中尉。或者馬生渥窪水作歌在元狩三年,汲黯爲右内史而譏之,言當族者非公孫弘也。雖未立泰畤,或以歌之於郊廟。其十九章之歌,當時未能盡備也。"

案:《通鑑》卷十九於元狩三年書得神馬於渥窪水中,次以爲歌。汲黯進言,蓋知《樂書》之年月不合,而以意修正之,故《考異》之言如此。雖不免調停《史》《漢》之間,曲爲遷就。然《樂書》之牴牾剌謬,實自温公始摘發之。即此已可知非太史公原書矣。

王應麟《漢書藝文志考證》卷三引東萊吕氏曰:"張晏所列亡篇之目,其五曰《樂書》,其叙具在。自'凡音之起'而下,則草具而未成者也。"

又《困學紀聞》卷十一曰:"《樂書》:'得神馬渥窪水中,爲《太一之歌》。後伐大宛,得千里馬爲歌。中尉汲黯進曰'云云。'丞相公孫弘曰:"黯誹謗聖制。"'《説齋》唐氏曰:'案:《漢書·武帝紀》"元鼎四年秋,馬生渥窪水中,作《天馬之歌》。太初四年春,貳師將軍廣利斬大宛王首獲汗血馬來,作《西極天馬之歌》。"而"元狩二年春三月,丞相弘薨”，則先元鼎四年已八年矣。《汲黯傳》，渾邪王降之歲，汲黯坐法免官，隱田園者數年，至更立五銖錢復起爲淮陽太守，居淮陽十歲而卒。案：《史記》作“七歲而卒”，此從《漢書》。按《武紀》昆邪之降在元狩二年，而行五銖錢在五年，又十歲，則元封四年也。其去太初四年尚六年，則汲黯之卒亦久矣。今《樂書》乃云，得大宛馬而作《天馬之歌》，汲黯嘗有言，而公孫弘又從而譖之，不亦厚誣古人哉。况黯在武帝時，始爲謁者，遷滎陽令，稱疾歸，乃召爲中大夫，又出爲東海太守，又召爲主爵都尉，又公孫弘請徙爲右内史，數歲而免官，又數歲而起爲淮陽太守，則未嘗爲中尉也。假使黯之言在馬生渥窪之年，則弘之死固已久矣。《漢書·司馬遷傳》言“《史記》十篇，有録無書”，而注言《樂書》亦亡，則非遷之作明矣。使遷在當時而乖舛如此，不亦謬乎’？”

案：此引唐仲友《兩漢精義》之言也，據《紀聞》翁元圻注。所考亦不能出《通鑑考異》之外，特不信《樂書》爲太史公作，無所顧忌遷就，故言之較爲明快耳。

又《通鑑答問》卷四曰：“案：《本紀》馬出渥窪水中在元鼎四年，《通鑑》書於元狩三年，蓋據《禮樂志》。以《黯傳》考之，渾邪王降後數月，黯坐小法免，隱於田園者數年。渾邪之降在元狩二年，故《通鑑》附此事於三年。然《史記·樂書》又合大宛馬歌載之，以爲中尉汲黯。又云：‘丞相公孫弘曰，黯誹謗聖制，當族。’案：黯爲淮陽太守，在元狩五年，居淮陽十歲而卒，則元封四年也。大宛獲馬在太初四年，黯卒已六年。弘先卒於元狩二年，而黯未嘗爲中尉，事皆差舛。蓋《樂書》後人所續，非史遷之筆也。”

《史記評林》卷二十四《樂書》“凡音由於人心”句上引楊慎曰：“此以下《正義》曰，出褚意。今案衛靈公濮水聞琴聲師涓、師曠之事一段，見《韓子》，當是褚先生取《韓子》補之。”

案：濮水聞琴事見《韓非子·十過》篇，故楊氏以爲褚先生取自《韓子》。臧氏《拜經日記》則謂爲《樂記·奏樂》篇之文，本出於《韓非子》。兩者不同，臧説近是。以《樂書》考之，此節言“凡音由於人心，舜彈五絃之琴，歌南風之詩，故天下治。紂爲朝歌北鄗之音,故國亡身死。而衛靈公將之晉,至於濮水之上舍,夜半時聞鼓琴聲"云云,文義密相銜接。終之曰:"夫樂不可妄興也。"《韓非子》作"故曰不務聽治而好五音不已,則窮身之事也",乃專指晉平公事言之。以總結上文,明是一篇文字。而"舜歌南風",與《樂施》篇相應,"音由於人心"及"濮上之音",與《樂本》篇相應,其爲同出《樂記》,而非後人別取他書補綴,亦可概見。但自"凡音由於人心"至"故國亡身死"百五十八字,爲《韓非子》所無。其餘不但字句小異,且刪節處甚多,其爲是否取自《韓非子》,未可知也。《隋書·音樂志》引沈約奏答梁武帝,謂《樂記》取公孫尼子者,爲《小戴記》中之《樂記》十一篇言之耳。至於劉向所校之二十三篇,則《漢書·藝文志》言河間獻王與毛生等共采周官及諸子言樂事者,以作《樂記》,明不盡出於一書,故其第二十三篇爲《竇公》,乃漢文帝時事,見《藝文志》。非公孫尼子所及見。然則《史記》所録《奏樂》《樂器》二篇,是否取自公孫尼子,亦未可知也。古書散亡,闕所不知,可矣。

又引楊循吉曰:"《禮記》原筆於漢儒,此篇雖顛倒經文,亦自有條理。如列三問樂於後,而文之升降,反整於經。似子長次之,非皆少孫意也。予不敢從解經例而依《正義》耳。然必欲逐舊,則《正義》爲固矣。"

案:《禮記》所以釋經,不過傳記之流,本不在六經之列。況小戴已自不用《别録》次序。補《史記》者或與小戴時代相先後,各就所見本録之,原無不可,無所謂顛倒升降。楊氏此言,勝於張守節多矣。惟以爲出於太史公及褚先生,則非也。

殿本《史記》卷二十四《考證》曰:"臣照按《樂書》謂褚先生補者,亦出張守節《正義》。今考'太史公曰'以下,叙《虞書》以至秦二世見古樂之失傳,自高祖過沛至天馬來,志漢樂之梗槩,後載汲黯正直之言,公孫諂諛之語以結之,以明漢樂之所以不興。當馬遷之時,所應作之《樂書》,如是止矣。然則《樂書》未嘗不竟也。後人復將《樂記》全寫入公孫弘語之下,又取晉平公事不經之談以附益之,而馬遷之義始晦矣。今别而出之。”

案：此信《樂書》爲太史公原文，蓋未嘗考之《通鑑考異》及《困學紀聞》。然錢竹汀、王西莊所見亦如此，見前《禮書》條。未可責之張照。但照斥晉平公事爲不經之談，似謂不當載之於史，而吾顧以爲出於《樂記》。恐讀者之意，或同於照，以爲怪誕，是不可以不辯。夫平公之事，誠屬不經，然《樂記》固有之矣。《樂本》篇曰：“桑間濮上之音，亡國之音也。”鄭注曰：“濮水之上地，有桑間者，亡國之音於此之水出也。昔殷紂使師延作靡靡之樂，已而自沈於濮水。後師涓過焉，夜聞而寫之，爲晉平公鼓之，是之謂也。”孔疏即引《史記·樂書》爲證。當孔穎達之時二十三篇之《樂記》已亡，《隋志》不著録。其引《樂書》固不足怪。至於鄭康成所引何書，雖不可考。然鄭氏於“昔者舜作五絃之琴以歌南風”，注曰：“其辭未聞。”《正義》曰：“《聖證論》引《尸子》及《家語》難鄭，馬昭云：‘《家語》，王肅所增’，加《尸子》雜説不可取證正經，故言未聞。”由此言之，濮上之事，其必不出於諸子雜説可知也。使鄭所引爲《韓子·十過篇》，而馬昭之言如此，獨不畏王學之徒，反唇相稽耶？鄭氏既可引以注經，而謂補《史記》者不當采以入《史》，此何理也？且經傳之中，若此者多矣。石言於晉，神降於莘，見於《春秋傳》；而穆公之夢鈞天，秦使之遇山鬼，太史公載之綦詳。精氣爲物，游魂爲變，鬼神之事，古人未嘗不信。然則濮上之事，《樂記》取之，《樂書》采之，皆可也。《樂書》之是否爲太史公手筆，此自别是一事。若以載此爲不經，而深鄙斥之，是真腐儒之見，不可以讀古書也。

《史記志疑》卷十五曰：“《樂書》全缺，此乃後人所補，託之太史公也。以序言之，其曰：‘仲尼作五章以刺時。’不知所指。《索隱》謂彼婦之歌，殊未確。使如其説，此歌只可五章之一，不得遂該五章也。其曰：‘李斯諫二世，放棄詩書。’夫斯議焚書，安得有是諫。縱有是諫，亦决非李斯也。其曰：‘高祖過沛詩三侯之章。’《大風歌》有三兮而無三侯。明方以智《通雅》四，謂‘兮’與‘侯’古通用。但‘侯’乃發語辭，與

‘兮’字不同也。其曰:‘今上作十九章,令李延年次序其聲。’而《漢志》武帝時作‘《安世房中歌》十七章,《郊祀歌》十九章’。以此爲房中歌歟? 不可言十九。以爲郊祀樂歟? 則十九章並太始三年赤蛟數之,又非史公所及覩。蓋史公作史時,尚未定十九章之名。《索隱》未經細究,遽云:‘房中樂有十九章’,妄矣。且因爲《郊祀歌》,何以止載四太一天馬六章,而《太一歌》不但字有增换,並删去‘志俶儻’四句,《天馬歌》全與《漢志》别,俱不可曉。《漢志》:《天馬歌》凡六章,此獨載蒲梢之歌,其事他無所見,而蒲梢亦云天馬,首尾四語,又與《天馬歌》首章相似。疑此是詠烏孫馬,《漢書》不載,補《史》者别記所聞,謬以爲宛馬歌耳。《大宛傳》言:‘天子得烏孫馬好,名曰天馬。及得大宛汗血馬,更名烏孫馬曰西極,名大宛馬曰天馬。’或者蒲梢乃烏孫馬之歌,而歌中有‘天馬來,從西極’之名,故名爲西極耶? 自注:《漢書·武紀》稱《宛馬歌》爲《西極天馬之歌》,亦因歌有西極語。其曰‘中尉汲黯譏馬歌,丞相公孫弘謂黯誹謗聖制,當族。’考馬生渥窪水作歌,在元鼎四年之秋,《武紀》可證。《禮樂志》誤以爲元狩三年。其所以誤者,因元狩二年曾得馬余吾水中,遂移屬於渥窪耳。獲宛馬作歌,在太初四年之春,而公孫弘卒於元狩二年三月,不但渥窪大宛事不及見,即不作歌詩之余吾馬,亦不及見,自注:得余吾馬,元狩二年夏。安得有誹謗聖制之譖哉。黯未嘗爲中尉之官,得渥窪馬時,黯在淮陽爲太守,無緣面譏武帝。得大宛馬時,黯卒已十二年,自注:卒於元鼎五年。又安得誹謗聖制哉?《困學紀聞》《通鑑答問》謂《樂書》後人所續,厚誣古人,非史遷之筆。豈有遷在當時,而乖舛如此?《通鑑考異》疑馬生渥窪作歌在元狩三年,汲黯爲右内史,而譏之言當族者非公孫弘,殊不然也。至《樂書》中段,既直寫《樂記》,而增易升降,絶無意義。濮水聞琴節,又攙用《韓子·十過篇》末段,尤爲冗濫。徐氏 案:徐氏名孚遠。《測議》謂是截舊文爲之。前後兩書‘太史公曰’,又稱武帝爲今上,僞亂其詞,欲以假冒真,而不知其不能混爾。”

案:梁氏謂《樂書》全出後人所補,是也。顧其爲説,惟汲黯、公孫弘事,據《通鑑考異》《困學紀聞》而推演之,故頗能入細。其他則立論或失之容易,考證亦不免麤疏。夫《樂書》雖非太史公筆，要出自西漢人手，雖不免傳聞異辭，但絶非憑空杜撰。孔子作五章以刺時，其辭若何？《大風》之爲三侯章，厥義安在？書缺有間，固所難詳。然在當日，自必有説。梁氏執此以相詰難，是凡讀書不能解，便謂古人不可信也。李斯於始皇時上書請諸有文學詩書百家語者，蠲除去之，令到滿三十日不去，黥爲城旦，始皇可其議。然其後二世下詔責斯，徵引《韓子》，斯上二世書，並稱申韓商君。並見本傳。夫申韓商君，獨非百家語耶？可見斯之焚書，特將以愚黔首，而非欲以自愚也。《樂書》載斯諫二世曰："放棄詩書，極意聲色，祖伊所以懼也。輕積細過，恣心長夜，紂所以亡也。"本傳亦載"斯居囹圄中，歎二世之無道，過於桀紂。因言古聖王飲食有節，車器有數，宫室有度，出令造事，加費而無益於民利者禁"云云，兩者相較，詞意相仿。故斯自稱曰："吾非不諫也，而不吾聽也。"知其諫二世，當實有其事。斯故荀卿弟子，自不能盡忘詩書，故太史公亦稱斯知六藝之歸。其贊始皇焚書，特阿順苟合耳。方其被二世誚讓時，尚阿意取容，上督責之書。及爲趙高所讒，乃貌爲正論，則古昔，稱先生，以明二世之過。反覆善變，固小人之常態。而梁氏因其言"放棄詩書"，以爲决非李斯之語，似亦過於泥執。凡此皆其立論失之容易者也。其考證之誤，如謂史公作《史》時，尚未定十九章之名《通鑑考異》言"作《天馬歌》時，十九章之歌未能盡備"，則温公固已疑之矣。是矣。而乃舉太始三年《赤蛟》歌爲證。考之《漢書·禮樂志》，僅《象載瑜》第十八，爲太始三年行幸東海獲赤鴈作，《武帝紀》所謂朱鴈之歌也。至如《赤蛟》第十九，並不言何時所作。梁氏匆匆翻閲，遂爾將後作前，其麁疏如此。《樂書》曰："後伐大宛得千里馬，名蒲梢，次作以爲歌。"《漢書·西域傳》贊曰："聞天馬蒲陶，則通大宛安息。自是之後，蒲梢龍文魚目汗血之馬，充於黄門。"可爲大宛馬名蒲梢之證。梁氏乃謂蒲梢是烏孫馬之歌，與《史》《漢》皆不合，又其疏也。若夫書中兩稱"太史公曰"，又獨武帝爲"今上"，乃補亡之體應如此。此前人所未喻，梁氏固無以知之。説詳"總論"。

張文虎《舒藝室續筆》曰："《平準書》末：'卜式書曰："今弘羊令吏

坐市列肆，販物求利。亨弘羊，天乃雨”’此以結桑弘羊罪案。乃《樂書》於汲黯諫天馬歌後，亦云‘丞相公孫弘曰，黯誹謗聖制，當族’，隱以效《平準書》，原刻誤作《封禪書》，今改。大可笑也。”

又《舒蓺室餘筆》卷二曰：“《樂記》：‘愛者宜歌商，温良而能斷者宜歌齊。夫歌者直已而陳德也，動已而天地應焉，四時和焉，星辰理焉，萬物育焉。故商者，五帝之遺聲也。’案：此五十一字，係錯簡，當在‘肆直而慈’下。鄭注已云：‘换簡失其次’，則由來久矣。孔疏依《史記·樂書》之次爲解，足正其誤。而經‘肆直而慈’下，衍一‘愛’字。‘商人識之’上，衍‘商之遺聲也’五字。微《史記》則雖疑其誤，而無從是正矣。”

案：鄭君於“肆直而慈愛”下，注曰：“此文换簡失其次。‘寬而静’宜在上。‘愛者宜歌商’宜承此下，讀云：‘肆直而慈愛者，宜歌商。’”又於“商之遺聲也”至“故謂之齊”下，注曰：“云‘商之遺聲也’衍字也。又誤上所云：‘故商者五帝之遺聲也’，當居此衍字處也。”其所改正，皆與《樂書》合。孔疏曰：“此經倒錯，上下失叙，今依鄭之所注次而解之。其次依《史記·樂書》也。”詳孔氏之意，蓋謂鄭所注次序是依《史記·樂書》校定。然則今之《樂書》，固在鄭君之前矣。孔疏自依鄭注解之，張氏謂疏依《樂書》爲解者，非也。

又曰：“《樂記》一篇，《史記》全載其文，而次序頗參錯。《史記》自首節至第二十五節‘皆以禮經’，與經同，其下接‘樂也者施也’至‘然後可以有制於天下也’，凡六節，下接‘樂者聖人之所樂也’，連下八節，至‘生民之道樂莫大焉’下接‘君子曰，禮樂不可斯須去身’，至‘可謂盛矣’凡十一節，下接《魏文侯》《賓牟賈》《師乙》三章。按孔疏及張守節所引鄭《目録》十一篇，有《樂本》《樂論》《樂施》《樂言》《樂情》《樂化》《樂象》《賓牟賈》《師乙》《魏文侯》諸目。《史記》惟《魏文侯》次《賓牟賈》前爲不合耳。經以《魏文侯》《賓牟賈》躋於《樂情》之後，《樂化》之前，尤爲鶩亂。而鄭注無文，則簡策流傳，不敢擬議，兩存之而已。至其字句異同，或多或少，固有所不暇論也。”

案:《樂記》原書不可見。《禮記》及《樂書》兩本,蓋各有短長。其文字及次第不同處,《禮記》未必是,《樂書》未必非。張氏此言,可謂平情之論。張守節謂《樂書》篇次顛倒,梁玉繩至詆其增易升降,絶無意義,皆先入之言爲王耳。

**嘉錫案:**《樂書》之非太史公筆,曉然易見。其信之者如呂東萊、錢竹汀、王西莊錢、王説見《禮書》條。之徒,必謂原書未亡,固屬毫無證據。而攻之者如張守節之强坐褚先生,梁玉繩之毛舉細故,亦不得其當。不若唐説齋、王伯厚,第就汲黯諫天馬一事,摘其年月官職之舛誤,爲能中其要害,雖善辯者,不能之爲辭矣。而日本人有瀧川資言者,作《史記會注考證》,猶强爲之説曰:"按據《漢公卿表》,太初四年得大宛馬,時公孫賀方爲丞相,則'弘'字當'賀'字之訛。《史記·汲黯傳》云:'上以黯故,官其弟汲仁至九卿。'面譏武帝者,安知不汲仁乎?後人校《史記》者,熟公孫弘、汲黯名,而不究其事,以意妄改。亦未可知也。"見《會注》卷二十四。其立説頗巧。然汲仁之名,不見於《百官公卿表》。太初四年中尉無姓名,蓋班固時已不可考,未必即是汲仁。且表首明言"中尉,武帝太初元年,更名執金吾",當四年得大宛馬時,安得更有中尉。公孫弘、汲黯之名,縱爲後人所改,豈"中尉"二字亦後人所妄改乎?不然,太史公立武帝之朝,記其身所見聞,豈並國家官制而忘之乎?凡著書紀事,固不能無誤,然此則必不宜誤者也。其爲後人據傳聞之辭以補亡,而未深考當時之事,亦明矣。吾獨愛其所録《樂記》,可正《小戴記》之誤,且使已亡之古書,藉以多存二篇,是則深爲可寶。不必以其非太史公之筆,遂耳食而議之也。

## 《兵書》第八

《太史公自序》曰:"非兵不彊,非德不昌,黄帝、湯、武以興,桀、紂、二世以崩,可不慎歟?《司馬法》所從來尚矣。太公、孫、吳、王子徐廣曰:"王子成父。"能紹而明之,切近世,極人變,作《律書》第三。《索隱》曰:此《律書》之贊,而云'非兵不彊'者,則此《律書》,即《兵書》也。古者師出以律,則凡出軍皆聽律聲,故云:'聞律效勝負,望敵知吉凶也。'《正義》曰:古者師出以律,凡軍出皆吹律聽聲。《律書》云:'六律爲萬事根本,其於兵械尤所重,望敵知吉凶,聞聲效勝負。'故云:'司馬兵法所從來尚矣乎。'"

案:《索隱》《正義》,均以《律書》爲褚少孫所補,《正義》説見前"遷没後亡十篇"條。而此乃引《律書》注自序,不知果太史公之意否乎?

《自序》又曰:"禮樂損益,律曆改易,兵權山川鬼神天人之際,承敝通變,作八書。《索隱》曰:案兵權,即《兵書》也;遷没之後亡,褚少孫以《律書》補之。今《律書》亦略言兵也,山川即《河渠書》也。鬼神即《封禪書》也,故云'山川鬼神'也。"

案:《漢書·司馬遷傳》王先謙《補注》曰:"天人之際謂《天官書》,承敝通變謂《平準書》也。"自序曰:"作《平準書》以觀事變。"

《索隱》又曰:"《兵書》亡不補,略述律而言兵,遂分曆述以次之。"

案:詳《索隱》此兩條之意,蓋謂太史公本只有《兵書》無《律書》,後人力不能補,遂略言兵律相關之意,並割《曆書》前半之言律者以補之,而改其名爲《律書》也。其言甚精,惜發揮未暢。後來洪頤煊、張文虎之説,皆從此悟出。惟謂爲褚少孫所補,則毫無證據,不免臆决耳。

《漢書·司馬遷傳》注:"張晏曰:'遷没之後亡《兵書》。'師古曰:'序目本無《兵書》。張云亡失,此説非也。'"

案:張晏所見《太史公自序》,自作《兵書》耳。否則何不直云《律書》亡而必改作《兵書》乎?今本蓋後來校史者,嫌序與書不合,遂改"兵"字爲"律"。《漢書·司馬遷傳》亦作《律書》,則又後人用《史記》校改耳。師古據以難張晏,非也。劉奉世《刊誤》曰:"《兵書》即《律書》,蓋當時有耳。"所謂"當時有"者,蓋謂當張晏之時,自序中本有《兵書》。特不敢質言今本爲後人所改,故語意含混不明。

《朱子語類》卷百三十五曰:“王允云:‘武帝不殺司馬遷,使作謗書。’如《封禪書》所載祠祀事,《樂書》載:‘得神馬爲太一歌,汲黯進曰:“先帝百姓,豈能知其音耶?”公孫弘曰:“黯誹謗聖制,當族。”’下面却忽然寫許多《禮記》。又如《律書》説律又説兵,又説文帝不用兵,贊嘆一場,全是個醉人東撞西撞。觀此等處,恐是此意。”

案:《樂書》《律書》皆非太史公筆,朱子以爲謗書,非也。然即此亦足見此兩篇文字全無章法矣。

《藝文志考證》卷三引東萊吕氏曰:“張晏所引亡篇之目,其六曰《律書》,其叙具在。自‘書曰七正二十八舍’以下,則草具而未成者也。”

《史記評林》卷二十五引楊慎曰:“《漢書音義》云:‘《律書》闕,有録無書。’《索隱》曰:‘《兵書》亡不補,略述律而言兵,遂分曆述以次之。’皆疑其爲褚所補。今按太史公自序《律書》云:‘非兵不彊’,又云:‘《司馬法》所從來尚矣,太公、孫、吴、王子能紹而明之’,蓋言兵也。《律書》即《兵書》,非亡而不補也。其《律書》略述律而言兵,語焉不詳,誠如小司馬所云也。其云‘分曆述以次之者’,蓋自‘書曰七正二十八舍’以下,皆闕律法也。然曆之月氣,實應乎律,非分曆述以次之也。兵之與律相因者,然非特以律聽兵聲而已也。先儒謂太史公論‘文帝寢兵息民,天下和樂’爲得論律本意。余以爲此書雖頗殘缺而補綴之,非全失而全出褚少孫手也。”

案:此條所引《漢書音義》,即《史記·自序集解》所引。楊氏改十篇缺爲《律書》闕,可謂妄誕矣。其餘辯論,亦多空談,駁《索隱》處似尚未明小司馬之意也。

殿本《史記》卷二十五《考證》曰:“案:張晏數闕書,有《兵書》而無《律書》,顔師古謂自叙目録本無《兵書》。竊意律之爲用,兵其大者。張晏或即以《律書》爲《兵書》,未可知也。其文固太史公之文,非後人所能補。蓋以漢武用兵不以律,而推原本始,舉孝文以爲法,殆即所謂兵戒者歟?”案,《律書》云:“其於兵械尤所重。”《正義》解爲器械之“械”,張照《考證》以“械”字爲“戒”字之訛,故有此語。

王元啓《史記三書正譌》卷一曰:“《史記》所闕十篇,説者皆云褚少孫所補。余讀《律書》首言律爲兵家所重,因序歷代兵制以附其後,未復詳述律管長短之數,以爲後人審律候氣之準。中所闕者,惟景、武兩朝兵制耳。要其首尾完善,必非少孫所能代爲。惟所述二十八舍十母十二子方隅氣候,乃後之讀史者勦取術家之言以爲訓釋。”

案:《律書》所載二十八舍十母十二子方隅氣候,實秦漢閒術數家相傳之古法,故與《月令》《時則訓》《淮南子》卷五等書往往有合。蓋本《史記·曆書》之文,補《史》者割裂之以附於此篇。太史公世掌天官,其家法固如此。王氏以《律書》爲太史公筆,獨謂此爲讀史者勦取術家之言,可謂信所不必信,疑所不當疑也。

《廿二史劄記》卷一曰:“《史記》所缺十篇,張晏謂《禮書》《樂書》《兵書》,顔師古據《史記》目録,但有《律書》而無《兵書》,以駁張晏之誤,不知《律書》即《兵書》也。遷自序 自序語已見前,不重録。云云,是遷所作《律書》,即《兵書》也。今褚少孫所補序,亦云六律爲萬事根本,其於兵械尤重,遂極論秦時黷武,漢定天下,偃兵息戰等事,是亦尚見兵律相關之意。而其傳則又專序律吕上生下生之法,與兵事毫不相涉。此篇最無頭緒。蓋少孫補作時,見遷序目有《司馬法》《太公》《孫》《吴》字樣,故其序以兵律相關爲言。至其正文,則以《律書》爲名,遂專取律吕以實之,而與兵事不相涉也。張晏謂《兵書》者,專指史遷序目而言。顔師古駁之者,專據少孫所補律吕而言。度史遷原文,必有兵與律相應之故,惜不可考矣。”

案:趙氏謂此篇最無頭緒,是也。惟不悟《太史公自序》本作《兵書》,今本“律”字爲後人所改,而曰:“張晏謂《兵書》者,專指史遷序目而言。”不思序目明言“作《律書》第三”,張晏果據序目,正當稱爲《律書》,何以擅改其名爲《兵書》也。一閒未達,遂致説不可通。

《史記志疑》卷十五曰:“案律爲兵家所重,故史公序律先言兵,昔賢謂《律書》即《兵書》,是已。然言用兵之事幾七百言,未免於律太遠。且祇述歷代之用兵,而不詳其制,又不及漢景、武兩朝,毋乃疏乎。"

案:張晏明言《兵書》已亡,梁氏深信《律書》即《兵書》,遂以爲不闕。說見前"遷殁後亡十篇"條。此條雖歷指其疏謬,仍不以爲後人所補。然則太史公之才、學、識三者,不如梁氏遠矣。其然豈其然乎?

又卷三十六曰:"《太史公自序》'律曆改易,兵權山川。'案兵權即《律書》,似複出,當衍"兵權"二字。自注:"《索隱》言《兵書》亡,妄也。"

案:梁氏以不妄爲妄,遂欲删改太史公之文,而不自知其妄也。

《拜經日記》卷九曰:"《律書》本名《兵書》。《太史公自序》云:'非兵不彊,非德不昌',本篇云:'六律爲萬事根本,其於兵械尤所重。又兵者聖人所以討彊暴,平亂世,夷險阻,救危殆',中述黄帝、顓頊、成湯及王子、孫武等並桀、紂、秦二世之興亡,故名《兵書》。今作《律書》,後人改也。特此篇爲褚補無明文。《索隱》《正義》於本篇皆不云褚補。"《龜策傳正義》謂十篇皆褚補,臧氏已引用之。此但謂本篇《正義》不以爲褚補耳。

案:《史記》無《兵書》,而張晏以爲《兵書》亡。劉奉世輩雖謂《律書》即《兵書》,然卒無以解於張晏之何以不稱《律書》也。臧氏以《律書》之名爲後人所改,其說較爲明快,但不如認爲補《史》者所自改之爲得也。

洪頤煊《讀書叢録》卷十七曰:"案:《太史公自序》:'作《律書》第三',序專論兵。'作《曆書》第四',序兼論律。疑《律書》自'王者制事立法'以下,至'孔子所稱有德君子者邪',本爲《兵書》。自'書曰七正二十八舍'以下至篇末,爲《律書》篇首,後人誤割附於上篇《兵書》之後,而改其目曰《律書》,故張晏以爲亡也。班固撰《漢書》稱《律曆志》,似猶見其原本。"

案:洪氏以"七正二十八舍"以下爲《曆書》,極是。惟謂自此以前本爲《兵書》,則非也。太史公於《曆書》已兼論律,使《兵書》爲太史公本,何必更傅會爲兵律相關之説乎?

《舒蓺室隨筆》卷四曰:"歙金氏輔之云:自注云:"見所校嘉靖丁酉廣東崇正書院重修本《漢書》眉上。海寧唐君仁壽所藏也。"'孟堅《刑法志》,實本子長《律書》之旨。古者師出以律,故名爲《律書》,蓋即《兵書》也。褚少孫妄作,輒以《律書》補之,附會周官執同律以聽軍聲之説,與子長作書本旨刺謬殊甚。'案:金説是也。自《漢書》以律曆同志,後代之史多效之,皆以爲本於孟堅,不知孟堅實本子長。其自序《曆書》云:'律居陰而治陽,曆居陽而治陰。律曆更相治,閒不容翲忽。'據此,知今本《律書》十二律名義及律數分寸,史公元文必在《曆書》。其篇首'王者制事立法,度物軌則,壹禀於六律,六律爲萬事根本',此四句當爲《曆書》起首之文,正孟堅《律曆志》所本。其下文'書曰七正二十八舍'云云至終篇,皆《律書》之文。中閒'兵者聖人所以討强暴'以下,至'孔子所稱有德君子者耶',則《律書》本文。蓋史公此篇明聖人不得已而用兵之故,以爲窮兵黷武,民不聊生,及將兵失律者諷,故不曰《兵書》,而曰《律書》。續貂者不知其意,徒見《律書》殘缺,輒割裂《曆書》之半以足之,又自覺其不可通,乃妄撰'其於兵械尤所重'以下,至'何足怪哉'凡六十字以聯絡之,謬矣。史公自序總論八書,别兵權於《律曆》之外。小司馬云:'兵權即《律書》也,案:各本《史記自序索隱》均作"兵權即《兵書》也",惟汲古閣刻單行本《索隱》卷二十八作《律書》。但單行本此條脱誤甚多不足據,張氏從之,非也。遷没之後亡,褚少孫以《律書》補之。'單行本無此十三字,而多"其云兵"三字,脱誤殆不可讀。又似八書别有《律書》者,由不悟律曆同篇,而法律樂律字同義異也。

案:張氏之説,與洪氏大同小異,蓋偶忘檢洪氏書,故與之暗合而不覺。然《索隱》謂"《兵書》亡不補,略述律而言兵,遂分曆述以次之",則固已見及於此矣。至信今書中言兵者爲太史公本文,以爲"古者師出以律,故名曰《律書》",此尤不然。使史公果有此意,則本書及自序中曷爲無一言及之耶?總由不信張晏之説，故不免予奪失據。

又曰："'推孟春以至季冬，殺氣相並而音尚宫'，孟春季冬，文當互易，已見《札記》。張氏《校史記札記》卷三云："疑當作自季冬至於孟春，商之十二月正月，即周之一月二月，武王伐紂之月也。"音尚宫之説，蓋附會《國語》伶州鳩之言七律，然此亦非少孫所能爲。蓋少孫所自撰，惟'其於兵械尤所重'七字，及'百王不易之道也'七字。'同聲相從，物之自然，何足怪哉'十二字耳，餘亦皆剽襲它人者。"

案：謂《律書》爲褚先生所補，乃唐人之臆説，本無明據，張氏從而醜詆之，過矣。

**嘉錫案**：《太史公自序》，於一百三十篇檃括大旨，言其作意，無不與本書相應。今《律書》自序凡十句，皆言兵事，無一字及於律者。至末句乃曰："作《律書》第三"，與上文渺不相關，使人讀之茫然不解其所謂，他篇自序，未嘗有此也。今之《律書》，在魏晉時已否附入《太史公書》不可知。但張晏所舉十篇之目，有《兵書》無《律書》。晏所據者非史公自序，即劉歆《七略》也。然則史公所作，本名《兵書》，今自序及《司馬遷傳》中"律書"字，爲後人所改，亦明矣。今《律書》僅篇首"自王者制事立法"起，至"何足怪哉"止，略言兵律相關之意。自"兵者聖人所以討彊暴"，至"孔子所稱有德君子者耶"，皆言兵而不復及律。自"書曰七正二十八舍"至篇末，又皆言律而不復及兵。前後截然，各自爲謀，不相照應。不似《兵書》，亦不似《律書》，殆所謂驢非驢馬非馬者耶？且史公於《兵書》序無一言及律，於《曆書》序乃言律曆更相治。若謂古者用兵吹律聽聲，便名《兵書》爲《律書》，則試問兵律之相關，較之律曆之相關孰重，何以《曆書》不言律，而顧於《兵書》言律耶？由斯以談，即其篇首所謂"六律爲萬事根本，其於兵械爲尤重"云云者，特出於勉强揑合，如後世八股文字之作截搭題者，其非太史公《兵書》本意，又已明矣。篇中言兵處歷舉黄帝、湯武、咎犯、王子、孫武，若與自序相應者。案：自序曰："《司馬法》從來尚矣。太公、孫、吴、王子能紹而明之。"此其意著重在《司馬法》。至於太公以下，則皆著兵書紹明其法者也。《漢書·藝文志》兵形勢有《王孫》十六篇圖五卷。沈欽韓《漢書疏證》卷二十六疑王孫即王子,其説雖不知是否,要之王子成父必著有《兵書》,則無疑義也。今篇中不及《司馬法》,並不及太公、吴起,而忽牽引一咎犯,錢大昕《史記考異》卷三曰:"古文舅爲咎,狐偃爲晉文公之舅,故稱舅犯。"闌入其閒,此何爲者耶?未聞咎犯曾著兵書也。豈非不識太公之意,故雖影附自序爲文,仍不免顧此失彼歟?況自序於律曆改易之外,别以兵權與山川、鬼神、天人並言,使律即是兵,則"兵權"二字爲贅設矣。凡此種種,皆與太史公序牴牾乖刺,無一合者。而張照、王元啓之徒,猶猥曰《律書》真太史公筆也,豈不謬哉!若夫《索隱》《正義》謂古者師出以律,故名《兵書》爲《律書》,亦傅會之説也。案:《周易》師初六:"師出以律,否臧凶。"王弼注曰:"齊衆以律,失律則散。故師出以律,律不可失。失律而臧,何異於否。失令有功,法所不赦。故師出不以律,否臧皆凶。"李鼎祚《集解》曰:"初六以陰居陽,履失其位。位既匪正,雖令不從。以斯行師,失律者也。凡首率師出必以律。若不以律,雖臧亦凶。"王弼治古文費氏《易》,李鼎祚所集則今文家言爲多。兩漢經師之説雖不傳,諸家所輯漢《易》師初六皆無注。度其義亦不外此矣。據二家注,則所謂師出以律者,法律之律也,與吹律聽聲奚涉焉?張文虎謂法律與樂律,字同義異,則已見及於此,而説之不詳。又從金鶚之説,以爲太史公取師出以律之意,以名《律書》,今篇中言兵者,實《律書》本文,所以諷將兵失律者。不知自序中無此意,即《律書》中亦未嘗有此意也。名之曰《律書》而不言其義,豈史公欲令後人射覆乎?至於"書曰七正二十八舍"以下,則實史公《曆書》之文。其言十母十二子,皆所以明律曆更相治之理。故《曆書》稱張蒼學律曆,班固遂以律曆名篇。律曆之爲一事,自序言之詳矣。今本乃附入《兵書》之後,則索隱所謂"《兵書》亡不補,遂分《曆述》以次之"者也。褚先生之才,雖遠不及史公。然其所補,或聞之時人,或取之故書,未嘗割裂太史公之書,以爲己作也。惟《武帝本紀》,全襲《封禪書》,與此篇之裁截《曆書》同一伎倆,必鄉里妄人之所爲。其言兵處頗有文理,則不知竊自何書。小司馬乃以歸之褚先生,冤矣。

## 《三王世家》第九

本篇褚先生曰:"臣幸得以文學爲侍郎,好覽觀太史公之列傳。列傳中稱《三王世家》,文辭可觀。求其世家終不能得,竊從長老好故事者,取其《封策書》,編列其事而傳之,令後世得觀賢主之指意。

又曰:"夫賢主所作,固非淺聞者所能知,非博聞彊記君子者所不能究竟其意。至其次序分絶文字之上下,簡之參差長短,皆有意,人莫之能知。謹論次其真草詔書編於左方,令覽者自通其意而解説之。"

案:此褚先生語,在所作《三王世家》之後,則詔書在其右方,而云"編於左方"者,蓋因詔書文章爾雅,人莫能知,故就其真草所載之文辭而解釋之於左方。自"所謂受此土者"以下,至"勿使因輕以倍義也",又自"故誡之曰,葷粥氏無有孝行"以下,至"勿使上背德也",即褚先生論次之語也。覽者觀其所釋,則自能通知詔書之意,而解説之矣。

《索隱》述贊曰:"三王封世,舊史爛然,褚氏後補,册書存焉。"

《藝文志考證》卷三引東萊吕氏曰:"張晏所列亡篇之目,其七曰《三王世家》。其書雖亡,然叙傳云:'三子之王,文辭可觀,作《三王世家》。'則其所載不過奏請及策書,或如《五宗世家》,其首略叙其所自出,亦未可知也。贊乃真太史公語也。"

《黄震日抄》卷四十六曰:"《三王世家》,太史公備述群臣奏請皇帝恭讓始終啓復之辭,以及三王封策之辭,爛然可觀也,而不載其行事,褚先生條釋其後。"

案:此似未細讀褚先生語,故誤以爲太史公所作。

《史記評林》卷六十引歸有光曰:"《三王世家》本不闕,讀贊文可見。太史公亦不及見三王後事。褚先生淺陋,遂謂求其世家不可得也。序亦云:'三子之王,文辭可觀。'可知獨載其文辭也。"

案:此亦以世家爲真太史公作。果若其言。則褚先生親見其文,而謂求之不可得,是真盲目人矣。况褚先生自言三王封策爲其所編。今既别無證據以折之,第掩耳不聽其言,而曰非汝所作,豈足以服其心乎!

又引柯維騏曰:"《太史公書》原缺《三王世家》,獨其贊語尚存,故褚先生取廷臣之議及《封策書》補之。"

《十七史商権》卷一曰:"《三王世家》直列三王封策書,而不置一詞。其贊云:'王者封立子弟,以褒親親,自古至今,由來久矣,非有異,故弗論著也。然封立三王,文辭爛然可觀,是以附之世家。'此亦是子長筆。據文雖未定之筆,亦不可云亡,而張晏何以云亡?其後則有褚先生曰:'求其世家終不能得,竊從長老好故事者取其《封策書》編列而傳之。'據贊則取封策以當世家者亦子長所爲,而褚乃以爲其所自編列,是皆不可解。"自注:《索隱》據褚之言以爲褚所補。

又卷四曰:"《三王世家》武帝之子,所載直取請封三王之疏及封策録之,與他王叙述迥異。則遷特漫爾鈔録,猶待潤色,未成之筆也。"

案:王氏既知此篇之叙述與他王迥異,而乃不信褚先生之自言,必欲歸之太史公,不知何意。夫以史公發憤著書,成一家之言,將以藏之名山,傳之其人,書成後久之而後卒,顧猶有漫爾鈔録,留待潤色者乎?且何爲不加潤色,使成完書,而便亟亟焉作自序也。此其爲説,殆不可通矣。

《史記志疑》卷二十六曰:"史缺《三王世家》,褚生從長老好故事者取廷議封策,論亦僞託。而其誤處,如元狩六年俞侯欒賁爲太常,而曰'太常臣充'。自注:《索隱》云,趙充未知所出。公孫賀爲太僕,不爲御史大夫,是時張湯爲御史大夫用事,無因有賀以參之,而曰'太僕臣賀行御史大夫事'。五等之爵,成周定制,而曰'春秋三等,從殷制合伯子男爲一'。自注:《左傳》昭四年鄭子産獻伯子男之禮六,謂禮儀從同。昭十三年,子産曰:"鄭伯男也。"周語富辰曰:"鄭伯男也。"疏引王肅云:"連男言之,足句辭耳。"韋昭曰:"鄭在男服。"其餘月日亦駁。殆半由好事者傳録之誤歟。又自序傳稱'三子之王,文辭可觀',以三策爲武帝自製,故《漢書·武紀》特書初作誥也。乃以褚所補者與《武五子傳》校之，字句之閒，多有同異，豈史臣秉筆敢於竄易耶？抑褚生所編，不盡依元本耶？至其疏解，不但有失史裁，辭亦蕪淺，與《五子傳》戾，不足論已。"

案：梁氏所指《世家》中三誤，其實皆不誤也。梁氏自誤耳。《世家》有"太常臣充"，《索隱》曰："蓋趙充也。"三家注《索隱》直作趙充，此據單行本《索隱》卷十六。趙充不知何人，蓋者，疑之之辭，未可爲據。《漢書·百官公卿表》："元狩六年，俞侯欒賁爲太常，坐犧牲不如令免。元鼎元年，蓋侯王信爲太常。"考《外戚恩澤侯表》："蓋靖侯王信以皇后兄侯，中五年 景帝 五月封，二十五年薨。殿本作"三十五年"，此從宋本及汲古閣本。元光三年，頃侯充嗣。"元光，當從《史記》作元狩，始與王信立二十五年合。頃侯充，《史記》作侯偃，蓋即一人。《史記·惠景閒侯者表》云："元狩三年，侯偃元年。元鼎五年，侯偃坐酎金國除。"《漢書》於頃侯充下云："侯受嗣。元鼎五年，坐酎金免。"較《史記》多一代，疑當從《漢書》，蓋侯受嗣位未久即被免，《史記》誤遺之耳。夏燮《校漢書八表》卷六，謂侯受即偃之異名，疑頃侯充一世爲錯簡，非也。王信以元狩二年薨，下距元鼎元年已五年，安得尚爲太常乎？王先謙《補注》引王先恭説，據《三王世家》，謂王信當作王充，而移入元狩六年之下，其説確不可易。蓋俞侯欒賁免後，王充即繼爲太常，故得於六年三月，與莊青翟、張湯等奏請立三王，此當據《史記》以糾《漢書》者。而梁氏翻以《史記》爲誤，可謂是非倒置矣。至於元狩六年，御史大夫之爲張湯，不獨見於《百官表》，即《三王世家》所載群臣奏議，是年三月乙亥 三月戊申朔，乙亥爲二十八日。丙子 二十九日 四月戊寅 據下文太常卜入四月二十八日乙巳立諸侯王，則戊寅應是朔日。《二十史朔閏表》作四月丁丑朔。奏三，皆稱御史大夫臣湯。其後復奏，前奏以四月癸未奏未央宫，留中不下。此奏不署月日。及四月丙申，十九日。又奏，稱太僕臣賀行御史大夫事。至癸卯 二十六日。仍由御史大夫湯下丞相，乙巳 二十八日。皇帝使御史大夫湯立三子爲王。計賀之行御史大夫事，不過十餘日，此必張湯以他事，或因病在告，《湯傳》云："湯嘗病，天子至自視病。"賀暫代行其事耳。《漢書》張湯及朱買臣傳，皆云："湯數行丞相事。"考之《百官表》，湯爲御史大夫六年，其間僅"元狩五年三月甲午，丞相蔡有罪自殺，四月乙卯，太子少傅嚴青翟爲丞相，虛相位者二十二日，當由湯攝。而云'數行丞相事'者，蓋丞相因事謁告，輒由湯行其事也。公孫賀之行御史大夫事，亦若此而已。而梁氏又以世家爲誤，其亦未之思矣。"《世家》載丞相青翟等奏云："昔五帝異制，周爵五等，春秋三等。"《集解》引鄭玄曰："《春秋》變周之文，從殷之質，合伯子男以爲一，則殷爵三等，公侯伯也。"案此所引，乃《禮記·王制》鄭注之文，而鄭氏則用《春秋公羊家》說也。《春秋繁露·三代改制質文篇》云："春秋鄭忽何以名，春秋曰伯子男，一也，辭無所貶。此《公羊》桓十一年傳文也。何休注曰："《春秋》改周之文，從殷之質，合伯子男爲一。"與《王制》鄭注同。何以爲一？曰，周爵五等，春秋三等。春秋何三等？曰，王者以制，一商一夏，一質一文，商質者主天，夏文者主地，春秋者主人，故三等也。"又《爵國篇》云："《春秋》曰：'會宰周公'，又曰：'公會齊侯宋公鄭伯許男滕子'，又曰：'初獻六羽'，傳曰：'天子三公稱公，王者之後稱公，其餘大國稱侯，小國稱伯子男'案：此《公羊》隱五年初獻六羽傳也。凡五等。故周爵五等，士三品，文多而實少。《春秋》合伯子男爲一爵，士二品，文少而實多。"董仲舒治《公羊春秋》，見《漢書·儒林傳》。景帝時爲博士，見本傳 武帝立五經博士，《春秋》惟有《公羊》，見《儒林傳》贊。故青翟等言"周爵五等《春秋》三等"，與《繁露》合。尋《春秋》所以與周制不同者，以《公羊》家有新周故宋，以《春秋》當新王之說也。此《公羊傳》隱元年何休注說。《繁露·三代改制質文》篇作"黜夏親周故宋"，又曰："《春秋》上黜夏，下存周，以《春秋》當新王。"梁氏乃以《世家》爲誤，且引《左氏傳》王肅說及《國語》韋昭注以駁之。不知《世家》此奏出於丞相青翟御史大夫湯博士將行等。青翟所學何如不可知，若張湯爲廷尉時，實嘗承制以朝廷大議問於仲舒，見《仲舒傳》。《繁露》有郊事對，亦湯承制問仲舒者。又嘗請博士弟子治《尚書》《春秋》者補廷尉史，見《湯傳》。固飫聞《公羊》家言者。博士將行雖不知何人，要亦治今文學，必不用古文左氏說，且安知有王肅、韋昭乎？《白虎通·爵篇》云:"爵有五等,以法五行也。或三等者,法三光也。或法三光或法五行何,質家者據天,故法三光,文家者據地,故法五行。《含文嘉》曰:'殷爵三等,周爵五等,各有宜也。'《王制》曰:'王者之制禄爵,凡五等,謂公侯伯子男也。'此據周制也。《春秋傳》曰:"天子三公稱公,王者之後稱公,其餘大國稱侯,小者伯子男也。'"《白虎通》亦今文家言,可與《繁露》互證。梁氏縱不明經學家法源流,何並不考《公羊傳》乎?夫讀古書不能解,便以爲誤,則使村學究執筆,將謂無句不誤矣。可乎不可乎?《世家》所載月日,前後秩然,並無舛誤。梁氏謂其月日多駁,又不知其何説也。以《史記》所載三王封策與《漢書·武五子傳》校,字句雖小有異同,要之無關弘旨。如《史記》三策,皆有"朕承祖考《漢書》作天序。維稽古",及"於戲,保國艾民,可不敬與"數句,《漢書》則僅見於齊王策,而燕王、廣陵王兩策皆無有,明是班固所删。惟《史記》爲存其原式,此可一望而知者。梁氏又疑史臣秉筆,不應敢於竄易,然則褚先生獨敢於竄易歟?梁氏以考證名家,而其説率爾操觚,不肯深思博考乃如此,信乎著書非易事也。

《拜經日記》卷九曰:"案:世家褚先生曰:'列傳中稱《三王世家》,文辭可觀,求其世家終不能得,竊從長老好故事者取其《封策書》,編列其事而傳之。'此爲褚補之明證,不當復稱太史公曰。今本'古人有言曰'上,有'太史公曰'四字,後人妄加也。褚言'太史公列傳稱《三王世家》文辭可觀'者,此指《史記自序》'三子之王,文辭可觀,作《三王世家》'而云也。"

**嘉錫案:**自序言"三子之王,文辭可觀",則太史公原本固當録其封策。然今之《世家》,則直是案牘之文,故其群臣所上奏議,於大司馬去病之疏,武帝之制書,皆重録其辭,不遺一字。雖漢時官文書之程式固如此,何其毫無筆削之功歟?班固《漢書》全同太史,《史通·採撰篇》語。獨於此篇别行撰述,盡削奏疏制詔,而獨録其策書,壁壘爲之一新,正因其不合史裁耳。歷代史書惟《宋史》諸志直鈔吏牘,見笑方家。若《史記》原本果如此,是孟堅史筆遠勝子長,而脱脱、歐陽玄輩可稱子長法嗣矣。此必不然之事也。蓋褚先生補《史》,皆依仿自序。因此篇自序,惟言"文辭可觀",不及他事,故直取其封策編録之,不敢更著一語。雖齊王閎母王夫人事可入傳中者,亦但著之下方,其三王後事,史公所不及見者,不入傳,則體裁固當如此。其才之不逮作者,即此可見。

此篇之爲褚所補,觀其自言,始末明白,無可疑者。而諸家或謂《三王世家》本不闕,或謂《世家》雖闕而贊語猶存。彼豈謂此等鈔胥之事,非子長不能,抑豈真愛贊語之文,謂非子長不能作哉?不過因其有"太史公曰"字,以爲果出於褚先生,不應稱太史公耳。不知惟其爲褚所補,而仍稱太史公,便可知稱太史公者不必是史遷親筆,亦絶無依託作僞之意。蓋補前人之書,即用其人所自稱,文章體例,固當如此也。或以爲後人妄加者亦非是。説詳《總論》。

## 《傅靳蒯成列傳》第十

《藝文志考證》卷三引東萊吕氏曰:"張晏所列亡篇之目,其八曰《傅靳蒯成列傳》,此其篇具在,而無刓缺者也。張晏乃謂褚先生所補。褚先生論著,附見《史記》者甚多,試取一二條與此傳並觀之,則雅俗工拙,自了然矣。"

案:張晏謂遷没後亡十篇,《傅靳蒯成傳》其一也。至言褚先生補缺,則只《武帝紀》《三王世家》《龜策》《日者列傳》四篇,並無此傳。即《索隱》亦未置一詞。謂爲褚先生所補者,《龜策傳》中《正義》語耳。東萊誤矣。

《史記評林》卷九十八引柯維騏曰:"傅寬、靳歙戰功多,而蒯成侯功少。此傳叙傅連用"屬"字,叙靳原誤作"蒯",今改正。功連用"别"字及"破"之字,文體變化,與樊、酈、滕、灌相類,非太史公不能作也。《漢書》仍其文,少所删潤。説者乃謂此傳原缺,豈後人採《漢書》補之耶?"

又引歸有光曰:"《傅靳傳》不類補者。"

《十七史商榷》卷一曰:“《傅靳傳》俱是子長元文,並無補續,又不知張晏何以云亡。”

《史記志疑》卷七曰:“《傅靳傳》非史公不能作,其敘事簡而有法,與《曹相國》《樊酈滕灌傳》同一體例。孟堅仍其文,少所删潤。其闕安在?”

案:此即襲取柯維騏之説耳。

《拜經日記》卷九曰:“考之本傳,並《集解》《索隱》《正義》,俱無爲褚補之證,不知《龜策正義》,自序《索隱》,何所據而云然。”

案:自序《索隱》未嘗以此篇爲褚補。

**嘉錫案:**張晏言遷没後亡十篇。今本乃一篇不闕,諸家考證惟謂《武紀》實後人所補,其餘諸篇則各出意見,或以爲原書不亡,或曰非也,獨於此篇皆以爲非太史公不能作,若小司馬及錢竹汀、趙甌北等則不著一語。蓋因其文頗高古,敘事除《蒯成侯傳》漏康侯應一世外,亦鮮繆誤,無可指摘,故群信其爲史遷書也。余獨以爲不然。無論張晏之説必有所本,即以《太史公書》考之,凡自序所舉,必其一篇命意之所在,鮮有不相應者。此篇自序曰:“欲詳知秦楚之事,唯周緤常從高祖平定諸侯,作《傅靳蒯成列傳》第三十八。”是其傳中當敘秦、楚之事特詳。蓋高祖自起兵至定天下,諸將或從征,或别將,有離有合,惟緤始終周旋其閒,有他人所不及知者。今其《傳》曰:“蒯成侯緤者,沛人也,姓周氏,常爲高祖參乘,以舍人從起沛,至霸上,西入蜀漢,還定三秦,食邑池陽。東絶甬道,從出度平陰,遇淮陰侯兵襄國,軍乍利乍不利,終無離上心,以緤爲信武侯。”所敘秦、楚之事如是而已,不知所欲詳者安在。自起沛至霸上,以及遇淮陰侯諸事,皆僅平平敘出,了無曲折,夫亦孰不知之者,而必讀常從高祖之周緤傳耶?此其非史遷原書明甚。而諸家見不及此,猥以爲非太史公不能作,過矣。此傳之文雖未嘗不佳,而在百三十篇中,未爲特出。西漢人文辭類皆高古,劉氏父子及馮商、揚雄之徒,其筆力自足以及此。若以敘事有法爲出於太史公之證,豈補《史》者必如《武帝紀》之荒陋而後可耶?

## 《日者列傳》第十一

本篇"司馬季主者,楚人也"《索隱》曰:"案:云楚人,而太史公不序其系,蓋楚相司馬子期、子反後姓也。季主見《列仙傳》。"

案:《索隱》從張晏説,以《日者傳》爲褚先生所補,而於此又以爲太史公,蓋著書時前後不相檢照之過也。

《索隱》述贊曰:"日者之名,有自來矣。吉凶占候,著於《墨子》。齊楚異法,書亡罕紀。後人斯繼,季主獨美。取免暴秦,此焉終否。"

《太史公自序》曰:"齊、楚、秦、趙爲日者各有俗所用,欲循觀其大旨,作《日者列傳》第六十七。《索隱》曰:按《日者傳》亡,無以知諸國之俗,今褚先生唯記司馬季主之事也。"

《史通·因習篇》曰:"尋班、馬之爲列傳,皆具編其人姓名如行狀,尤相似者則共歸一稱,若《刺客》《日者》《儒林》《循吏》是也。"

案:知幾此言,深明史法。然今《日者傳》只叙司馬季主一人,無所謂行狀相似者,即此可知其非太史公筆矣。

《藝文志考證》卷三引東萊吕氏曰:"張晏所列亡篇之目,其九曰《日者列傳》。自'余志而著之'以上,皆太史公本書。"

黄震《古今紀要》卷二曰:"東萊辯十篇非皆無書,其九曰《日者傳》,自'余志而著之'以上皆本書。歐公每製作,必取此讀數過。末乃褚所補。晏並疑之,非。"

案:《日者傳》文自佳,故歐公愛之。然褚先生非不能文者,不得因此遂斷爲非褚所補也。

《史記評林》卷一百二十七引劉辰翁曰:"張守節謂《日者傳》非太史公所作,觀其辨肆淺深,亦豈褚生所能!"

又引柯維騏曰:"司馬季主傳,文雖可誦,第賦體非傳體也。蓋沈淪隱遯不得志於時者之言,亦未必出褚少孫也。"

又引董份曰:"太史公雖其體務宏深,然其詞極精嚴,時涉浩漫,義亦微妙。如《龜策》《貨殖》《遊俠》等傳,其議論亦有出入,而文則絶高矣。《日者傳》汪洋自肆,然其閒似亦有繁詞,又非褚大之筆。意者所記季主,自有當時舊文,而褚述之耶?"

案:褚少孫爲梁相褚大弟之子,大者梁相之名。今以少孫爲褚大,謬甚。

《十七史商榷》卷一曰:"《日者》《龜策》二篇,惟末段各另附褚先生言,其元文仍出子長筆。《索隱》以爲《日者傳》司馬季主事爲褚補,非也。"

《史記志疑》卷三十五曰:"《史》缺此傳,褚生取記司馬季主事補之,序論亦僞託。然其文汪洋自肆,頗可愛誦。黄震《古今紀要》二言吕東萊謂歐公每製文,必先取《日者傳》讀數過,疑當時有此文,如客難賓戲之比。故《史記考要》云:'季主傳蓋沈淪隱遯不得志於時者之言,未必出少孫。'董份曰:'所記季主,自有當時舊文,而褚述之。'應或然也。只篇中謂'文王演三百八十四爻',不免歧異。自注:向有文王作爻辭之説,《易》正義已辨之。又謂'句踐倣文王八卦以破敵國'未知何出。褚復綴四百餘字,更爲蛇足。"

案:《明史·藝文志》柯維騏《史記考要》十卷,亦見《文苑》本傳,無卷數。梁氏未必見其書,此蓋從《評林》或《測義》内轉録。司馬季主云:"伏羲作八卦,文王演三百八十四爻。"梁氏以爲歧異,考《太史公自序》云:"西伯囚羑里,演《周易》。"《報任安書》亦云:"文王囚而演《周易》。"《漢書·藝文志》云:"《易》道深矣,人更三聖,世歷三古。"班固此言,采自劉歆《七略》。西漢諸儒,未有以爻辭爲周公作者也。孔穎達論卦辭爻辭誰作,略謂《周易·繫辭》凡有二説:一説以卦辭爻辭並是文王所作,引《繫辭傳》,《乾鑿度》《通卦驗》及史遷之言爲證。鄭學之徒,並依此説。二以爻辭多是文王後事,以爲卦辭文王,爻辭周公,馬融、陸績等並同此説。觀穎達之言,知以爻辭爲周公作者,起於東漢之世。當司馬季主、褚先生時,固未之有也。梁氏詑以爲異,可謂不明時代矣。

《拜經日記》卷九曰:“案:此傳有序有贊,贊後載褚少孫論,初疑本太史公文而褚加論贊。後考自序云:‘齊、楚、秦、趙爲日者,各有俗所用’,則非今本徒記司馬季主一事已也。《傳》云:‘太史公曰:“古者卜人所以不載者,多不見於篇,及至司馬季主,余志而著之。”褚先生曰:“臣爲郎時,游觀長安中,見卜筮之賢大夫。”又曰:“夫司馬季主者,楚賢大夫,遊學長安,通易經術、黄帝、老子,博聞遠見,觀其對二大夫貴人之談言”云云,則司馬季主事爲褚補信矣。上文‘太史公曰’四字,必後人妄加。”

案:臧氏以褚先生之自言定此篇爲其所補,其説至確。惟謂“太史公曰”四字爲後人妄加,則非也。

《舒蓺室續筆》曰:“《太史公書》百三十篇,其十篇有録無書,相傳爲褚先生所補。自注:見《集解》。其傚顰無謂者,如史公《封禪書》首云:‘自古受命帝王,曷嘗不封禪’,此爲武帝解嘲耳。乃於《日者列傳》首云:‘自古受命而王,王者之興,何嘗不以卜筮决於天命哉?’《龜策列傳》又云:‘自古聖王將建國受命,興動事業,何嘗不寶卜筮以助善?’一襲再襲,何哉?”

案:《集解》何嘗謂十篇皆褚所補,張氏誤記也。餘與梁玉繩説同。梁説見後《龜策傳》條。

**嘉錫案:**太史公《日者傳》,記齊、楚、秦、趙之日者,所牽涉人物必多,而今本唯記司馬季主一人,其非原書至爲明白。《索隱》以此證爲褚先生所補,可謂要言不繁,無可復疑者。諸家既無説以解此,而猶紛然信爲太史公之作,此無他,愛其文耳。不知太史公及褚先生,去季主已遠。方其與二大夫問答時,皆未嘗親聆其語,此必前人有書記其事,而後采之著於篇,則雖褚先生亦何不能作者。且太史公之《日者傳》,必不記司馬季主,何也?以日者之名,非季主所得專也。裴駰《集解》曰:“《墨子》曰:‘墨子北之齊,遇日者。日者曰,帝以今日殺黑龍於北方,而先生之色黑,不可以往。’案:見《墨子·貴義篇》。然則古人占候卜筮,通謂之日者。《墨子》亦云,非但《史記》也。”以上皆《集解》語。余謂司馬季主卜人也,而《史記》入之《日者傳》,是卜筮固可稱日者。然考《墨子》曰:"帝以甲乙殺青龍於東方,以丙丁殺赤龍於南方,以庚辛殺白龍於西方,以壬癸殺黑龍於北方。"此乃以日干分配五行,更配以五方五色,而占其吉凶,非由卜筮而知也。而司馬季主乃以卜筮爲業。然則《史記》之日者,非《墨子》所謂日者也。《詩·采薇》:"曰歸曰歸,歲亦暮止。"《正義》曰:"聖人者,窮理盡神,顯仁藏用。若使將來之事豫以告人,則日者卜祝之流,安得謂之聖也。"别卜祝於日者之外,則日者非卜人祝史之名矣。褚先生言:"武帝時聚會占家問之:'某日可取婦乎?'五行家、堪輿家、建除家、叢辰家、曆家、天人家、太乙家各言其可否吉凶,辨訟不决。"此諸家乃真所謂日者也。以《漢書·藝文志·數術略》考之,曆家當即曆譜内五星太歲之書,其餘五行、堪輿、叢辰、太乙《漢志》作"泰一"。諸書,皆在五行家内。惟建除、天人兩家無書。錢氏《考異》曰:"天人家或云當作"天一"。《藝文志·五行家》有《天一》六卷。武帝問以某日可取婦否,蓋即後世選擇之術。其在漢時,謂之日時。《續漢書·百官志》曰:"太史令,凡國祭祀,掌奏良日及時節禁忌。"注引《漢官》曰:"太史待詔三十七人,其四人日時。"此後漢之制,故無武帝時占家之多。王充《論衡》有《調時篇》《譏日篇》。其《譏日篇》曰:"世俗既信歲時,而又信日。舉事若病死災患,大則謂之犯觸歲月,小則謂之不避日禁。歲月之傳既用,日禁之書亦行。是以世人舉事,不考於心而合於日,不參於義而致於時。時日之書,衆多非一。"是也。以其術在占時日禁忌,故其人謂之日者。世俗舉動興作,無不詢之此輩。太史公以其事足以觀四方之民風,爲之作傳。因其爲術衆多非一,有五行、堪輿、建除、叢辰等諸家之不同,而民間之習尚亦異。故其序曰:"齊、楚、秦、趙爲日者各有俗所用,欲循觀其大旨,作日者傳。"則其爲書必如《貨殖傳》分叙各國之風俗,而不僅記一人可知也。若夫卜筮之術,於《漢志》屬之蓍龜,自爲一家。《百官表》:奉常,有太史太卜令丞。日者當屬太史,蓍龜當屬太卜。漢官太史待詔有龜卜三人、易筮三人與掌日時之四人,各專其業。雖卜人亦占時日,古者祭祀喪葬皆先卜日,故可通稱爲日者。然太史公既作《日者傳》,又作《龜策傳》,則此二者必有别矣。今《日者傳》曰:"自古受命而王,何嘗不以卜筮决於天命哉？太卜之起，由漢興而有。”《龜策傳》曰“自古聖王將建國受命，興動事業，何嘗不寶卜筮以助善。高祖時因秦太卜官”云云。由是觀之，其事皆卜筮也，其職皆太卜之所掌也。一記其人，一記其事，簡策不多，何以分作兩傳乎？此篇之必非太史公原書，灼然可知，雖善辯者不能爲之辭矣。

## 《龜策列傳》第十二

《龜策列傳》第六十八，《索隱》曰：“《龜策傳》有録無書，褚先生所補，其叙事煩蕪陋略無可取。”

褚先生曰：“臣以通經術受業博士，治《春秋》，以高第爲郎，幸得宿衛，出入宫殿中十有餘年。竊好太史公傳。太史公之傳曰：‘三王不同龜，四夷各異卜，然各以决吉凶略窺其要，故作《龜策列傳》。’案：以上所引皆《太史公自序》語，惟增一“故”字。臣往來長安中，求《龜策列傳》不能得，故之太卜官問掌故文學長老習事者，寫取龜策卜事，編於下方。”

《索隱》述贊曰：“三王異龜，五帝殊卜，或長或短，若瓦若玉。其記已亡，其繇後續。”

《太史公自序》：“三王不同龜，四夷各異卜。”《索隱》曰：“其書既亡，無以知其異。今褚少孫惟取太卜占龜之雜説，詞甚煩蕪，不能裁剪，妄加穿鑿，此篇不才之甚也。”

《史通·編次篇》曰：“尋子長之列傳也，其所編者唯人而已矣。至龜策異物，不類肖形，而輒與黔首同科，俱謂之傳，不亦怪乎？且《龜策》所記，全爲志體。向若與八書齊列，而定以書名，庶幾物得其朋，同聲相應者矣。”

案：史公《龜策傳》，蓋叙古之卜人，與他列傳同科。今之全爲志體者，褚先生之失也。《史通》不甚信張晏之説，故《叙事篇》以《日者》《龜策》爲與《蘇、張、蔡澤、倉公傳》同出一手，此篇亦歸罪子長，不免好爲詆訶。然其説自不可廢。

《藝文志考證》卷三引東萊吕氏曰:"張晏所列亡篇之目,其十曰《龜策列傳》,其序具在。自褚先生以下,乃其所補耳。"

《史記評林》卷一百二十八引董份曰:"《龜策傳》,閎博精雅,惜其文不全,而爲褚先生補耳。"

又引楊慎曰:"宋元王殺龜事,連類衍義三千言,皆用韻語,又不似褚先生筆。必先秦戰國文所記,亦成一家,不可廢也。"

徐孚遠陳子龍《史記測議》卷一百二十八子龍曰:"《龜策》宜載古之善占者,如後史方技傳之例可也。褚少孫止序宋元王一事,宜來劉子玄之譏矣。"

何焯《義門讀書記·史記》下卷曰:"《龜策列傳》'褚先生曰'云云,案:此卷但有序論而無傳,故褚先生補之。以下乃少孫所補。若序論則非少孫所能爲也。今人概焉忽之,惑於《索隱》有録無書之一言耳。"

案:《龜策》有録無書,《索隱》述《漢書音義》張晏之言耳。何氏偶未考《太史公自序》下《集解》及單行本《索隱》。

《廿二史考異·史記五》曰:"張晏謂:'《龜策》有録無書',褚先生言:'臣往來長安中,求《龜策列傳》不能得',然此篇有今上即位之文,其詞非褚先生所能作。"

案:褚先生補作而有今上即位之文者,蓋補《太史公書》,即作太史公語耳。説詳"總論"。

又曰:"《宋世家》有元公而無元王,宋之稱王自偃始。此元王或即王偃之譌。王偃雖戰勝攻取,尋即亡滅,暴而不德,非靈龜所能祐也。"

案:秦漢"子書"中自有宋元王,不必與《史記》合,非王偃之譌也。詳見後《史記志疑》條下。

《十七史商榷》卷一曰:"褚《龜策傳》末云:'臣往來長安中,求《龜策傳》不能得。'然則今所有龜策元文出子長者,褚所未見,又不知何時出而得行也。"

《史記志疑》卷三十五曰:“史公此傳亡,褚生補之,而其序則託之史公者也。史公《封禪書》首曰:‘自古受命帝王,曷嘗不封禪。’而《日者傳》序曰:‘自古受命而王,何嘗不以卜筮。’此序曰:‘自古聖王,何嘗不寶卜筮。’胡屢襲之耶?巫蠱起於征和,乃言丘子明之屬,因巫蠱族誅,則非史訖太初之限。‘余至江南’而下,尤義支辭弱,但衍《莊子·外物篇》宋元君得龜事二千八百餘言,奇恣自喜,亦必當時舊文而褚述之,惟語多悖慢,不可以訓。如宋元公何曾僭王,其時亦無博士之官,而稱宋元王,自注:《呂氏春秋·君守》有魯鄙人遺宋元王閉一事。召博士衛平。史不言王季之死,《呂氏春秋》首時謂季歷困而死,《竹書》及《晉書·束皙傳》俱謂文丁殺季歷,即以爲真是王季不得正其終矣。而此作紂殺太子歷,豈天下之惡皆歸歟?且季歷不應稱太子。若以太子爲伯邑考,又不應名歷。自注:《索隱》亦疑之。文王之出羑里,紂赦之也,而云與陰兢亡入於周。武王載木主伐紂,示不敢專爾,而云文王攻紂,病死,載屍以行,武王代將破紂,其説與《淮南·齊俗》同妄。太白之懸本誣,此又云頭懸車軫,四馬曳行。射天乃武乙事,此以爲桀紂。日辱於三足之烏,月食於蝦蟇,孔子寧有斯語。其誕不辨而明。《史通·敘事篇》言,《日者》《龜策傳》無所取,蓋誤認出於史公之手也。至褚枚述宋元一節,及占卜命召之辭,《索隱》《正義》譏其煩蕪鄙陋,良然。”

案:梁氏以巫蠱事在太初之後,斷此篇非太史公作,其言甚確。惟駁宋元王事則非是。元王,《莊子·外物篇》作“宋元君”。《釋文》曰:“李云:‘元公也。’案:元公名佐,平公之子。”以上皆《釋文》語。梁氏據此故以爲元公未嘗僭王。然《呂氏春秋》既有魯鄙人遺宋元王閉事。《淮南·説山訓》曰:“神龜能見夢元王,而不能出漁者之籠。”褚先生亦云:“神至能見夢元王,而不能自出漁者之籠。”蓋即用《淮南》語。高誘注曰:“宋元王夜夢得神龜,而未獲也。漁者豫且捕魚得龜以獻元王,元王剥以卜。”《論衡·講瑞篇》曰:“宋元王之時,漁者網得神龜焉,漁父不知其神也。”元王之是否即元公佐不可知,然《呂覽》《淮南》在褚少孫之前,高誘、王充在少孫之後,而皆稱宋元王,是秦漢人相傳如此,不得謂爲褚先生之誤矣。《循吏傳》曰:"公儀休者,魯博士也。"《宋書·百官志》曰:"六國時往往有博士。"蓋即指公儀休及此《傳》之博士衛平言之。說本王國維《漢魏博士考》。宋元王不知何時人,王氏謂與孟子同時,蓋以爲即宋王偃。考《戰國策·宋策》《墨子·所染篇》《吕覽·當染篇》,皆稱偃爲宋康王,不聞又謚爲元王也。梁氏於《循吏傳》不置一詞,而獨謂宋元王時無博士之官,豈非以愛憎爲進退耶?此篇所叙元王得龜事,自是戰國時諸子之寓言,不知與莊子孰先孰後。其中所言紂殺太子歷,武王載尸伐紂等事,皆孟子所謂"好事者爲之",百家雜説,往往如此。謂褚先生不當采以補《史記》則可也,必屑屑然與之辯,亦爲可已而不已也。

《拜經日記》卷九曰:"案:此《傳》有序,稱'太史公曰,自古聖王將建國受命,興動事業'發端,中述孝文孝景,又至'今上即位,余至江南,問其長老'云云,皆史公語。然則所謂有録無書者,謂但有序録耳,非全篇無一語也。下云:'褚先生曰:寫取龜策卜事,編於下方',則此以下皆褚補也。"

案:有序則不得謂之無書,况《太史公書》除自序外,别無所謂序。説詳"總論"。

**嘉錫案**:褚先生自言:"受業博士治《春秋》,以高第爲郎,往來長安中,求《龜策列傳》不能得。"考褚少孫之應博士弟子選,在宣帝五鳳中,説詳後"褚先生事蹟"條。然已求《龜策傳》不能得,是楊惲所宣佈之《太史公書》,固無此篇。今之《龜策傳》,必不出於太史公,可不待繁言而解也。史公自序曰:"三王不同龜,四夷各異卜,然各以决吉凶,略闚其要,作《龜策列傳》。"今《龜策傳》曰:"自三代之興,各據禎祥,塗山之兆從而夏啓世,飛燕之卜順故殷興,百穀之筮吉故周王。王者决定諸疑,參以卜筮,斷以蓍龜,不易之道也。"其所謂三王不同龜者如此。又曰:"蠻夷氐羌,雖無君臣之序,亦有决疑之卜,或以金石,或以草木,國不同俗。然皆可以戰伐攻擊,推兵求勝。各信其神,以知來事。"其所謂四夷各異卜者如此。又曰"略聞夏殷欲卜者,乃取蓍龜,已則棄去之,以爲龜藏則不靈,蓍久則不神。至周室之卜官,寶藏蓍龜,又其大小先後,各有所尚,要其歸等耳"云云,其所謂略窺其要者如此。觀其下筆遣詞,以三代之興應三王,以蠻夷氐羌應四夷,以略聞夏殷周之事至於終篇應略窺其要,可謂相題行文,亦步亦趨矣。及究其旨趣,則失之彌遠。夫龜謂之卜,蓍謂之筮,故蓍龜者卜之器也,卜筮者占之法也。"三王不同蓍",或其所生之地不同,如《爾雅・釋魚》有山澤水火之龜,或其色與形不同,如《周禮・春官》龜人掌六龜之屬,有天地東南西北之龜,書傳無文,未知其審。若如今傳所言三代之禎祥,及夏殷已卜而棄之,周人藏之,是皆卜筮之事,無以見其龜之不同也。至於蠻夷氐羌,或用金石草木以代蓍龜,是亦卜之器也。傳不言其占法之不同,惡覩所謂"四夷各異卜"者乎?略窺其要者,窺見三王四夷所以决吉凶之要也。史公之《傳》爲此而作。今《傳》先叙三代卜筮之祥,後言周公、商紂、晉文公、獻公、楚靈王之龜兆,皆甚略。於四夷之異卜僅用"或以金石,或以草木"八字了之。獨於武帝之事差詳。殆非史公作《傳》之意也。蓋雖依附《自序》爲文,而實不能周知三王四夷之事,故但略加點綴,敷演成篇而已。吕伯恭、何屺瞻、錢辛楣、王鳳喈之徒,猶謂之真《太史公書》,豈不異哉?褚先生補《傳》自稱:"之太卜官問掌故文學長老習事者,寫取龜策卜事,編於下方。"其下雜引傳記,遂及宋元王時得龜事,又重申之曰:"謹連其事於左方,令好事者觀擇其中焉。"叙事既竟,復稱:"褚先生曰:'漁者舉網有得神龜,龜自見夢宋元王。元王召博士衛平,告以夢龜狀。平諫王留神龜以爲國重寶。'美矣,余述而爲傳。"由是觀之,其先引傳記以明龜策緣起,乃傳前之序,後言所以撰述之意,乃傳末之贊,而中間叙宋元王事,則其正傳也。略無一語及於篇首所擬太史公之傳,與《三王世家》末自言"取其《封策書》編列其事而傳之",《日者傳》末自言"觀司馬季主對二大夫之談言"不同。疑今《傳》所稱太史公云云者,又爲元成以後人所補,未必出自褚先生,故二篇並列,各不相謀。且褚先生之《傳》云:"臣爲郎時,見萬畢石朱方傳曰:'有神龜在江南嘉林中。'嘉林者,獸無虎狼,鳥無鴟梟,草無毒螫,野火不及,斧斤不至,是謂嘉林。龜在其中,常巢於芳蓮之上。"又云:"南方老人用龜支牀足,行二十餘歲,老人死移牀,龜尚生不死。龜能行氣導引。"此所引神龜巢芳蓮出於《淮南》萬畢術，所言南方老人用龜支牀，龜能行氣導引，則褚先生自記其所聞。而其前篇擬傳，乃皆竊之，以爲太史公之語曰："余至江南，問其長老云，龜千歲乃遊蓮葉之上，著百莖共一根，又其所生，獸無虎狼，草無毒螫。江傍家人常畜龜，飲食之，以爲能導引致氣，有益於助衰養老，豈不信哉?"此明是用褚先生傳敷演成文，不獨非《太史公書》，亦必不出於少孫之手也。然則錢謂非褚所作，王氏謂褚所未見，亦徒有以焉耳。

## 總論十篇之亡缺第十三

**余嘉錫曰**："凡考古事，當徵之前人之書，不可以臆見説也。《太史公書》百三十篇，十篇有録無書，著於《七略》，載於本傳，而張晏復臚舉其篇目。其事至爲明白，無可疑者。唐人劉知幾之徒，始漸持異議。宋明以後，論説蠭起，紛然淆亂。大抵以爲十篇未盡亡，張晏之言不可信。余既條列之於上方。考其爲説，不外五端，因復綜合辯之如下。

一曰：十篇之缺，特遷爲之而未成，非歿後亡失也。劉知幾、司馬貞説。案：遷遭李陵之禍，被刑之後，《報任安書》曰："僕竊不遜，近自託於無能之辭，網羅天下放失舊聞，凡百三十篇，草創未就，適會此禍，惜其不成，是以就極刑而無愠色。"然則其書之未成，特被刑以前事耳。既已隱忍苟活，函糞土之中而不辭，就極刑而無愠色，欲以成就其書。則出獄之後，苟不既死，尚延數年之命，安得不亟亟撰述以完成其書，而更玩時愒日，猶有未成之篇也哉?《報任安書》，王國維謂在太始四年十一月，見《觀堂集林》卷十一《太史公行年考》。上距被刑之時六年矣，雖不言書之成否，然其自序曰："遷爲太史令，紬史記石室金匱之書五年，而當太初元年。"《集解》引李奇曰："遷爲太史後五年，適當武帝太初元年，此時述《史記》。"又曰："於是論次其文，七年，《集解》引徐廣曰："天漢三年。"《正義》曰："案：從太初元年至天漢三年，乃七年也。"而太史公遭李陵之禍，幽於縲紲。乃喟然而歎曰："是余之罪也夫，身毁不用矣。退而深惟曰：夫詩書隱約者，欲遂其志之思也。卒述陶唐以來，至於麟止。"此節字句從《史記》,刪節從《漢書》。卒者,終也,終述之至於麟止,則武帝以前,麟止有數説,然皆謂武帝時,詳見王先謙《漢書補注》卷六十二。無不成之篇。故於篇末總叙之曰:"上記軒轅,下至於茲,著十二本紀,作十表、八書、七十列傳,凡百三十篇五十二萬六千五百字。"篇數字數之詳如此,是其全書皆已寫定,不獨無有録無書之篇,亦不當有草創未成之作矣。趙翼已有此説,而其言未暢,故復詳論之。

二曰:十篇惟《武紀》已亡,其他皆佚而復出。此説創於吕祖謙,而祖述之於王鳴盛。吕氏以東晉《古文尚書》爲比,不知其爲僞書,王氏最不信晚出古文,故易其辭曰:"不知何時出而得行。"此其論《龜策傳》語,於他篇則無此言,然其意實同於吕氏也。案:《漢書·司馬遷傳》,録遷自序既竟,即繼之曰:"遷之自叙云爾,而十篇缺有録無書。"其下復録《報任安書》一篇,繼之曰:"遷既死後,其書稍出。宣帝時,遷外孫平通侯楊惲祖述其書,遂宣佈焉。"其《報任安書》,乃班氏追録以補《自序》所未言,非謂《報書》在《自序》之後也。至於叙事之詞,當以"遷既死"云云遥承上文"有録無書"。詳審文義,蓋十篇之缺實在遷死之後,故曰"其書稍出",明其出之未全。逮楊惲宣佈其書,而此十篇竟不復傳,但有録而已。今本十篇雖存,然非楊惲之所宣佈,劉向、班固之所著録也。奚以明其然耶?漢時封諸侯王皆有策書,《續漢書·禮儀志》曰:"並諸侯王公之儀,光録勳讀策書。"《後漢書·光武紀》注引《漢制度》曰:"策書者,編簡也。其制長二尺,短者半之,篆書,起年月日,稱皇帝以命諸侯王。"而《漢書》諸王傳並不載,獨於《武五子傳》中具録齊懷王閎、燕剌王旦、廣陵厲王胥三人封策甚詳,此明是采之《史記·三王世家》也。至於傅寬、靳歙、周緤列傳,則直寫《史記·傅靳蒯成傳》,所省改不過數十字。此二篇者,皆在所亡十篇之内,班固即采褚先生等之所補録入《漢書》耳。若以爲本《太史公書》亡而復出,則試問出於何時。將出於班固之前耶?不當云"十篇缺有録無書"。將出於班固之後耶?固安得從而録之也。以此推之,則此十篇除《武紀》外,皆爲元成及王莽時人之所補作,亦以明矣。

三曰:十篇之中,有其書雖缺,而序贊具存者,未嘗竟亡也。不知班固所謂"十篇缺有録無書"者,言百三十篇之中缺此十篇也。若其序贊猶存,僅篇中文字有所殘缺,安得便謂之有録無書乎?且《太史公書》以篇爲卷,每卷自爲起訖,即是一篇文字。其閒或分或合,或叙事,或議論,本無一定之例。遇其意有所感發,更端别起,則稱"太史公曰",或在篇首,或在篇中,或在篇末,本無所謂序與贊也。百三十篇之中,篇末有太史公曰者固多,然《孟、荀、儒林列傳》在篇首,《天官書》《外戚世家》《伯夷、貨殖列傳》在篇中,而篇末無有。《循吏》《酷吏》《游俠》《滑稽列傳》及《自序》,則一篇之中,前後兩見。又有篇首似序而不稱太史公者,《仲尼弟子、佞幸傳》是也。凡此諸篇,不知果孰爲序孰爲贊歟?《史公自序》,即百三十篇之序也。若於篇首復别爲之序,擘拇駢枝,古人無此體也。十《表》之文,似是序體,其實史公特總叙其事於篇首,未嘗自名爲序也。自班固作《漢書》,始於篇末自爲之贊,《循吏》《貨殖》《遊俠傳》無贊。而范曄又益之以論,後人因以被之《史記》,稱爲論贊。其實太史公未嘗有此。《史通·論贊篇》曰:"司馬遷始限以篇終,各書一論。"又《序例篇》曰:"降逮《史》《漢》,以紀事爲宗,至於《表》《志》雜傳,亦時復立序文。"劉知幾非不知《史記》無序贊也,蓋假後史之名以名之耳。夫馬遷之文,行乎其所不得不行,止乎其所不得不止,如常山之蛇,首尾相應,未嘗枝枝節節而爲之。相其氣勢不至終篇,必不輟筆。吕伯恭乃謂《禮書》《樂書》《律書》《龜策傳》,其序具在,餘則草具而未成,是未知馬遷行文之法也。又謂《三王世家》贊真太史公筆,不知贊因傳作,無傳安得有贊!若謂書缺簡脱,則何以適存此贊完好無闕,而世家竟一字不存乎?

四曰:十篇之書,惟《將相名臣年表》無序贊,《武紀》僞書不足論,其餘八篇皆自稱太史公,而《禮書》《樂書》《龜策傳》又有"今上即位"之語,讀者惑焉。或曰,是真司馬遷之筆,或曰僞託也。余以爲皆不然。凡古書已亡,後人補作者,必因襲其體制,模仿其文辭,追古人而代之立言,惟恐其不效,束晳《補亡詩》可證也。補《太史公書》,自當稱太史公,曷足怪乎?若曰太史公乃子長自書其官,後人苟非有心作僞,不當以此自稱。不知褚先生明言求《三王世家》不能得,而其所補作仍稱太史公,則非有心作僞也。且古人作文,摹其體則託之其人。傅武仲《舞賦》,規撫屈宋,則曰:"楚襄王既遊雲夢,使宋玉賦高唐之事。”謝惠連《雪賦》，希跡馬卿，則曰：“梁王不悦，游於兔園，召鄒生，延枚叟，相如末至，居客之右。”謝希逸《月賦》，師法建安，則曰：“陳王初喪應劉，端憂多暇，抽毫進牘，以命仲宣。”復託爲仲宣之言曰：“臣東鄙幽介，長自丘樊，昧道懵學，孤奉明恩。”蓋摹擬之文，體例固應如此，非作僞也。補《史記》者自名太史公，而稱武帝爲今上，《龜策傳》又言：“余至江南”，亦若此而已。若必齗齗焉以此辨真僞，則韓愈《毛穎傳》，通篇作秦漢人語，末亦稱太史公，豈可謂爲真子長之筆？抑昌黎有心作僞歟？江文通《雜擬》三十首，命題寓意，皆依仿古人。而陶徵君《田居》一首遂孱入陶集，此自編輯者之失，非文通之罪也。今因補史之入《太史公書》，遽斥爲後人僞託，其亦不思而已矣。

五曰：十篇之中，如《景帝本紀》《將相名臣年表》《禮書》《傅靳蒯成》《日者》《龜策傳》諸篇，皆叙事簡明，文義高古，真子長之筆，非褚先生輩所能作也。不知此十篇中，除褚少孫所補者外，尚有馮商諸人之作。商受學劉向，奉詔續《太史公書》，其高才博學可知。即褚先生亦經學大儒，以《魯詩》名家，夫豈章句小生所可比擬！故其所叙宋元王之事，諸家雖譏其煩蕪，不能不深賞其文。《滑稽傳》，叙西門豹事，亦奇偉可喜。然猶可曰：此蓋録之古書，非所自作。至於《外戚世家》末之叙修成君，《田叔傳》末之叙田仁任安，皆自言聞之於時人，明是其所撰述，何嘗不洸洋恣肆，爲魏晉以下人所不及。持以與《日者》《龜策》諸篇相𢷎較，豈復大相懸遠也哉。蓋褚先生所不足者史識耳，故議論不免凡鄙，然不得謂之不能文。議者徒見《武帝紀》之庸妄，遂連類而並詆之，非至公之論也。

凡此五端，其理皆淺顯易明，非有深文奥義，不可解説。然而是非蠭起擾擾然至今未已者，成見錮於中，而俗論炫於外也。吾故不惜繁稱博引以析之，夫亦可以息其喙矣。此外尚有一事不可不辨者，即少孫所補諸篇，在兩漢時是否已編入《太史公書》中也。吾友高閬仙作《史記舉要》，謂今之十篇，决非太史公元書，其識誠高人一等。惟謂褚先生所補，在當時或别行，或附後，必不混入《史記》元書之中，當是魏晉以後所合併。余以其説考之《史記》，乃大不然。《滑稽列傳》褚先生曰：“竊不遜讓，復作故事滑稽之語六章，編之左方，可以覽觀揚意，以示後世好事者讀之,以游心駭耳,以附益上方太史公之三章。"夫云"編之左方"者,指此後所自撰郭舍人等六章言之也。《建元以來侯者年表》褚先生亦曰:"故復修記孝昭以來功臣侯者,編於左方。"至所謂附益上方,豈非其前已具録太史公《滑稽傳》之本文,然後從而附益之乎?此褚先生所續諸篇,已孱入《太史公書》中之證。推之其所補之四篇,亦必依元書次第編入可知也。《七略》言"《太史公書》百三十篇,十篇有録無書",或中秘所藏爲太史公元本,或其中已有褚先生補作,而向、歆除之不數,皆不可知。然褚先生書在漢時必無單行本,别無疑義。班固作《漢書》,頗采用其文,《武五子傳》采《三王世家》,《衛青傳》采平陽公主事,《外戚傳》采修成君事。蓋即取之《太史公書》耳。至於《藝文志》省去馮商所續四篇,疑亦因其已入《太史公書》中,説已見《景紀》條下,兹不復論。

## 十篇外褚先生所續第十四

《秦始皇本紀》"秦併海内,兼諸侯,南面稱帝"下《集解》引徐廣曰:"一本有此篇,無前者秦孝公已下,而又以'秦併兼諸侯山東三十餘郡'繼此末也。"

《索隱》曰:"案:賈誼《過秦論》,以孝公已下爲上篇,秦併兼諸侯三十餘郡爲下篇。鄒誕生云:'太史公删賈誼《過秦論》著此論,當其義而省其辭。褚先生增續,既已混淆,而世俗小智,不推删省之旨,合寫本論於此,故不同也。'此謂太史公、褚先生所録《過秦論》,皆删省其字句,今本全録元文者,出於世俗之徒也。今頗亦不可分别。"

案:據徐廣説,一本只有《過秦》下篇,故《索隱》以今本併録上篇者爲褚先生所增續,而又割裂下篇分置前後,故以爲混殽。然褚先生之所續補諸篇,自始即附《太史公書》以行,徐廣、裴駰亦爲之作注,並不言有别本,何以《始皇本紀》獨有一不録《過秦》上篇之本,至晉猶存。然則今本自是後人所增益,故顛倒錯亂如此,不關褚先生,審矣。

《史記志疑》卷五曰："此所載《過秦論》,與賈誼書字句多異,必史公略爲裁换耳。但賈《論》二篇,今以下篇後段自注:"秦併"至"安矣"。置於上篇之前,以下篇前段,自注:"秦併"至"過也"。置於上篇之後,何其紊也?蓋史公取上篇爲《陳涉世家》論,取下篇爲《始皇紀》論,後人妄以上篇增入此紀,而又傳寫倒亂,遂致次第失舊,且與世家重複矣。故徐廣謂一本有下篇無上篇也。"以上《始皇本紀》。

《三代世表》褚先生曰："漢大將軍霍子孟名光者,亦黄帝後世也。《黄帝始終傳》曰:'漢興百有餘年,有人不短不長,出白燕之鄉,持天下之政,時有嬰兒主卻車行。'霍將軍者,本居平陽白燕。臣爲郎時,與方士考功會旗亭下,爲臣言,豈不偉哉!"

《十七史商榷》卷三曰："《三代世表》末,褚先生忽綴一段,稱大將軍霍光爲黄帝後。案:光可謂瑣瑣膴仕,不足道也。少孫因光擅權,爲此言以貢諛。遥遥華胄,至推爲黄帝苗裔,抑何妄且陋哉?"

《拜經日記》卷九曰："褚少孫蓋諂諛之人,假文學以自飾。'霍子孟亦黄帝後世也'云云,豈非媚大將軍乎?此語直當削之。"

案:少孫此篇雖不知作於何時,然王氏、臧氏謂其欲以媚霍光,則未考其世也。霍氏以地節四年族滅,而少孫至五鳳之末,始以太學生高第爲郎,説詳後《褚先生事蹟》條。相去已十一二年,安所用其貢諛,豈將以媚冢中枯骨乎?蓋光死未久,功名猶掛於流俗人之口,故少孫亦津津樂道之,議論誠不免凡鄙。然若疑其曲學以阿世,則誣矣。徐孚遠曰:"太史公此表,始於黄帝,訖於共和。共和無天子,大臣攝政,褚先生因其事與霍將軍相類,因推論之。"此説甚有理致。以上《三代世表》。

《建元以來侯者年表》："後進好事者褚先生曰:太史公記事盡於孝武之事,故復修記孝昭以來功臣侯者,編於左方,令後好事者得覽觀成敗長短絶世之適,得以名戒焉。"

又《索隱》曰："七十二國,太史公舊,餘四十五國,褚先生補也。"

案:"二"當作"三","五"當作"六",非傳寫之誤,則小司馬計算偶差耳。《拜經日記》因此謂《表》末陽平國爲褚以後人所附益,非也。其《表》陽平國云:"王稚君女爲太子妃。太子立爲帝,女爲皇后,故侯千二百户。初元以來,方盛貴用事。"初元者,元帝即位後所改元也。此《表》當即作於元帝初,故以前於孝武.孝昭、孝宣所封皆稱謚法,此條獨不稱孝元所封,且不及其他諸侯國,皆其證也。

俞樾《湖樓筆談》卷三曰:"褚先生補史,張晏已譏其鄙俚。然其人亦未易輕。考《漢書·儒林傳》:'褚少孫與張幼君唐長賓,並受詩於王吉,案:當作"王式"。由是《魯詩》有張、唐褚氏之學。'是固有功於經學者矣。元成閒,王氏嚮盛,少孫補《建元以來侯者年表》,於陽平侯王稚君云:'初元以來,方貴盛用事,游宦求官於京師者,多得其力,未聞其有知略廣宣於國家也。'此可見少孫雖與同時而不屑依附,乃真不辱其師傳者。以視樓君卿、谷子雲之徒,猶腐鼠也。論者以旗亭之論,謂其附霍大將軍,冤矣。"

案:俞氏此論,讀《史記》者當知也。以上《建元以來侯者年表》。

《曆書》,端蒙赤奮若四年,太始四年也。《索隱》曰:"自太始征和已下訖篇末,並褚先生所續也。"

案:"《索隱》因班固言司馬遷書訖於天漢,故以爲自太始元年以下至篇末建始四年,並非太史公本書,疑爲褚先生所續也。不知史公《自序》明言至太初而訖,則自天漢元年以後,當並爲後人所續,安得起於太始乎?凡褚少孫所續補,皆稱褚先生,且自叙其所以作書之意甚悉。此篇並無少孫一字。《索隱》謂爲褚所續,亦想當然耳。

又《正義》曰:"自右《曆書》已下,小餘又非是,年名復不周備,恐褚先生及後人所加。"

案:《正義》以爲恐褚先生及後人所加,恐之云者,意擬之而不敢定也。知其爲揣測之辭,非有所據矣。

錢塘《史記三書釋疑》卷二《曆書》"端蒙單于"條下引抱經盧先生文弨。曰:"二年三年,疑皆後人所加,觀《索隱》《正義》注可見矣,而歲名則皆太史公元文。蓋總計七十六年以爲一蔀之數,又得十一月朔旦冬至之歲,故疑以爲褚先生及後人所續者,皆考之不審也。今當删去二年三年之類,則成太史公之完書矣。"此條不知出盧氏何書,徧檢未得,疑是錢氏記其口語也。

案:《曆書》端蒙單于二年 太初二年也。《索隱》曰:"二年 三家注本無此二字,單行本誤作"二月",今改正。歲在乙卯也。"又游兆執徐三年《正義》曰:"三年,丙辰歲也。"以後直至端蒙赤奮若四年,太始之四年。均如此注,與正文相複,故盧氏疑爲後人據注加之。余謂《史記》本訖於太初之末,則此二年三年字雖不删去無害也。至於天漢太始八年之閒,亦據《索隱》《正義》加以紀元,三家注本《索隱》無某年字,乃合刻時所删去,單行本有。已昧太史公斷限之義矣。乃又自征和以至建始注所不言者,亦一一增加之,愈使人疑爲非太史公元書。此則無知妄作,詿誤後學,必當毅然删去者也。

《舒蓺室隨筆》卷四曰:"《曆術》甲子篇,案:即《曆書》後半篇。或以爲褚少孫所補,又以爲褚取曆官舊牒綴之,以太初元年爲曆元,仍用四分術氣朔分演算。梁氏《志疑》、王氏《太歲考》皆以爲殷術。不知殷術是年入天紀乙酉蔀第二章,首歲名丁丑,天正氣朔皆有餘分四之三,不得爲元首,並不得爲殷術。反覆思之,則疑此即史公與壺遂等初受詔改曆時所定也。蓋帝詔直以元封六年十一月甲子朔旦冬至爲曆元,不復計及餘分。遷遂等依違承詔,徒以歲星在楚,則太歲在寅,命爲焉逢攝提格,其餘仍用舊氣朔分 自注:黄帝術以下六術皆同四分。推算,以爲太初新曆,不能他有所更格。自注:《周曆》太初元年入《地紀》第一蔀,首甲子朔旦冬至,氣朔皆無餘分,正與此合。迨鄧平改定,破紀法八十章爲八十一,而謂之統法,一元之終,多五十七年不得復,其歲名歲餘朔餘皆强於四分,自注:當時蓋亦以氣朔餘分爲嫌,而無法消弭之,故《漢志》言姓等奏不能爲算。逮鄧平定曆,增其小餘,以四千六百十七年爲元法,餘分適盡,蓋得之巧算,而即以此爲張壽王所詆。而改歲星與日同次之斗建,命爲歲在困敦。自注:此據十一月朔之星次耳,其實此時歲星在婺女六度。逮至婺女八度,歲星自丑度子,太歲則自子度丑矣。史公心有所不善焉,特以詔用平術,自注:《漢志》云:"乃詔遷用平所造八十一分律曆。"不敢執舊法以争,故於《曆書》存此篇以見意。自焉逢攝提格至祝犁大荒落，凡七十六歲，合一蔀之數。自注：小司馬謂太始征和以下並褚先生所續，非也。其歲名下本不著年，今本有者，後人增之。自注：蓋惟本不著年，故《索隱》《正義》每注於下。若史文已著，則注爲贅矣。然則前文不及鄧平，又詔更七年爲太初元年下，不復詳定曆終始，蓋有故焉，非闕略也。"

案：張氏此條，即據盧氏之説而推演之。因其深於曆算之學，故能撢究其所以然。學者得此，可以無疑矣。諸家謂爲褚先生所續者，其説皆不足辯，故並不録。以上《曆書》。

《陳涉世家》"褚先生曰"下《集解》云："徐廣曰：'一作太史公。'駰案：班固奏事云：'太史遷取賈誼《過秦》上下篇以爲《秦始皇本紀》《陳涉世家》下贊文。'然則言褚先生非也。"

又《索隱》曰："徐廣、裴駰據所見别本及班彪奏事，皆云：'合作太史公。'今據此，是褚先生述《史記》加此贊。首地形險阻數句，然後始稱賈生之言，因即改太史公之目而自題己位號也。"

案：二説不同，未知孰是。考《漢書》取《史記·陳涉世家》《項羽本紀》合爲一傳，即用兩篇太史公語以爲之贊，而逕自"昔賈生之過秦"起，無"地形險阻所以爲固也"數句，疑因其非太史公語，故削去之，則《索隱》之説似爲有理。然班固於史遷書多所增省改易，未可執此以爲據。徐廣、裴駰既未之言，小司馬特就"褚先生"三字望文生義。無徵不信，莫如闕疑。以上《陳涉世家》。

《外戚世家》褚先生曰："臣爲郎時，問習漢家故事者鍾離生。"

《黄氏日抄》卷四十六曰："爲武帝生子者，其母無不譴死。褚先生贊其爲聖賢事，雖曰有感之言，亦豈人情也哉？"

《十七史商榷》卷四曰："《外戚世家》末，褚先生附三段。一段記武帝同母異父之姊修成君及衛子夫事，又述衛青尚平陽主事。一段記武帝所幸尹婕妤邢夫人事。一段記鉤弋夫人事。每段各繫以論斷，皆鄙瑣。惟衛青尚主事甚詳。此事《史記》於《青傳》只一句，而《漢書·青傳》則采用褚所補語，惟此稍可取。"

《史記志疑》卷二十六曰："此所續爲褚生極筆，非他蕪陋可比。

惟言‘武帝年七十生昭帝,昭帝立時年五歲’,是誤耳。然贊武帝譴鈎弋爲賢聖,雖立言之體,究非人情。”

案:梁氏説不失爲平情之論。王氏云云,則其好爲詆訶之習氣也。褚先生叙修成君事,曲折如在目前。班固删取以入《外戚傳》,雖較簡净,然不如元文之生動有致。由是觀之,褚先生亦未可輕。王氏不肯細考,遽謂《漢書》惟取衛青尚主一事,可謂牾疏矣。其論斷皆因事寄慨,不失太史公家法。至稱武帝殺生子之母爲昭然遠見,蓋爲王氏五侯擅權,有激而發,與《建元以來侯者年表》末譏“王稚君 元后之父。未聞有知略廣宣於國家”同意。黄東發以爲有感之言,是也。立論雖偏,然不可謂之鄙瑣。大抵褚先生文瑕瑜互見,當分别觀之。後儒一概詆毀,皆偏見也。以上《外戚世家》。

《楚元王世家》:“王純立,地節二年,中人上書告楚王謀反,王自殺,國除入漢,爲彭城郡。《正義》曰:《漢書》云,‘王純嗣十六年,子延壽嗣,與趙何齊謀反,延壽自殺,立三十二年,國除。’與此不同。地節是宣帝年號,去天漢四年二十九年,仍隔昭帝世。言到地節二年以下者,蓋褚先生誤也。”

案:此固明是後人所續,然《集解》《索隱》皆不言出於褚先生,守節安從知之,殆與其言十篇皆褚所補者,同一臆度耳。以上《楚元王世家》。

《齊悼惠王世家》:“戴王 城陽景王六世孫。八年卒,子景立,至建始三年十五歲,卒。《正義》曰:建始成帝年號,從建始四年上至天漢四年,六十七矣,蓋褚先生次之。”

案:以上兩條,《正義》以爲蓋出於褚先生。蓋者疑詞也,然則非有所據矣。以上《齊悼惠王世家》。

《梁孝王世家》褚先生曰:“臣爲郎時,聞之於宫殿中老郎吏,好事者言之也。”

《史記志疑》卷二十六曰:“褚先生續語可删。且桐葉封應與《晉世家》異。褚本於《韓詩外傳》，非也。燒梁反辭與田叔不合，恐皆非事實。惟所言漢諸侯朝見期法，可補《漢》《史》之缺。”

案：古書敘事時有異同，正可存以備考。若皆舉而删去之，則無完書矣。以上《梁孝王世家》。

《張丞相列傳·索隱》曰：“自車千秋以下，皆褚先生等所記，然丞相傳都省略，《漢書》則備。”

案：《索隱》以車千秋以下爲褚先生等所記，等者不只一人也，而不能列舉其人，則其言未必有所據也。蓋徒見所敘於定國匡衡事稱孝元帝，而褚先生爲元成間人，遂舉而歸之。然又謂論匡衡事爲後人所述，見後。不復云是褚先生，則已不能自堅其説。知所謂褚先生等者，特出於假定。後儒從而信之，過矣。

又曰：“案此論匡衡已來事，則後人所述也。而 各本作“或”。亦稱太史公，其序述淺陋，一何誣也。”

案：單行本《索隱》此條上有大字，標題“太史公曰深惟”六字，而今各本“深惟士之游宦”句上無“太史公曰”。《拜經日記》以爲蓋因《索隱》詆其淺陋，後人遂删此四字，是也。以上《張丞相傳》。

《田叔列傳》褚先生曰：“臣爲郎時，聞之曰，田仁故與任安相善云云。”

《史記志疑》卷三十三曰：“褚生所續之傳，多不足據。如御史大夫暴勝之與田仁同坐誅，而云：‘帝在甘泉，使暴君下責丞相’，何耶？仁之進身由衛將軍，而云，‘仁居門下，將軍不知，因趙禹言始上籍以聞’，語各岐别。又杜周兩子夾河爲守，而云‘河南河内太守，皆周父兄子弟’，亦非。”

案：褚先生著書於元成時，去武帝已遠，多得之時人口敘，自不免傳聞異辭，不足爲病。且太史公言衛將軍進言，褚先生言將軍上籍以聞，本無不合。其先不相知而爲趙禹所識拔，本傳不言，或太史公略之耳。少孫敘田仁事較《史》《漢》爲詳，任安則兩史皆無傳,此足以補其闕,不必吹毛求疵也。梁氏又謂《田叔傳》末敘田仁刺舉三河及坐縱太子族死,事在天漢征和以後,非太史公本文,其言蓋是也。然以爲必褚生所增,則毫無所據,故删去不録。以上《田叔傳》。

《匈奴列傳》末《索隱》曰:"《漢書》云:'明年且鞮死,長子狐鹿姑單于立。'張晏云:'自狐鹿姑 單行本無"姑"字。單于已下,皆劉向褚先生所録,班彪又撰而次之,所以《漢書·匈奴傳》有上下兩卷。'"

案:單行本《索隱》卷二十五此條大字標題,爲"且鞮侯已下"五字,其小注引張晏云云,無"《漢書》云"以下十六字。宋人合刻三家注,見注中所言爲狐鹿姑,而標題作且鞮侯,疑其不合,遂移《索隱》此條於《傳》末,而又妄增"《漢書》云,明年且鞮死,長子狐鹿姑單于立"十六字於上,以爲張本。不知張晏自爲《漢書》作注,此條之語,蓋因《漢書·匈奴傳》自篇首以至"因杅與左賢王戰不利引歸"皆用《史記》之文,讀者自知,無待説明。惟自"明年且鞮侯單于死,長子左賢王立爲狐鹿姑單于"以下至於篇末皆《史記》所無,因言其爲劉向、褚先生所録,班彪所撰次耳。司馬貞以爲《史記》敘事至太初而訖,則《匈奴傳》當至"是歲太初四年也"句止,其"且鞮侯單于既立"以下疑爲褚先生所續,故引張晏此語以明褚先生等嘗續《匈奴傳》。張注《漢書》,故舉狐鹿姑已下,小司馬注《史記》,故改爲且鞮侯已下。二人之意原自不同,否則《史記》本無狐鹿始事,張晏之言與《史記》有何關係也哉?然《史記·匈奴傳》並無'褚先生曰"字,《索隱》之説亦臆測爾。

《史記志疑》卷三十三曰:"《匈奴傳》'且鞮侯單于既立',此下乃後人所續,非史公本書。史訖太初,不及天漢,故《索隱》於且鞮侯已下引張晏云:'自狐鹿單于已下,自注云:"狐鹿"當作"且鞮"。皆劉向、褚先生所録。'自注云:各本誤刻張説在末。且其所載亦多誤。如單于歸漢使,蘇武使單于,皆天漢元年事,而此誤在太初四年。匈奴妻李陵,乃陵降數歲後事,而此誤以陵降即妻之。貳師出朔方,步兵七萬人,而此誤作十萬。貳師降匈奴,其家以巫蠱族滅,俱征和閒事,而此誤敘於天漢四年。何足信哉?"

案:梁氏所指續傳之誤,皆是也。然單于歸漢使,蘇武使單于,匈奴妻李陵三事,《漢書》之誤,皆與《史記》同。足證此爲前漢人手筆,班彪因而次之,未能大有所修正也。獨於貳師降匈奴事,别叙於後,爲能覺其誤而改之耳。

王國維《觀堂集林》卷十一《太史公行年考》曰:"今觀《史記》中最晚之記事,得信爲出自公手者,唯《匈奴列傳》之李廣利降匈奴事,自注云:征和三年。餘皆出後人續補也。"

案:此由誤信今本《史記》所引張晏説,而未考之單行本《索隱》及梁氏《志疑》,故以所叙李廣利事爲史公本文。不知據《史記》所次年數,實誤以廣利降匈奴爲天漢四年事,故《集解》引徐廣説及張守節《正義》皆嘗訂正其誤。使果係史公叙所親見,不應錯謬如此也。以上《匈奴傳》。

《大宛列傳·索隱》曰:"案:此傳合在《西南夷》下,不宜在《酷吏》《游俠》之閒,斯蓋並司馬公之殘闕,褚先生補之失也,幸不深尤焉。"

劉壎《隱居通議》卷二十五曰:"《大宛傳》叙事縱横可觀。或曰,此蓋並司馬公之殘缺,褚先生補之。然以予觀其筆力奇妙處,非褚所及,校之《龜策傳》遠矣。"

案:劉壎因《索隱》之言,遂謂《大宛傳》爲褚先生所補,其實非司馬貞之意也。單行本《索隱》卷三十有《補史記序》一篇,以爲《太史公書》盡美而未盡善,因歷陳其所疑。如本紀闕三皇,世家闕邾、許、張、吴,列傳闕延陵、子産、叔向、史魚,序後所列補篇之目,有子産、叔向,而無延陵、史魚,其言前後不符。外戚不當爲世家,柱史只宜共漆園同傳,而韓非當與商君並列之類。自言:"家傳是學,思欲續成先志,潤色舊史,輒黜陟陞降,改定篇目,其有不備,並採諸典籍,以補闕遺。"蓋其《索隱》初稾,於《太史公書》大有所竄亂,不但循文注釋而已。故於序後又附有十六條,具叙其所以改補分合移易之意。於本紀則補三皇,世家則補許男、邾子、張耳、吴芮、吴濞、淮南。吴濞與楚元王同篇，淮南與齊悼惠王同篇。列傳則補子産、叔向。又欲降《秦本紀》《項羽本紀》爲世家，而分吕后、孝惠爲二紀，降《陳涉世家》爲列傳，而從《管蔡世家》内分出曹叔振鐸自爲一篇。其蕭何、曹參、張良、周勃、五宗、三王世家則合爲一篇。單行本作"蕭相國、曹相國、留侯、絳侯、五宗、三王右六篇請各爲一篇"。案：《史記》此六篇本各自爲卷，何須小司馬復爲此言。考三家合注本附此條於《蕭相國世家》内，作蕭相國、曹相國、留侯、絳侯、五宗、三王六篇，可合爲一篇，是也。單行本誤"合"字爲"各"耳。蓋小司馬之意，欲合蕭、曹爲一篇，留侯、絳侯爲一篇，五宗、三王爲一篇也。觀單行本行款自知。但分蕭相國、曹相國爲二行，亦非是。於老子、韓非、魯連、鄒陽、屈原、賈生諸合傳，亦多所移補。欲附尹喜、莊周於老子，附韓非於商鞅，附魯連於田單，附宋玉等於屈原，附鄒陽、枚乘於賈生。案：《史記》本無尹喜、宋玉、枚乘等傳。蓋欲補作之也。又謂司馬相如、汲鄭傳不宜在西南夷之下，案：此蓋謂司馬相如、淮南、衡山、循吏、汲鄭等傳，皆不宜在西南夷之下也。《大宛列傳》宜在《朝鮮》之下，不合在《酷吏》《游俠》之間。凡此紛紛，意爲更張。蓋欲點竄《史記》，自爲一家之言。然恐後人議其妄改古書，遂歸其罪於褚少孫。故於《大宛列傳》條下總論之曰："斯蓋並司馬公之殘缺，褚先生補之失也，幸不深尤焉。"意謂自此以上自《三皇本紀》至《大宛列傳》十有六條，中惟《孔子世家》一條，謂"前史既定，吾無間然"，與太史公之意同。所以宜改補分合移易者，非太史公見不及此也，以其書本殘缺不完，而褚先生力不能補，又紊亂其篇次耳。不知《史記》篇目次第，有《太史公自序》在。自班固所見已同於今本，惡有如貞所云云者哉？此蓋貞詞窮而遁，不惜厚誣古人以自解免耳。自宋人合刻三家注，取此十六條分附各篇，於是其總論之語，獨見於《大宛傳》。劉壎讀之，遂誤會貞意，以《大宛傳》爲褚先生所補矣。恐後人因之郢書燕説，故詳辯之如此。以上《大宛傳》。

《滑稽列傳》褚先生曰："臣幸得以經術爲郎，而好讀外家傳語，竊不遜讓，復作故事滑稽之語六章，編之左方，可以觀覽揚意。以示後世，好事者讀之，以游心駭耳，以附益上方太史公之三章。"

案：外者對内言之，古人重其所學，則謂之内。褚先生先通《魯詩》，又以治《春秋》高第爲郎，故以經術爲内，以諸子傳記爲外也。此外家傳語，即謂太史公列傳耳。

《史記志疑》卷三十五曰："少孫續傳六章，惟郭舍人、東方生、東郭先生、王先生四章爲類。但方朔雖雜詼諧，頗能直言切諫，安可與齊贅優伶比？説衛青者，《青傳》是寧乘，此云東郭先生，豈東郭即乘耶？至王生從太守就徵，乃宣帝徵勃海守龔遂，《漢·循吏傳》甚明，而以爲武帝徵北海太守，王先生請俱，妄矣。且東郭之白衛將軍，王先生之語太守，皆便計美言。何謂滑稽？其餘二章，淳于髡已見本傳，復勦入獻鵠一節，殊失之贅。況《説苑·奉使》稱魏文侯使舍人無擇獻鵠於齊，《韓詩外傳》十稱齊使獻鵠於楚，按《外傳》作"獻鴻"。《初學記》二十、《御覽》九百十六並引魯連子云：'展無所爲魯君遺齊襄君鴻。'所載各異，皆不説髡，毋乃謬歟？若夫西門豹，古之循吏也，而列於《滑稽》，尤爲不倫。然叙次特妙，非他所續之蕪弱。董份疑爲舊文，褚先生取而編之耳。"

案：凡梁氏之所以詆褚先生者，大抵以好惡爲是非，吹毛求疵之説也。昔揚子《法言》之論東方生也，曰："非夷齊而是柳下惠，戒其子以尚容。首陽爲拙，柱下爲工。飽食安坐，以仕易農。依隱玩世，詭時不逢。其滑稽之雄乎？"見《淵騫篇》。班固取之以爲傳贊。使《漢書》而有《滑稽傳》，必首東方生矣。梁氏乃謂不當入滑稽，以譏褚先生，然則揚雄、班固皆非歟？獻鵠之事，姓名不同，傳聞異詞，古書蓋多有之。且《韓詩外傳》所稱齊使未必非即淳于髡，安見《説苑》《魯連子》之必是，而褚先生之必非也？東郭之白衛將軍，王先生之語太守，誠爲便計美言。然太史公所書，如淳于髡之諫齊威王，優孟之諫楚莊王，獨非便計美言耶？太史公曰："談言微中，亦可以解紛。"滑稽之所以得名，爲其談言微中耳。若如梁氏之説，凡其辭爲便計美言，其人爲直臣循吏，皆不得謂之滑稽。然則必如市井之打諢説笑，乃得入《滑稽傳》耶？西門豹之事，固當出於古書。然史臣載筆叙事，孰能無所本者？司馬遷據

《左氏》《國語》,采《世本》《戰國策》,述楚漢春秋,非采録舊文歟?而獨以譏褚先生,知其所言皆以好惡爲是非,而非平心以出之者也。

《十七史商榷》卷六曰:"《滑稽傳》褚先生附甚多,若王夫人請封其子於齊,重出可厭。鄴令西門豹事,又不當附《滑稽》。"

案:王氏之識見與梁氏等,吾無譏焉。以上《滑稽傳》。

《史記志疑》卷七曰:"《三代世表》《建元侯表》《外戚世家》《梁孝王世家》《田叔傳》《滑稽傳》,少孫俱有附益。"

《廿二史劄記》卷一褚少孫補《史記》不止十篇條曰:"《漢書·司馬遷傳》謂《史記》内十篇有録無書。顔師古注引張晏曰:'遷没後,亡十篇。元成閒褚少孫補之,文詞鄙陋,非遷原本也。'以上文詳見"遷没後亡十篇褚先生補缺"條,此從删節。是少孫所補只此十篇。然細按之,十篇之外,尚有少孫增入者。如《外戚世家》增尹、邢二夫人相避不相見,及鈎弋夫人生子,武帝將立爲太子,而先賜鈎弋死。又衛青本平陽公主騎奴,後貴爲大將軍,而平陽公主寡居,遂以青爲夫等事。《田仁傳》後增仁與任安皆由衛青舍人選入見帝,二人互相舉薦,帝遂拔用之等事。又《張蒼申屠嘉傳》後,增記征和以後爲相者車千秋之外,有韋賢、魏相、丙吉、黄霸,皆宣帝時也。韋玄成、匡衡,則元帝時也。此皆少孫别有傳聞,綴於各傳之後。今《史記》内各有褚先生曰以别之,其無褚先生曰者,則於正文之下另空一字以爲識别,此少孫所補,顯然可見者也。又有就史遷原文而增改者,《楚元王世家》後叙其子孫有至地節二年者,則宣帝年號也。《齊悼惠王世家》,叙朱虚侯子孫,有至建始三年者,則成帝年號也。此皆在遷後而遷書内見之,則亦少孫所增入也。又《史記·匈奴傳》:'太初四年,且鞮侯單于立。其明年,浞野侯亡歸。又明年,漢使李廣利擊右賢王於天山。又使李陵出居延,陵敗降匈奴,則天漢二年也。又二年,漢使廣利出朔方,與匈奴連戰十餘日。廣利聞家已族滅,遂降匈奴,則應是天漢四年事。然《漢書·武帝紀》天漢二年,李陵降匈奴,與此傳同。而廣利之降,在征和三年,距天漢四年,尚隔七年,殊屬歧互。不知者必以史遷爲及身親見,與班固事後追書者不同,自應以《史記》爲準。然征和元年,巫蠱事起,二年,太子自殺。而廣利之降,則以太子既死之明年,廣利出擊匈奴,丞相屈氂餞於郊外;廣利以太子既死,屬屈氂勸上立昌邑王爲太子,此語爲人所告發,帝遂誅其家。廣利聞之,乃降匈奴。是廣利之降,在衛太子死後,而太子之死,實在征和二年。此等大事,《漢書·本紀》編年紀載,斷無差誤,則廣利之降,必不在天漢四年明矣。再以《漢書·匈奴傳》核對,則李陵降匈奴以前,皆與《史記·匈奴傳》同。陵降後二年,廣利出兵,與匈奴連戰十餘日無所得,乃引還,並未降匈奴也。又明年,匈奴且鞮侯單于死,狐鹿姑單于立,是爲漢太始元年。狐鹿姑立六年,遣兵入寇上谷、五原、酒泉,漢乃又遣廣利出塞,戰勝追北至范夫人城。聞妻子坐巫蠱事被收,乃降匈奴。計其年歲正是征和三年之事,與《武帝紀》相合。則知《史記·匈奴傳》末所云天漢四年,廣利降匈奴者,非遷原本也。遷是時目擊其事,豈有錯誤年歲至此。蓋遷所作傳,僅至李陵降後二年,廣利出塞不利引還便止。自注云:遷自叙謂訖於太初,則並在陵降匈奴之前。而褚少孫於數十年後,但知廣利降匈奴之事,不復細考年代,即以擊於天漢四年出兵之下,故年代錯誤也。可知《史記》十篇之外,多有少孫所竄入者。"

案:張晏第言褚先生補缺,作《武帝紀》《三王世家》《龜策》《日者列傳》,未嘗言十篇皆褚所補。趙氏此條既妄改原文,又十篇之外,褚先生所續有明文可據者,如《三代世表》《建元以來侯者年表》之類,亦漏未舉出。而其所舉《張丞相傳》車千秋以下爲褚先生所記,乃《索隱》之説,《楚元王世家》褚先生叙至地節二年,《齊悼惠王世家》褚先生叙至建始三年,乃《正義》之説,本皆出於臆度,未可爲據。趙氏乃因其事出於遷後而遷書内見之,定爲少孫之所增。不知《史記》爲後人所竄亂,出於遷後者多矣。若概歸之褚少孫,則《秦始皇本紀》後所録班固《典引》之文、《公孫弘傳》後所録太皇太后之詔、《漢書》之贊,《司馬相如贊》中"揚雄勸百風一"之語,皆少孫之所增入歟?其考《匈奴傳》李廣利事,繁稱博引,頗爲詳盡。然不知單行本《索隱》明言"自且鞮侯單于既立已下,皆劉向、褚先生所録",乃謂太史公原文當至廣利出塞不利引還止,《史記》本文作"單于以十萬騎待水南與貳師將軍接戰,貳師乃解而引歸",並無"出塞不利引還"之語。考證雖繁,猶是模糊影響之談耳。

又曰:"《武帝紀》少孫所補,全取《封禪書》下半篇所叙武帝事,贊亦全用史公《封禪書》後文,無一字改易。因思少孫所補,大概多鈔録舊文,不必自作。如《龜策傳》内宋元王與衛平論龜之文,皆是韻語,此必掌故中本有此文字,其後所云'首仰首俛,足開聆開'之類,亦是當時龜卜成法,特少孫鈔入以補缺耳。至《扁鵲倉公傳》,雖非少孫所補,然淳于意答文帝詔問之語,所治何人,所療何證,自成一篇,當時必有此見成文字,而鈔入者。使史遷爲之,必不如此瑣屑。竊意《扁鵲傳》史遷原文也,《倉公傳》亦少孫鈔入者也。"

案:此條論《武紀》《龜策傳》語,皆習見之辭。至論《倉公傳》則取之《史記評林》董份之説。其言曰:"述臣意對問太詳,恐非太史法,然又非褚先生所能。意者漢史氏具藏其本,而褚對録之耳。"夫謂褚先生鈔録舊文,事固有之。然紀事之書,必采舊史。自《春秋經傳》《史記》《漢書》以來,莫不皆然,安可以此詆少孫?至於考證之文,竊取前人之説而没其姓名,則爲學者所不許。今趙氏剽襲《評林》,而變易其字句,顧以鈔録責少孫,何其自待之薄耶?且其爲説亦殊陋妄。凡列傳之體,必臚舉其所長。爲醫家作傳,叙其方案,與爲文人作傳録其詞賦,爲武將作傳紀其戰功,其義一也。《扁鵲傳》中歷叙所治趙簡子、虢太子、齊桓侯之病,與《倉公傳》載其所治何人,所療何證,未始有異也。第扁鵲事采自古書,故止存其犖犖大者。倉公事出於所自言,故纖悉畢具耳。既欲叙其治病之徵驗,而淳于意適有對詔問之語,不此之取,將安取之?當時詔書本問意方伎所長,及所能治病者,歲嘗有所驗,何縣里人也,何病,醫藥已其病之狀皆何如,故意詳舉以對。史公從而録之,將以傳其人,且以爲後世法,安得病其瑣屑耶?如以此爲瑣屑也,則史公所爲曹相國、絳侯諸世家,樊酈滕灌諸列傳,歷叙其戰某地,破某縣,捕虜幾人,斬首若干級,所將卒斬幾人。後又總叙凡下幾國，定幾縣，得相幾人，將軍幾人，二千石以下至五六百石幾何人。此復何關大體，而屑屑叙之如此。胡不聞趙氏議之歟？自漢魏以來讀《史記》者多矣，未有言《倉公傳》非太史公所作者。至董份乃創疑之，疑之而絶無所據，其言亦惡足道。夫囿於所聞，蔽於所不見，而輒恣胸臆，妄論是非，則天下之事，孰不可疑者。勢必至無可讀之書，無可信之史，而學問之道或幾乎熄矣。董份之妄，無足深論。獨怪趙氏以史學名家，何樂而拾此牙後慧也。

《拜經日記》卷九曰："褚續《史記》六篇，一《三代世表》，二《建元以來侯者年表》，三《曆書》，四《外戚世家》，五《張丞相列傳》，六《滑稽列傳》。"

沈欽韓《漢書疏證》卷二十四曰："《太史公》百三十篇，馮商所續太史公七篇。今考書中有題褚先生者：《十二諸侯年表》序，《建元侯者表》，補《外戚》《三王世家》，及《田仁》《滑稽》《日者》《龜策》等傳。有無題而知其補綴者，《景》《武紀》《將相名臣表》《禮樂》《律志》、當作"書"。《韋賢》等傳，或是馮商所續也。"

案：《十二諸侯年表》未嘗題褚先生，當是《三代世表》之誤。又於張晏所舉亡十篇之目，去其《傅靳蒯成》一篇不數，亦非也。

姚振宗《漢書藝文志拾補》卷一曰："案：少孫所補，今可考見者，爲《武帝本紀》《三代世表贊》《建元以來侯者年表》《禮書》《樂書》《曆書》《陳涉世家贊》《外戚世家》《梁孝王世家》《三王世家》《張丞相列傳》《田叔列傳》《滑稽列傳》《日者列傳》《龜策列傳》，凡十五篇。又《匈奴傳》末張晏云：'自狐鹿姑單于以下，皆劉向褚先生所録，班彪又撰而次之，所以《漢書·匈奴傳》有上下二卷。'則褚所補且有在《漢書》者。其篇數終不可考也。"

案：此乃舉褚先生所補《史記》亡篇，與其所附益者並數之。然以《禮書》《樂書》爲褚所補，其説實出於張守節，守節乃取張晏所言遷没後亡十篇者並歸之褚先生。今姚氏除其《景帝本紀》《將相年表》《律書》《蒯成侯列傳》四篇不數，不知其去取之意安在。何不明著其説,顧爲此囫圇之語乎?

《史記舉要》曰:"褚先生所補,當時或别行,或附後,必不混入《史記》元書之中。故其所益者,尚有《三代世表》《外戚世家》《梁王世家》《田叔列傳》《滑稽列傳》等,而張晏不數之者,以不在十篇之目,又未嘗羼入元書也。"

案:謂褚先生所補未嘗羼入元書,其説非是,辯見"總論"。所舉附益篇目亦未全。以上諸家論褚先生附益篇目。

**嘉錫案:**褚先生書今存者,除所補《三王世家》《日者列傳》《龜策列傳》三篇外,《武紀》已亡。其續《太史公書》附益其事者,諸家所舉篇目,互有不同。以余考之,《三代世表》《建元以來侯者年表》《外戚世家》《梁孝王世家》《田叔列傳》《滑稽列傳》凡六篇,皆有褚先生字。《匈奴傳》據張晏説有褚先生所録已不知其可信否。《陳涉世家》雖稱褚先生,然徐廣所見一本作太史公,當從闕疑。其餘他篇,後人紛紛指爲褚所續者,皆意必之辭,無徵不信,未可從也。

## 褚先生事蹟第十五

《漢書·儒林·王式傳》曰:"式爲昌邑王師。昭帝崩,昌邑王嗣立,以行淫亂廢。昌邑群臣皆下獄誅。式繫獄當死,得減死論,歸家不教授。山陽張長安幼君,先事式,後東平唐長賓、沛褚少孫亦來事式,問經數篇。式謝曰:'聞之於師,具是矣,自潤色之。'不肯復授。唐生、褚生應博士弟子選,詣博士,摳衣登堂,頌禮甚嚴,試誦説有法,疑者丘蓋不言。諸博士驚問何師。對曰:'事式。'皆素聞其賢,共薦式。詔除下爲博士。式徵來。博士江公世爲《魯詩》,心嫉式。遂謝病免歸,終於家。張生、唐生、褚生皆爲博士。由是《魯詩》有張、唐、褚氏之學。"

案:博士江公者,瑕丘江公之孫也。少孫應博士弟子選,史不言其年月,可以江公爲博士之時推得之。《儒林傳》云:"瑕丘江公受《穀梁春秋》及詩於魯申公，傳子至孫爲博士。”又云：“宣帝即位，求能爲《穀梁》者，莫及蔡千秋，乃以千秋爲户中郎將，選郎十人從受。會千秋病死，徵江公孫爲博士。劉向以故諫大夫通達待詔，受《穀梁》，欲令佐之。江博士復死，廼徵周慶丁姓待詔保宫，使卒授十人。自元康中始講，至甘露元年，積十餘歲，皆明習。”據此，則江公之爲博士在元康以後，其死在甘露元年以前。然《宣帝紀》於甘露三年始書立《穀梁》博士，疑江公仍是《魯詩》博士，而兼授十人以《穀梁春秋》，故《儒林傳》言“江公世爲《魯詩》，心嫉王式”也。甘露三年論石渠時，《公羊》有博士嚴彭祖，而《穀梁》無博士，亦見《儒林傳》。可以爲證。王式之被徵，因諸博士聞之於唐生、褚生，始共推薦。式徵來後，得與江公相見，則少孫應博士弟子選之詩，亦約略可知矣。又考《劉向傳》云：“向本名更生，既冠，以行修飭，擢爲諫大夫。言黄金可成。上令典尚方鑄作事，費甚多，方不驗。上乃下更生吏。更生兄陽城侯安民上書，入國户半贖更生罪，得踰冬減死論。會初立《穀梁春秋》，徵更生受《穀梁》。”此即《儒林傳》劉向以故諫大夫受《穀梁》之事也。向父《德傳》向父子均附《楚元王傳》。云：“地節中，以親親行謹厚，封爲陽城侯。立十一年，子向坐鑄僞黄金當伏法。德上書訟罪。會薨。”案：《恩澤侯表》，陽城繆侯劉德，地節四年三月封，十年薨。案：傳作“十一年”，此作“十年”者，自地節四年至五鳳二年凡十一年，然五鳳二年爲節侯安民之元年，則德在位祇十年耳。五鳳二年，節侯安民嗣。是向之免諫大夫下吏，在五鳳二年，踰冬減死，即徵受《穀梁》。近人《向、歆父子年譜》定稾載《古史辨》第五册。繫之於五鳳三年，是也。江公之爲博士，與劉向受《穀梁》同時。不久即死。又徵周慶丁姓卒授十人，至甘露元年經始明習。則江博士之死，當即在五鳳三四年間。五鳳紀元只四年，改元甘露。以此推之，褚先生之應博士弟子選，至早亦不過五鳳二三年間事耳。

《龜策列傳》褚先生曰：“臣以通經術受業博士，治《春秋》，以高第爲郎，幸得宿衛，出入宫殿中十有餘年。”

案:《儒林傳》言,張生、唐生、褚生事王式,治《魯詩》,其後皆爲博士,則亦《魯詩》博士也。而褚先生自言受業博士,治《春秋》。蓋西漢博士之選,只取學有師法,本不必出身太學。褚先生雖治《春秋》,而因其先通《魯詩》,故得爲《魯詩》博士也。宣帝選郎十人從蔡千秋受《穀梁春秋》,乃元康時事,而少孫至五鳳間始入太學。且十人皆郎官,而少孫乃諸生,自不得與其選。其時《穀梁春秋》尚未立博士。然則少孫所治,蓋《公羊春秋》也。少孫爲梁相褚大弟之孫,大者董仲舒弟子,則《公羊》乃其家學。《經義考·師承門·春秋家》無褚少孫姓名,失之不考耳。《儒林傳》:"公孫弘請置博士弟子,一歲皆輒課,能通一藝以上,補文學掌故缺,其高第可以爲郎中,太常籍奏。"故褚先生云以高第爲郎也。

《三王世家》褚先生曰:"臣幸得以文學爲侍郎。"

案:《漢書·百官公卿表》:光禄勳屬官有侍郎郎中,侍郎比四百石,郎中比三百石。褚先生蓋以郎中久次遷侍郎也。

《孝武本紀集解》引張晏曰:"《武紀》褚先生補作也。先生名少孫,漢博士。"

又《索隱》曰:"張晏云:'褚先生,潁川人,仕元成閒。'韋稜曰:'《褚顗家傳》:"褚少孫,梁相褚大弟之孫,宣帝時爲博士,寓居沛,事大儒王式,故號先生,續《太史公書》。"阮孝緒亦以爲然。'"

《三代世表索隱》曰:"褚先生名少孫,元成閒爲博士。"

案:張晏云:"褚先生漢博士,仕元成閒。"而褚顗謂宣帝時爲博士,彼此不同。《漢書·儒林傳》補注引周壽昌曰:"宣帝末距元成閒不過二十年,時足相及,所傳微有異耳。"余謂此乃《褚顗家傳》之誤,周氏説非也。褚先生以高第爲郎,當在元鳳之末,又五年而宣帝崩,黄龍元年。元帝即位。《龜策傳》自言,宿衛出入宫殿中十有餘年,則元帝時猶老於郎署,其不得爲宣帝博士,亦明矣。由元鳳四年下數至成帝建始元年,凡二十四年。是少孫之遷博士,已在元帝之末。班固書少孫官止博士,蓋成帝時卒於官;故張晏謂先生漢博士,仕元成閒也。王國維《漢魏博士考》《觀堂集林》

卷四。曾舉《漢書》列傳中之以議郎中郎郎中遷博士者爲例。褚先生之爲博士,蓋自侍郎遷耳。

陸德明《經典釋文·序録》曰:"王式受詩免中徐公及許生,以授張生長安及唐長賓、褚少孫。"自注曰:沛人,爲博士。《褚氏家傳》云:"即續《史記》褚先生。"

案:《隋書·經籍志·雜傳類》有《褚氏家傳》一卷,褚覬等撰。《史記索隱》引作"褚顗",《新唐書·藝文志》作"褚結撰,褚陶注"。顗覬不知孰是,作"結"者誤也。顗始末未詳。褚陶,吴晉間人,見《晉書·文苑傳》。《世説新語·賞譽篇》注引《褚氏家傳》曰:"陶字季雅,吴郡錢塘人,褚先生後也。陶聰慧絶倫,年三十作《鷗鳥》《水碓》二賦。宛陵嚴仲弼見而奇之,曰:'褚先生復出矣。'"據此,則少孫之苗裔,有居錢塘者。《家傳》作於吴晉,去漢不遠,當爲可信。考《元和姓纂》卷六曰:"漢末褚盛爲鹽官,因居由拳,生泰,仕吴,封錢塘臨平侯,又居焉。"以褚陶之事證之,則自盛泰以下,皆褚先生之後。褚顗作《家傳》載入褚先生事蹟,疑亦錢塘褚氏也。少孫之子孫可考者如此。《姓纂》又云:"褚氏子姓,殷後,宋共公 共,刻本誤作"若",據文津閣本改。子石《唐書·世系表》作"宋共公子段,字子石"。爲褚師,因氏焉。漢梁相 元脱"梁"字,據《名賢氏族言行類稾》卷三十六引補。褚大,元成間褚先生少孫,並以儒學稱焉。後漢褚重始居河南",以下叙其世系,有晉太傅裒。元誤作"褒",據《晉書》及《世系表》改。齊司徒彦回,唐中書令遂良。《唐書·宰相世系表》略同。惟無彦回一系。是褚氏自東晉以後,蔚爲盛族。然褚大乃少孫之從祖父,本非嫡系。今以大與少孫並舉,則河南褚氏,不知誰後。蓋姓氏之書,例舉名人以爲標榜,不如家傳之足據也。

《史通·史官建置篇》曰:"漢興之世,武帝又置太史公,位在丞相上,以司馬談爲之。漢法,天下計書先上太史,副上丞相,叙事如《春秋》。及談卒,子遷嗣。遷卒,宣帝以其官爲令。行太史公文書而已。尋自古太史之職,雖以著述爲宗,而兼掌曆象日月陰陽管數。司馬遷既殁，後之續《史記》者若褚先生、劉向、馮商、揚雄之徒，並以別職來知史務。”

案：謂武帝置太史公敍事如《春秋》者，衛宏《漢儀注》之説耳。見《史記自序集解》，《漢書·司馬遷傳》注。《漢書·百官表》，有太史令，無太史公。《續漢書·百官志》：“太史令掌天時星曆。”遷《自序》曰：“太史公既掌天官，不治民。”又曰：“司馬氏世主天官。”其《報任安書》曰：“僕之先人，非有剖符丹書之功，文史星曆，近乎卜祝之間，固主上所戲弄，倡優畜之，流俗之所輕也。”然則遷自用古史官法著書耳。漢太史令之職，何嘗敍事如《春秋》哉？太史令既掌星曆，則馮商輩雖以別職奉詔修史，與太史之官初無干涉。知幾乃謂之來知史務，豈並其天時星曆而亦知之耶？況褚先生自因好覽觀太史公之傳，乃續其書，與馮商之奉詔序列傳者又不同，無所謂知史務也。案：《通典》卷二十一曰：“其修撰史事，以他官兼領，或卑品而有才者亦直焉。”《史通·自序》曰：“驛征入京，專知史事，仍遷秘書少監。”是以他職知史務，乃唐時制度，知幾誤用之以説《漢書》耳。

# 漢武伐大宛爲改良馬政考

漢武帝使李廣利將兵伐大宛,取善馬,太史公極非之,故以微文譏刺。《大宛傳》曰:"天子既好宛馬,聞之甘心,而欲侯寵姬李氏,拜李廣利爲貳師將軍,發屬國六千騎,及郡國惡少年數萬人,以往伐宛。比至鬱成,士至者不過數千,鬱成大破之,所殺傷甚衆,貳師將軍引兵而還。往來二歲,還至敦煌,士不過什一二。"此叙貳師第一次伐宛事也。又曰:"天子業已誅宛,宛小國,不能下,爲外國笑。乃案言伐宛尤不便者鄧光等。赦囚徒材官,益發惡少年及邊騎,歲餘而出敦煌者六萬人,負私從者不與。牛十萬馬三萬餘匹,驢騾橐駝以萬數。多齎糧,兵弩甚設。天下騷動,傳相奉伐宛,凡五十餘校尉,益發戍甲卒十八萬。酒泉張掖北置居延休屠以衛酒泉,而發天下七科適,及載糒給貳師,轉車人徒相連屬至燉煌。於是貳師後復行,兵多,至宛,圍其城,攻之四十餘日,宛貴人共殺其王毋寡,出其善馬,令漢自擇之。漢軍取其善馬數十匹,中馬以下牡牝三千餘匹,與盟而罷兵。軍入玉門者萬餘人,軍馬千餘匹。貳師後行軍非乏食,戰死不能多,而將吏貪,不愛士卒,侵牟之,以此物故衆。"此叙貳師第二次伐宛事也。《傳》中盛陳出兵時甲卒之衆,牛馬雜畜兵弩糧糒之多,以見其勞民傷財,疲弊中國以事四夷,死士卒數十萬,而所得善馬不過數十匹,所以譏漢武者深矣。王允謂司馬遷作謗書,不虚也。

桓寬《鹽鐵論·西域篇》文學曰:"有司言外國之事,議者皆徼一時之權,不慮其後。張騫言大宛之天馬汗血,安息之真玉大鳥,縣官既聞如甘心焉,乃大興師伐宛,曆數期而後克之。夫萬里而攻人之國,兵未戰而物故過半,雖破宛得寶馬,非計也。當此之時,將卒方赤面而事四夷,師旅相望,郡國并發,黎人困苦,姦僞萌生,盜賊並起,守尉不能禁,城邑不能止。然後遣上大夫,衣繡衣以興擊之。當此時,百姓元元,莫必其命,故山東豪傑,頗有異心。賴先帝聖靈斐然,其咎皆在於欲畢匈奴而遠幾也。爲主計若此,可謂忠乎?"此其歸咎武帝,與司馬遷之意同,後之論史者莫不從之。余以爲遷責漢武騷動天下,及廣利不愛士卒,皆是也。獨謂伐宛之役爲聞天馬而甘心,一似武帝有愛馬之癖者。夫武帝雖内多欲而外施仁義,用汲黯語。亦一世英明之主也,豈其因欲實天閑,備法駕,遂以數十萬人之命,易數十匹之馬,貴人賤畜,一至於是哉?且貳師出兵用馬至三萬餘匹,而所得宛馬不過三千餘匹,是時方患馬少,以十易一,智者必不爲也。蓋匈奴行國,人人便騎射,漢兵常出塞數千里,與之鏖戰於沙漠之間以爭勝負,其勢不能不多用騎兵,欲練騎兵,不能不養馬。中國之馬,本不如匈奴所産之良,故鼂錯曰:"匈奴地形技藝,與中國異,上下山阪,出入溪澗,中國之馬弗與也。險道傾仄,且馳且射,中國之騎弗與也。"《漢書·鼂錯傳》錯上書言兵事。是則漢與匈奴,不必交戰,固已情見勢絀矣。況又屢經戰陣,馬之死亡且盡,故武帝大修馬政,廣求善種以求其蕃息孳生,其聞天馬而甘心者,欲得汗血之種也。司馬遷非不知之,而言之不明,遂使後人莫知漢武之用意耳。

今以《漢書》考之,武帝之初,衆庶街巷有馬,阡陌之閒成羣,乘牸牝者擯而不得會聚。見《食貨志》。衛青、霍去病之伐匈奴,所將少者萬騎,多者十餘萬騎。見《衛霍傳》及《匈奴傳》。元朔六年,衛青比歲擊胡,漢軍士馬死者十餘萬。見《食貨志》。《志》承《史記·平準書》之舊,敍事不明載年歲,第云其明年或後幾年。今據顔師古注及《平準書》注補載年號,注所無者,以前後事推定之。元狩二年,馬生余吾水中。見《武紀》。天子爲伐胡,盛養馬,馬之來長安者數萬匹。三年,除千夫五大夫爲吏,不欲者出馬。見《食貨志》。四年,大將軍青、驃騎將軍去病大出擊胡,出塞之馬凡十四萬匹,而後入塞者不滿三萬匹,見《食貨志》及《衛霍傳》。又《匈奴傳》云,"漢馬死者十餘萬匹"。匈奴雖病遠去而漢馬亦少,無以復往。見《匈奴傳》。自此至青之卒,凡十四年,竟不復擊匈奴者,以漢馬少故也。見《衛霍傳》。青以元封五年卒,自元狩四年至此凡十四年。其後又三年,是爲太初二年,始遣趙破奴將二萬騎伐匈奴。五年,天下馬少,平牡馬匹二十萬。見《武紀》。元鼎二年,烏孫發使送張騫還,因獻馬數十匹報謝。見《張騫傳》及《西域傳》。四年,馬生渥窪水中,作《天馬之歌》。《禮樂志》作元狩三年,此據《武紀》。《史記·樂書》云:"又嘗得神馬渥窪水中,復次以爲大一之歌。"其歌辭與《禮樂志》不同。五年，令民得畜邊縣。注：孟康曰："令得畜牧於邊縣。"官假牧馬，三歲而歸，及息什一。六年，車騎馬乏，縣官錢少，買馬難得，乃著令，令封君官下至三百石吏以上，差出牡馬，天下亭亭有畜字馬，歲課息。見《食貨志》。元封元年，帝巡邊至朔方，臨北河，勒兵十八萬騎，威震匈奴。見《武紀》。蓋自元狩四年後，未嘗與匈奴戰，至是經十年之畜牧，始稍蕃息矣。然去年尚言車騎馬乏，今年何遽多如此，蓋漢時養馬常至三十餘萬匹，見後。十八萬騎，未爲多也，故亟亟焉求馬於西域。會匈奴聞烏孫與漢通，怒欲擊之。烏孫恐，使使獻馬，願得尚漢公主爲昆弟。天子問羣臣，議許，曰："必先内聘，然後遣女。"烏孫以馬千匹聘。見《西域傳》。徐松《補注》以爲事在元封初，今從之，故次於此。大宛多善馬，馬汗血，言其先天馬子也，張騫始爲武帝言之。見《西域傳》。天子好宛馬，使壯士持千金及金馬請宛善馬，宛王愛其寶馬，不肯予。見《張騫傳》及《西域傳》。太初五年秋，遣李廣利伐大宛，四年春，廣利斬大宛王首，獲汗血馬來，作《西極天馬之歌》。見《武紀》。言"西極天馬"者，以别於元狩四年所作之《天馬歌》也。《禮樂志》無"西極字"，《史記·樂書》所載歌辭與《禮樂志》不同。初，天子發書易曰："神馬當從西北來。"得烏孫馬好，名曰天馬，及得宛汗血馬，益壯，更名烏孫馬曰西極馬，宛馬曰天馬云。見《張騫傳》。自武帝即位以至伐大宛，其馬政見於史者如此。計武帝凡四得善馬，其生渥窪水中及得自烏孫大宛者皆號天馬。元狩四年《天馬歌》曰："沾赤汗，沫流赭。"見《禮樂志》。《史記·樂書》作"沾赤汗兮沫流赭"。是渥窪神馬亦汗血，注引應劭曰："大宛馬汗血。"案：作此歌時尚未得大宛馬，歌辭自是指渥窪馬言之，應説誤。又當時欲神異此馬，云從水中出，見《武紀》注引李斐説。故與大宛汗血馬，同得天馬之名。初得烏孫馬，亦以天馬名之，獨生余吾水中者無聞。蓋自武帝以後，漢所養馬固多名馬種矣。向非武帝求馬於四方，則死亡羸瘠之餘，漢之戰馬，豈復可用乎？

難者曰：案：《漢舊儀》卷下云："中黄門駙馬，大宛馬，汗血馬，干河馬，天馬，果下馬。"注云："果下馬高三尺，駕輦，大宛汗血馬皆高七尺，干河馬，華山神馬種也。"大宛馬，蓋謂大宛所獻中馬，汗血馬，則宛善馬，所爲賦《西極天馬之歌》者也。其所謂天馬，疑指渥窪馬或烏孫馬言之。果下馬濊國所獻,見《魏志·東夷傳》。惟干河馬不見於史。是武帝所得名馬,皆以給中黄門爲駙馬。《漢書·西域傳》贊曰:"孝武之世,聞天馬蒲陶,即通大宛安息,自是之後,蒲梢龍文魚目汗血之馬,充於黄門。"是其證也。張衡《東京賦》云:"駙承華之蒲梢。"蒲梢者,大宛汗血馬也。《史記·樂書》云:"後伐大宛,得千里馬,馬名蒲梢,次作以爲歌。"此所賦雖東京之事,然亦承用西漢舊制。《漢書·百官公卿表》,太僕屬官有大廄未央家馬三令,各五丞一尉,又車府路軨騎馬駿馬四令丞,又龍馬閑駒櫜泉騊駼承華五監長丞。《漢舊儀》卷下云:"天子六廄,未央廄、承華廄、騊駼廄、路軨廄、騎馬廄、大廄,馬皆萬匹。"《三輔黄圖》卷六云:"未央大廄在長安故城中。"並引《漢官儀》曰:"未央宫六廄,長樂承華等廄令,皆秩六百石。"是承華廄固西漢之制也。《黄圖》又云:"翠華廄、大輅廄、果馬廄、即《漢舊儀》所謂果下馬。軛梁廄、騎馬廄、大宛廄、胡河廄、騊駼廄,皆在長安城外霸昌觀。馬廄在長安城外,都廄,天子車馬所在,中廄,皇后車馬所在。"以此參互考之,知武帝畜馬甚衆,皆以給乘輿。大宛汗血馬,在承華廄,而其所獻中馬,則在大宛廄,皆畜牧於長安。然則武帝之伐大宛,取善馬,正爲實天閑,備法駕耳,安得如子所謂求馬種者乎?

應之曰:《漢舊儀》言六廄馬皆萬匹,諸書所言,廄名頗參互不合,若並《百官表》《黄圖》所言諸廄數之,除其復重,尚有十餘廄,養馬當十數萬匹矣。考《續漢書·輿服志》云:"乘輿大駕,屬車八十一乘,備千乘萬馬。"又云:"大駕屬車八十一乘,法駕半之。"夫四馬爲乘,《輿服志》所御駕六,餘皆駕四。千乘萬騎,不過萬四千匹,法駕又僅其半,安用十數萬匹之多乎?且武帝之養馬於長安,本爲伐胡,本紀言之甚明。見前。然則諸廄之馬,不盡給中黄門爲駙馬亦明矣。《百官表》云:"邊郡六牧師菀令各三丞,又牧櫜昆蹏令丞,注:應劭曰:"櫜,櫜佗,昆蹏,好馬名也。"皆屬焉。"屬太僕也。《唐六典》卷十七引《漢舊儀》云:"太僕牧師諸苑三十六所,分佈北邊西邊,以郎爲苑監,官奴婢三萬人,分養馬三十萬頭,擇取教習,給六廄。"今本《舊儀》無此條,孫星衍輯入《補遺》。據此知六廄之馬,皆取自西北諸苑。蓋邊郡饒水草,宜畜牧,故養馬於此,俟其肥碩調習,始擇其善者以給長安諸廄。然則武帝所得烏孫大宛馬,亦必先畜之西北邊郡,又以明矣。既與漢馬同牧,相爲牝牡,孳生日久,種類繁殖,豈必皆以實天閑備法駕乎?由是觀之,則吾謂武帝之伐大宛,爲求善馬之種者,非無故也。

《文獻通考》卷一百五十九,於西漢馬政,考之不詳,惟取李廣利伐大宛取汗血馬事,列入此篇,爲有深識云。

# 漢池陽令張君殘碑跋

右碑舊題西鄉侯兄張君殘碑，今題池陽令者，余所考定也。碑石初藏於陽端氏，著録於《匋齋藏石記》卷三，今爲周君季木所得，復收入《漢晉石影》。碑云："西鄉侯之兄，冀州刺史之考也。"吴絅齋士鑑。《九鐘精舍金石跋》以西鄉侯爲魏張既，端氏亦以爲然。特謂既雖魏人，而其兄歷官，必在東漢之季耳。吾友楊君遇夫治兩《漢書》極精熟，因讀此碑，據《後漢書·桓帝紀》及《劉瑜傳》知西鄉侯爲後漢張敬，桓帝時官尚書，以誅梁冀功，與尚書令尹勳等同日封侯，章懷注所謂七亭侯者也。又碑中有"除夷陵侯"之語，端氏謂東漢無夷陵侯。遇夫據《宦者傳》知爲中黄門魏猛，以與孫程等立順帝誅閻顯功得封，遂爲之跋，以正吴、端兩氏之誤。其言貫穿紀傳，非寖饋范史者不能也。友人武昌徐君行可舊藏有此碑精搨本，讀遇夫跋而愛之，屬錫録諸卷末。錫既承命書竟，又考得數事，因牽聯並書於後。

謹案：張敬，范書無傳，其平生事蹟不甚可考。《後漢書·桓帝紀》載帝以誅梁冀功封中常侍單超等五人爲縣侯尚書，令尹勳等七人爲亭侯，於是舊故恩私，多受封爵。《梁冀傳》云："録誅冀功者，封尚書令尹勳以下數十人。"《黄瓊傳》云："瓊疾篤，上疏曰：尚書張永，素事梁冀，見冀將衰，乃陽毁示忠，亦取封侯。又黄門協邪，惠棟《補注》卷十四云：協，與挾通。群輩相黨，自冀興盛，腹背相親，臨冀當誅，無可設巧，復記其惡，以邀爵賞。陛下不加清澂，審别真僞，復與忠臣並時顯封使朱紫共色，粉墨雜糅云云。"當時封爵之濫，可以想見。張敬既與張永同以尚書受封，頗似乘時附會，以取爵位者。然敬等七人中，尹勳名在八顧，入《黨錮傳》。霍諝有列傳，稱其明達篤厚，能以恩信化誘殊俗。《黨錮傳》言諝與竇武上表爲黨人請命，見傳序。范滂等繫獄，諝理之得免。見《滂傳》，與序所言是一事。虞放附見《虞延傳》，放嘗詣闕追訟楊震，官至司空，與李膺俱以黨事誅。然則七亭侯中固多君子，惟張永一人爲黄瓊所詆耳，不可以是概敬。《來歷傳》附《來歙傳》後。言安帝乳母王聖、

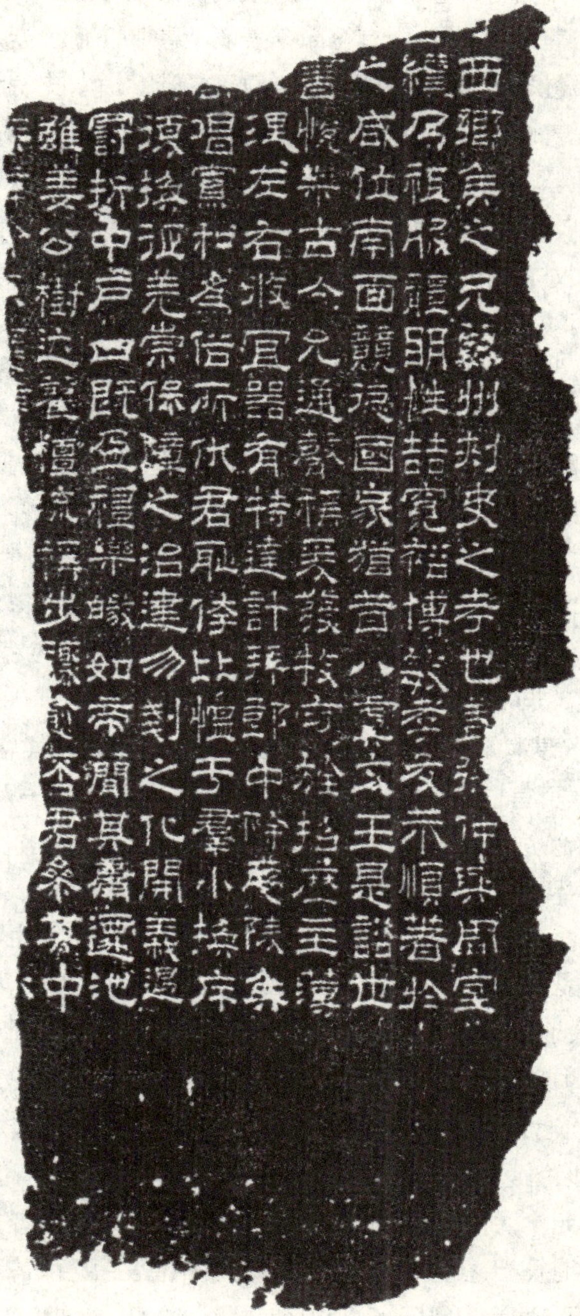

漢池陽令張君殘碑

大長秋江京、中常侍樊豐等構讒太子,廢爲濟陰王,歷乃要結十餘人,具詣鴻都門,證太子無罪,中有符節令張敬。惠棟《補注》卷六以爲即後封山陽西鄉侯者。是敬在當時以忠直著,不附閹宦,史有明文。此碑稱張君“口詩悦樂,允通古今”,又云:“高唱寡和,爲俗所仇,君恥侉比,愠於群小。”夫當閹宦得志之時,而愠於群小,必是爲閹黨所排,然則張君亦賢者,與其弟不愧二難矣。

碑云:“牧守旌招,歷主簿,計拜郎中。”計拜者,以主簿爲上計吏,留拜郎中也。《後漢書·和帝紀》於永元十五年書曰:“是歲初復郡國上計補郎官。”證以《楊秉傳》,此“上計”即指計吏。章懷注謂是郡國孝廉與計偕者,非也。《楊秉傳》云:“五年冬,桓帝延熹五年也。代劉矩爲太尉,時郡國計吏多留拜爲郎,秉上言三署見郎七百餘人,帑藏空虚,浮食者衆,宜絶横拜,以塞覬覦之端。自是終桓帝世,計吏無復留拜者。”此皆計吏拜郎中之證也。秉傳此下有七年事,則其上言當在五六兩年,計吏拜郎既終桓帝世不復行,知張君之拜郎中必在延熹五年以前。又知所拜者爲三署郎,《和帝紀》注引《漢官儀》:三署,謂五官署也,左右署也,各置中郎將以司之。非尚書郎也。

碑云:“除夷陵侯。”下闕。吴氏跋云:“蓋由郎中爲列侯屬官。”案:吴説非也。《百官志》云:“列侯所食縣爲侯國,每國置相一人,其秩各如本縣。本《志》云:“每縣邑道大者置令一人,千石;其次置長,四百石;小者置長,三百石。侯國之相秩,次亦如之。”此云秩如本縣者,謂其縣既改爲侯國,而國相仍視其本縣之大小,食其令長之秩也。主治民,不臣也。其家臣置家丞庶子各一人。”是則侯國之相,本非列侯屬官,若謂是家丞庶子,則郎中官雖卑,然是天子之侍從,何至下除列侯家臣乎?愚謂張君所除,乃夷陵侯相也。漢明帝曰:“郎官上應列宿,出宰百里。”見《明帝紀》。《章帝紀》云:“永元七年,詔曰:有司詳選郎官,寬博有謀,才任典城者三十人。既而悉以所選郎出補長相。”注云:“長,縣長;相,侯相也。”《紀》又云:“永興元年,引三署郎召見禁中,選除七十五人補謁者長相。”此皆三署郎出補侯相之證也。但所補縣長侯相皆三四百石者,若千石令,侯相亦同。惟尚書郎限滿,乃得補之耳。後漢初,尚書限滿,亦只補縣長。章帝從鄭弘之議,始補千石令,見《弘傳》。《隸釋》卷七《度尚碑》云:

"初奉歲計,拜郎中,除上虞長。"《後漢書》本傳亦云:爲郡上計吏,拜郎中,除上虞長。與張君之計拜郎中,除夷陵侯相,仕履略同。又卷八《衡方碑》云:"除郎中即侯相。"尤爲顯證。吴氏乃謂由郎中爲列侯屬官,豈不謬哉。

碑云:"换庈下闕。復换征羌。"吴氏謂"庈",《説文》本作"㢋",隸變爲"庈"。案:即今"斥"字。魏郡有庈邱縣,鉅鹿郡有庈章縣,碑文"庈"下一字,非"邱"即"章",其説是也。惟謂"换"字,史傳罕見,《匋齋藏石記》録吴氏跋,此句下云"漢碑往往以之代遷字",吴氏自刻本則作"漢碑往往用之",蓋自覺其誤,故加改定。則又非是。《漢書·薛宣傳》云:"頻陽縣多盜賊,其令平陵薛恭未嘗治民,職不辦。而栗邑縣小,民謹樸易治,令鉅鹿尹賞,久郡用事吏,宣即以令奏賞與恭换縣。"端氏跋亦引此事以駁吴氏,但誤以薛宣爲薛廣德。師古曰:"時令條有材不稱職者得改之。"錢大昭《漢書辨疑》卷二十云:"後漢第五種拜高密侯相,以能换爲衛相。今縣令有人地兩不相宜者,上官奏請交易其任爲對調,古人謂之换縣。"今案:《後漢書·朱浮傳》載浮上疏曰:"間者守宰,數見换易,迎新相代,疲勞道路。"此皆"换"字之見於史傳者。蓋漢人言遷者即今之陞,言换者即今之調也。凡"换"有二義:有以本官换他缺者,如薛恭、尹賞、第五種之事及唐扶以成陽令换昌陽令、見《隸釋》卷五。孫根以雍奴令换元氏考城令見《隸釋》卷七。皆是也;有以職秩相同换他缺者,如楊統以常山長史换楗爲府丞是。見《隸釋》卷七。因長史之與府丞名異而職同也。《續漢·百官志》云:郡置太守一人,丞一人,郡當邊戍者,丞爲長史。張君以夷陵侯相换斥□長,正是此例。凡换、缺皆可謂之换,不必如薛恭尹賞之换縣。猶今之調缺,亦不必是對調也。《隸續》卷二十有斥彰長田君碑,張君所换疑是斥章。否則斥邱亦長也,若遷縣令,則不得言换矣。

碑所謂"復换征羌"者,謂爲征羌侯相也。吴氏以爲征羌縣令長,亦非是。吴氏以張君爲魏人。魏時無征羌侯,故以爲令長。《來歙傳》云:"贈歙中郎將征羌侯印綬。以歙有平羌隴之功,故改汝南之當鄉縣爲征羌國焉。"《續漢書·郡國志》豫州汝南郡有征羌侯國,而《漢書·地理志》無當鄉縣。錢氏《廿二史考異》卷十一因謂《來歙傳》"當鄉縣"

之"縣"字疑衍,愚案錢説非也。若當鄉是鄉非縣,則其上不當冠以汝南郡名。《水經·潁水注》云:"征羌縣,故召陵縣之安陵鄉安陵亭也。"考《郡國志》,召陵縣有安陵鄉,征羌國有安陵亭,似《水經注》之説爲可據。然不云是當鄉縣,與《後漢書》不合。且來歙功大,必不當封鄉亭侯,使征羌果是鄉亭,亦不當入《郡國志》。惟《元和郡縣志》卷九蔡州郾城縣條下云:"征羌故城,在縣東南七十五里,本秦安陵縣,建武十二年,來歙征西羌有功,故改名以封之。"然則征羌國是安陵縣所改,非鄉亭明矣。但《漢書·地理志》汝南郡並無安陵縣,且與本傳言改汝南之當鄉縣爲征羌國仍不合,以此數書參互考之,蓋前漢時並秦之安陵縣入召陵,爲安陵鄉,不知何時又分出置當鄉縣,疑即在光武初。光武改爲征羌國,以封來歙。因當鄉之建置,爲時甚暫,諸書遂略而不言。《郡國志》之例,於侯國多不注本是何縣,故此條亦不言故當鄉也。若夫錢坫以范滂汝南征羌人,而謝承《書》作細陽人,因謂征羌爲細陽所分,則王先謙《漢書補注》已據《水經注》駁之矣。見卷二十八上。《後漢書集解》於《來歙傳》仍引洪頤煊説,以爲割細陽所置,是王氏著書不相照處。《來歷傳》云:"歷卒,歷爲歙之孫,附《歙傳》。子定嗣,順帝時爲虎賁中郎將。定卒,子虎嗣,桓帝時爲屯騎校尉。"以張敬之時代推之,張君服官,亦必在順桓之世。然則張君爲相時,其征羌侯非定即虎也。

碑云"帝簡其庸,遷池□□,雖姜公樹迹。雚檀流稱"云云。案:張華《博物志》卷八據士禮居刻影鈔宋本。云:"太公爲灌壇令。武王夢婦人當道夜哭,問之曰:'吾是東海神女,嫁於東海神童,今灌壇令當道廢我行,我行必有大風雨。而太公有德,吾不敢以暴風雨過,是毁君德。'武王明日召太公,三日三夜,果有疾風暴雨從太公邑外過。"《御覽》卷三百六十八引作"太公望爲灌壇令,期年風不鳴條"云云。武王,皆作"文王",其餘字句亦有異同。吴氏跋僅引其首二句,題爲《博物志》,不知非今本所有也。碑所謂姜公雚檀,蓋謂此也。吴氏云:"《隸釋》載《高彪碑》案:見卷十。有云:"流化外黄,昔雚檀,亦用此事。"惟碑皆作"雚檀",蓋"雚"取灌木之義,"檀"亦木名,《博物志》誤"檀"爲"壇"耳。"其説甚核。張華雖晉人,而其著《博物志》亦是採古書爲之,故其事先爲漢人所引用。考唐宋諸類書引《太公金匱》,言武王伐紂,有五丈夫從兩騎欲謁武王,武王將不出見。太公曰:不可。乃使人持一器粥,開門而進。先進南海君,次東海君,次西海君,次北海君,次河伯雨師風伯云云。又有丁侯不朝,尚父乃畫丁侯射之,丁侯病大劇之事。詳見洪頤煊《經典集林》輯六 是《金匱》好語神怪,此條所言東海神女西海神童,與五丈夫事尤相合,疑亦《金匱》之文,張華採入《博物志》耳。黄以周《儆季雜著》卷四《太公金匱叙》謂《金匱》古人本稱《金版》,在《太公》二百三十七篇中,其説至爲精核。可見古人雖稗官小説,未嘗無所本也。其以太公爲雚壇令者,班固謂太公書有近世爲太公術者所增加,蓋多出於六國西漢人之手,故以當時官制説周事耳。《高彪碑》以雚壇事頌縣令,高彪爲内黄令。此碑用事與之同。則所謂"遷池□□"者,必是遷縣令。後漢縣名有池字者,惟左馮翊之池陽。吴氏謂碑中闕文必是"陽"字,案:當作"遷池陽令"。吴氏仍以爲魏之池陽,誤也。是也。張君先爲征羌侯相,征羌小縣侯,其相秩不過三四百石,池陽爲三輔劇令,其秩蓋千石,《漢書·百官表》縣令有千石六百石之分,《續漢·百官志》只言千石。故云遷也。

碑云:"步驟愈否。"其末行僅一"疾"字尚全,餘皆殘闕僅存半字。辨其點畫,當是"辭命不應辟"五字。蓋言稱疾辭命,不應辟召也。考《後漢書·劉瑜傳》附載尹勳事云:"遷尚書令。延熹中誅大將軍梁冀,勳部分衆職,甚有方略,封宜陽鄉侯。僕射霍諝、尚書張敬、歐陽參、李偉、虞放、周永並封亭侯。八年,中常侍具瑗左琯等有罪免,奪爵邑,因黜勳等爵。"錢大昭《後漢書補表》卷四不書勳等黜爵事,不免疏略。是張敬受封僅數年,旋即黜爵。而此碑尚稱爲西鄉侯,則延熹八年之前張君已卒,其稱疾不應辟當更在其前。蓋自延熹二年以後,權歸宦官,朝廷日亂,五侯宗族賓客虐徧天下,民不堪命,起而反抗,見《宦者傳》,並延熹七年以前事。張君覩國事日非,小人道長,遂超然遠引,不俟終日。碑言步驟愈否,稱疾辭命,其意可見。至九年冬十二月,李膺等二百餘人受誣爲黨人,下獄,見《桓帝紀》。靈帝建寧二年遂大誅黨人,見《靈帝紀》。張君皆已不及見,然於鈎黨未起之前,即杜門不應徵辟,可謂知幾之士矣。

碑僅寥寥百許字,而張君平生之仕履行事尚粲然可考。且以之參證史事,可以見治亂消長之機焉。惜碑斷爲四,端氏僅得其一。見吴氏跋。遂至名字翳如，爲可恨也。張君自爲池陽令後，即稱疾不出，是其官爵即止於此。然則此碑當題“漢池陽令張君碑”，不當稱“西鄉侯兄”也。若其文中用“勿剗”字，出於《韓詩》，“侉比”字亦三家異文，則吴氏已言之矣。余之所考，雖較吴氏爲差詳，然非遇夫無以發余之説，故既書以復行可，又質之遇夫，其必有以益我也。一九三三年十月武陵余嘉錫跋。

# 晉辟雍碑考證

## 序

晉辟雍碑以今年夏六月於河南洛陽縣城外大東郊出土，據洛陽碑賈言。有碑額及陰，皆八分書。額凡四行，題曰："大晉龍興，皇帝三臨辟雍，皇太子又再莅之，盛德隆熙之頌。"皇帝太子皆跳行，高一格，文凡三十行，行五十五字，並建立年月，都一千五百一十六字，通體完好，無一字損壞。碑陰題名凡十列，當額處一列，分十五行，餘四十四行，每行字數不等，間有剝蝕處，除右鄭大射禮生、右王鄉飲酒禮生二條不計外，都四百有八人，可謂豐碑巨製矣。

碑不著撰書人名氏，自是當時通例。文辭典麗堂皇，上承漢魏，下開南北朝，讀之，覺崔蔡風流去人不遠。其字畫挺勁樸茂，有上尊號奏受禪表遺意，與曹真、王基等碑尤爲相近，而稍遜其厚重，唐人分體即從此出。楊守敬《望堂金石文字・曹真碑跋》云："其隸法上承百石卒史，下開王基碑，唐代韓、梁、盧、蔡皆脱胎於此。"余謂魏碑之與唐隸，中間尚隔晉人一轉關，此碑是也。試取魏唐諸碑與此相參較，可以得風氣變遷之跡矣。

自近歲士大夫喜藏石刻，東西各國人士亦懸重金購求，於是一碑出土，骨董商輒居爲奇貨，黠者至作僞以售其欺，以故新出之碑刻，多不可保信。至於此碑，則吾敢斷其決非贋品。其中典章制度皆暗與古合，且多旁見側出於羣書之中，必穿穴鉤稽而後能得之，殆非近人所能辨者，無論文字也。所叙之事有可以補正史傳者，有可以考證經義者，今輒上徵經史，旁參羣籍，爲之疏通證明之，凡所考若干事，條分件繫之，爲二篇。又因讀此碑，遂兼考辟雍之興廢，爲《晉辟雍考》一篇附焉，凡三卷。一九三一年十二月既望武陵余嘉錫書。

晉辟雍碑石影

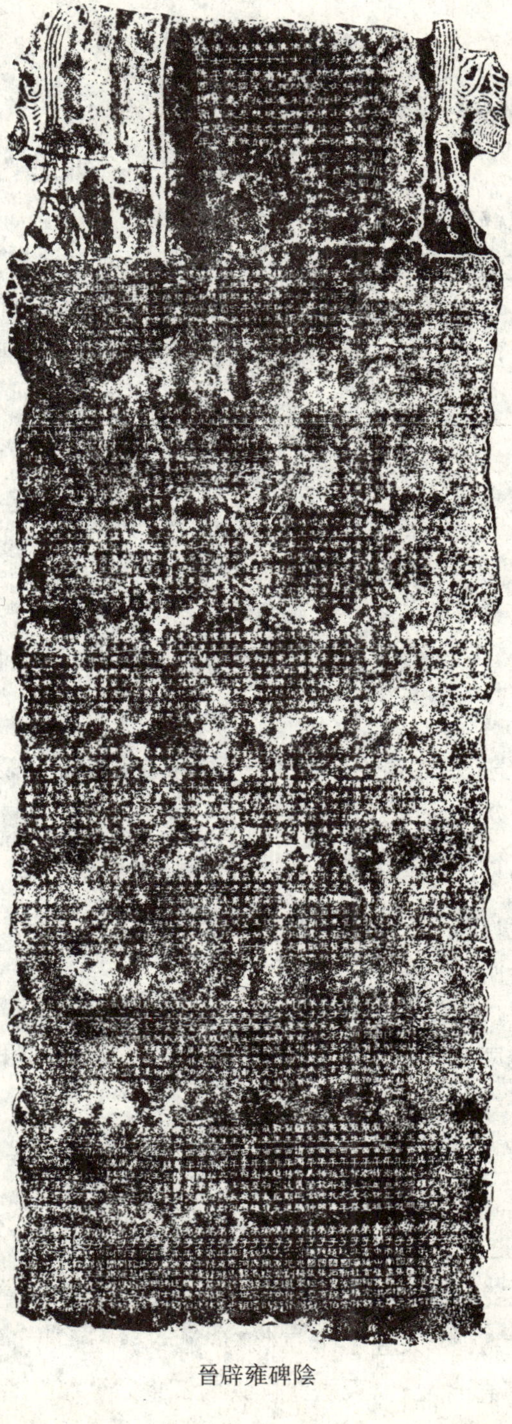

晋辟雍碑陰

## 上篇:碑文

### 皇帝三臨辟雍

碑額題"皇帝三臨辟雍"。碑文云:"泰始三年十月,始行鄉飲酒鄉射禮,六年正月,又奏行大射禮,其年十月,行鄉飲酒禮,皇帝躬臨幸之。"此所謂三臨也。蓋此三次武帝皆嘗臨幸,文以一句總叙於後耳。

案:《晉書·儒林傳》序云:"武帝受終,憂勞軍國,時既初並庸蜀,方事江湖,訓卒厲兵,務農積穀,猶復修立學校,親臨辟雍。"是其事也。《藝文類聚》卷十三晉潘岳《世祖武皇帝誄》曰:"胄子入學,辟雍宗禮,國老恂恂,貴游濟濟。"考晉未嘗行養國老之禮,蓋即指臨雍饗射言之。又卷三十八有傅玄《辟雍鄉飲酒賦》,《御覽》卷五百三十四作《帝幸辟雍鄉飲酒賦》。當亦作於武帝時。惟無年月可考。

《武帝本紀》云:"泰始六年,冬十一月,幸辟雍,行鄉飲酒之禮,賜太常博士帛牛酒各有差。"《晉、宋書·禮志》亦皆云:"泰始六年十二月,帝臨辟雍,行鄉飲酒之禮。詔曰:禮儀之廢久矣,乃今復講肄舊典,賜太常絹百匹,丞博士及學生牛酒。"並與碑所云"詔曰:羣生勤學務禮,遵循舊典,朕甚嘉之,錫寺卿丞博士治禮學生下至樂工束帛幬巾各有等差"者合。然碑云十月,《紀》作十一月,《志》作十二月,碑言自卿丞至樂工皆錫束帛幬巾,《志》則言賜太常絹,而丞博士學生僅賜牛酒。彼此不同,皆當以碑爲正。

《禮志》又云:"咸寧三年,復行其禮。"據碑,則此年是太子蒞雍,武帝未嘗躬臨,《志》之所書,殊不明晰。至所言泰始三年之行鄉飲酒鄉射禮,六年正月之行大射禮,則紀志並無其文。《通典》卷五十三《釋奠篇》云:"晉武帝太始六年,元康五年,二行鄉事,皆於辟雍。"原注:鄉事,鄉飲酒禮也。又卷七十三《鄉飲酒篇》記晉武行鄉飲事,並與《晉志》同。其卷七十七《天子諸侯大射鄉射篇》,於有晉一代止記咸康五年征西庾亮行鄉射一事，而武帝泰始三年之鄉射六年正月之大射，皆不載。考《晉書·荀崧傳》載崧上疏曰"世祖武皇帝，應運登禪，崇儒興學，經始明堂，經營辟雍，告朔班政，鄉飲大射"云云，是則武帝固嘗行大射於辟雍矣，得此碑乃可與荀崧之言相證。金石之有補於史學者，此類是也。

古者諸侯有燕禮，大夫士有鄉飲酒禮，皆在今《儀禮》十七篇中，獨天子之禮無文。清諸錦始作《饗禮補亡》。《續漢書·禮儀志》曰："明帝永平二年三月，上始帥羣臣躬養三老五更於辟雍，行大射之禮，郡縣道行鄉飲酒於學校。"《儀禮·鄉飲酒禮》"主人就先生而謀賓介"，注云："主人，謂諸侯之鄉大夫也；先生，鄉中致仕者；賓介，處士。今郡國十月行飲酒禮。"《禮記·月令》"孟冬之月大飲烝"，注云："十月農功畢，天子諸侯與其羣臣飲酒於大學，以正齒位，謂之大飲。其禮亡。今天子以燕禮，郡國以鄉飲酒禮代之。"又《鄉飲酒義注》云："謂之鄉者，州黨鄉之屬也，或則鄉之所居。州黨鄉大夫，親爲主人焉。如今郡國下令長於鄉射飲酒，從太守相臨之禮也。"然則鄉飲酒禮，古惟鄉大夫行之於鄉，至漢則太守諸侯相與令長行之於郡國，未聞以天子饗羣臣而謂之鄉飲酒者。夫天子之饗禮雖亡，而漢於大射則行養老之禮，於大飲則行燕禮，斟酌損益，可謂盡善。使晉武誠有意於興禮樂，修廢墜，則有先漢之典在，詔令有司討論故事，舉而行之可也，而乃乘輿數駕以臨辟雍，於班饗大燕之時，正法服，負黼扆，以躬行鄉大夫之事，復下詔書津津樂道之，以爲"禮儀之廢已久，乃今復講肄舊典"，一時國學諸生亦遂刊石作頌，讚述洪美，何其陋也。鄉飲酒之行於辟雍，僅見於西晉武惠之世，以後歷代，皆不復舉，豈非知其失禮之甚乎？

《周禮·地官》云："鄉大夫以鄉射之禮五物詢衆庶。"《儀禮·鄉射禮》云："鄉射之禮，主人戒賓。"注云："主人，州長也，鄉大夫若在焉，則釋鄉大夫也。今郡國行此禮以季春。"然則鄉射亦周時州長鄉大夫，漢時郡國守相之事，非天子之禮也。《後漢書·儒林傳》序云："太初元年，梁太后詔曰：大將軍下至六百石悉遣子就學，每歲輒於鄉射月一饗會之。"是漢時太學自有鄉射及飲酒之禮。然是諸生相與講習，度不過以博士臨之而已，晉人承漢之舊，亦行此禮，而失其初意，遂以爲朝廷之大典，此諸博士討論不精之過也。

若夫天子之大射，行之於射宫，説者以爲即辟雍。《白虎通·辟雍篇》曰："大學者，辟雍，鄉射之宫。"孫詒讓《周禮正義》卷五十九云："案鄉大夫之射，不得在辟雍，而班氏以辟雍爲鄉射之宫者，鄉與饗通，即《詩·大雅·靈臺》孔疏引《韓詩》説所爲春射秋饗也，依其説，則辟雍爲天子大射之宫。"《詩·靈臺》疏引穎子容《春秋釋例》云："行饗射，養國老，謂之辟雍。"又引袁準《正論》曰："辟雝，大射養孤之處。"故漢明帝、和帝、順帝皆臨辟雍，行大射禮，見《後漢書》。則此碑所載晉武泰始六年之臨雍大射，尚爲得禮之正，固無譏焉。

《水經》卷十六《穀水注》云："漢石經北，有晉辟雝行禮碑，是太始二年立，其碑中折。"今此碑是咸寧四年立，又完好無闕損，則非一碑也。太始二年行禮，諸書並無其事，"二年"當作"三年"，即此碑所言泰始三年始行鄉飲酒鄉射禮。當時或曾刻石紀事也。然酈道元既嘗見漢魏石經及泰始碑，何以於此碑竟一字不及，豈永嘉之亂，辟雍太學均毁於永嘉，詳見後《辟雍考》。獨先霾没於瓦礫中耶？

**太子又再莅之太保魯公充　太傅齊王攸　儋事關内侯**

碑額題"太子又再莅之"。碑文云："咸寧三年，冬十一月，行鄉飲酒禮。四年二月，行大射禮於辟雍。皇太子聖德光茂，敦悦墳素，務崇國典，以協時雍，乃與太保侍中太尉魯公充、太傅司空齊王攸、儋事給事中光禄大夫關内侯珧及百辟卿士同昇辟雍，親臨禮樂，降儲尊之貴，敦齒讓之制"云云。蓋自泰始三年至咸寧四年，凡五行禮於辟雍，其前三次武帝躬臨幸焉，其後二次但使太子莅之，帝不親至也。

《晉書》《宋書·禮志》止言泰始六年咸寧三年行鄉飲酒禮，其他皆不書，蓋兩《志》皆無射禮，故泰始三年之鄉射，六年正月及咸寧四年之大射，遂不見於《志》。據碑，泰始六年之鄉射，亦兼行鄉飲酒禮，以其有射也，遂失去不書。又不知所記兩鄉飲酒，帝亦有親臨與不親臨之分，皆不免疏畧。

考《晉書·禮志》序言："太康初，摯虞討論新禮上之。所陳惟明堂、五帝、二社、六宗及吉凶王公制度，凡十五篇。後虞與傅咸纘續其事，竟未成功。中原覆没，虞之《决疑注》，是其遺事也。”今觀《志》所記西晉之事，果止郊祀婚喪之禮稍詳，蓋即採虞之《决疑注》綴緝成篇。虞書既本未成功，則其所失者多矣。《宋書·禮志》亦屢言魏及晉初儀注不存，《宋志》亦引摯虞《决疑》。則兩《志》之不記射禮，固無足怪，微此碑無以知之也。

或謂古惟天子臨雍講學，太子則釋奠而已，何以有涖雍之事？然陳徐陵亦有《皇太子臨辟雍頌》，見《藝文類聚》卷三十八，則固不得以疑此碑也。

碑所言太保太尉魯公充、太傅司空齊王攸者，太子之保傅也。不冠以太子者，蒙上文皇太子言之。《武帝本紀》云："咸寧二年，八月己亥，以司空賈充爲太尉，鎮東大將軍齊王攸爲司空。"《充傳》云："尋轉太尉，行太子太保，録尚書事。"《攸傳》云："轉鎮東大將軍，行太子少傅。數年，授太子太傅。咸寧二年，代賈充爲司空，侍中太傅如故。"與此碑所書官職年歲並合。

所謂"僉事給事中光禄大夫關内侯珧"者，楊珧也。僉事，即詹事。珧本傳但言"歷位尚書令，衛將軍"，此碑所載官爵皆不書。《職官志》云："太子太傅、少傅，泰始三年始建官，尚未置詹事官。咸寧元年，以給事黄門侍郎楊珧爲詹事，掌宫事。《御覽》卷二百四十五引《晉公鄉禮秩》曰："太始中立詹事掌宫事"，與此不合。及楊珧爲衛將軍，領少傅，省詹事，遂廣崇傳訓，命太尉賈充領太保，司空齊王攸領太傅。"是珧實嘗爲太子詹事。《志》又云："泰始中，太子詹事楊珧案：此與上文咸寧元年楊珧爲詹事自相矛盾。加給事中，光禄大夫。"亦與碑合。然賈充爲太尉，攸爲司空，皆咸寧二年事，《志》叙二人以太尉司空領保傅，於楊珧爲衛將軍領少傅省詹事之下，則咸寧二年已無詹事之官。碑既言咸寧三四年行禮，安得云太子與詹事珧同昇辟雍乎？惟萬斯同《歷代史表》卷十四於太康元年書"衛將軍楊珧"，於太康三年十二月書"楊珧領太子少傅"。萬氏《史表》無東宫官，此在衛將軍闌内。然則詹事官之省，當在太康三年，而咸寧三四年間正珧爲詹事之時，與碑合，與《職官志》不同。考《晉書·山濤傳》云："咸寧初，轉太子少傅。"則咸寧元二年間，爲少傅者乃山濤，安得有楊珧領少傅省詹事之事？《荀勗傳》云："太康中，以勗守中書監，時太尉賈充、司徒李胤並薨，太子太傅又缺，勗表陳三公保傅宜得其人，若使楊珧參輔東宫，必能仰稱聖意。尚書令衛瓘、吏部尚書山濤皆可爲司徒，帝並從之。”據《武帝本紀》，賈充、李胤之薨，皆在太康三年之夏，其年十二月甲申以司空齊王攸爲大司馬，督青州諸軍事，所謂“太子太傅又缺也”。齊王之出，勗與其謀，其表必上於甲申以前。以汝南王亮爲太尉，代充。光禄大夫山濤爲司徒，代胤。尚書令衛瓘爲司空，代攸。皆如荀勗之言，所謂“帝並從之”也。而獨不及楊珧。珧之罷詹事，爲太子少傅，當在此時，史不書者，略之也。少傅與太保太傅同官，而秩稍卑，故勗云“使珧參輔東宫”，非逕薦珧爲太子太傅也。《汝南王亮傳》云：“遷太尉，録尚書事，領太子太傅，侍中如故。”是代齊王攸爲太子太傅者，乃亮而非珧，珧於太康三年始爲少傅，益明矣。然則萬氏表是而《職官志》非也，萬氏表得其實。而後此碑所書珧官職，乃無一不合，更可據之以糾晉史之疏謬矣。

**南蠻順軌　九服混同**

碑云：“至于文皇帝，乃振威域外，蕩定梁益。西戎既殄，遂眷東顧，文告江表，爲百姓請命，南蠻順軌，革面欵附，九服混同，聲教無貳。”

案：此紀司馬昭滅蜀後，與孫皓通書之事也。《晉書·文帝紀》云：“咸熙元年冬十月奏遣吴人相國參軍徐劭、散騎常侍水曹屬孫彧使吴，喻孫皓以平蜀之事，致馬錦等物，以示威懷。二年夏四月，孫皓使紀陟來聘，且獻方物。”《魏志·陳留王紀》咸熙元年有遣徐紹孫彧告諭吴人詔。《紀》云：“二年夏四月，吴遣使紀陟弘璆請和。五月，詔曰：相國晉王，震耀武功，則威蓋殊荒，流風邁化，則旁洽無外，愍卹江表，務存濟育，文告所加，承風向慕，遣使納獻，以明委順，方寶纖珍，歡以效意，孫皓諸所獻致其歸之於王，以協古義。”是則吴人獻物，當時特下詔書，歸美於昭，其得意可知。故此碑頌昭功德，亦以此爲言也。《吴志·孫皓傳》云：“元興元年，晉文帝爲魏相國，遣昔吴壽春郡降將徐紹孫彧啣命齎書，陳事勢利害，以申喻皓。甘露元年三月皓遣使隨紹彧報書。"裴注引《漢晉春秋》載晉文王與皓書，略曰："分命偏師，平定蜀漢，役未經年，全軍獨克。於時猛將謀夫，朝臣士庶，咸以奉天時之宜，就既征之軍，借吞敵之勢，宜遂迴旗東指，以臨吴境，可使江表底平，南夏順軌。然國朝深惟伐蜀之舉雖有靖難之功，亦悼蜀民獨罹其害，伏屍蔽地，血流丹野，一之於前，猶恨不忍，況重之於後乎？是故旋師案甲，思與南邦，共全百姓之命。"又曰："若書御於前，必少留意，回慮革筭，結歡弭兵，共爲一家，惠矜吴會，施及中土，豈不泰哉？"此碑所謂"文告江裔爲百姓請命"也。

孫皓報書，具載《吴志》，殊無降屈之言。《漢晉春秋》言"紀陟既至，魏帝問之曰：來時吴王何如？陟對曰：來時皇帝臨軒，百寮陪位，御膳無恙。"則吴之倔强可知。第司馬昭挾戰勝之威，遣使致書，侈陳形勢，曉譬利害，無異招撫。而皓答書但如尋常通問，未能盛氣相抵，在晉人視之，便爲革面欵附矣。昭以馬錦等物致皓，皓亦以物事贈之，蓋禮無不報，自是交往之常。而唐修《晉書》，大書曰"孫皓來獻方物"，況此碑出於當時臣子，安得不謂之南蠻順軌乎？

碑云："彭濮肅慎，織皮卉服之夷，楛矢石砮《魏志·陳留王紀》云："景元二年，遼東郡言肅慎國遣使重譯入貢，獻其國弓三十張，長三尺五寸，楛矢長一尺八寸，石砮三百枚。"齒革大龜之獻，莫不和會王庭，屈膝納贄。"齒革大龜，爲《禹貢》揚州所貢，即指吴獻方物言之。昔石虎贈李壽以楛矢，以示能服遐方，而壽欲誇其境内，下令云："羯使來庭，貢其楛矢。"見《晉書·石季龍載記》。碑以孫皓贈物爲屈膝納贄，亦此類也。

或謂晉以太康元年方始平吴，當立碑時，天下尚未統一，何有司馬昭之世便已九服混同，聲教無貳？如斯立言，殊乖事實。不知文人誇大之辭，有不可與莊論者。《晉書》載武帝受禪，告類上帝文曰："誕惟四方，罔不祗順，廓清梁岷，包懷揚越，八紘同軌，祥瑞屢臻。"此言"南蠻順軌"，即所謂"包懷揚越"也。"九服混同"，即所謂"八紘同軌"也。區區一與鄰國使節往還之細事，而魏室以之褒美，晉武以之告天，此碑又以之頌德，蓋因江表未滅，兩帝並立，嫌於文德未洽，武功不燿，故借此張大其詞，聊以解嘲耳。《文選》有應吉甫《晉武帝華林園集詩》云：

“六府孔修，九有斯靖，澤靡不被，化靡不加，聲流南暨，西涉流沙。”李善注據干寶《晉紀》知其作於泰始四年，亦在未平吴以前，觀其詞意，與此碑復何以異乎？

### 廓開太學　集至萬有餘人

碑云：“戎夏既泰，九域無事，以儒術久替，古典未隆，乃興道教以熙帝載，廓開太學，廣延羣生，天下鱗萃，遠方慕訓，東越於海，西及流沙，並時集至萬有餘人。”

案：此事《魏志》及《晉書》皆不載，亦不言魏時太學有弟子若干人。《宋書·禮志》云：“齊王正始中，劉馥上疏曰：黄初以來，崇立太學，二十餘年，而成者蓋寡，由博士選輕，諸生避役，高門子弟，恥非其倫，故學者雖有其名而無其實，雖設其教而無其功。宜高選博士，依遵古法，使二千石以上子孫，年從十五皆入太學，不從。”《魏志·劉馥傳》亦載此表，但不言從否。夫言諸生有名無實，又高門子弟不入太學，似其時弟子員甚少。然《魏志·王肅傳》注引《魏略·儒宗傳》序曰：“黄初元年之後，州郡有欲學者，皆遣詣太學，太學始開，有弟子數百人。至太和青龍中，明帝時。中外多事，人懷避就，雖性非解學，多求詣太學，太學諸生有千數，本亦避役，竟無能爲學。”與劉馥所言合。乃知馥之言，正患其人多而不學也。

《晉書·嵇康傳》云：“康將刑，太學生三千人請以爲師，弗許。”《世説·雅量篇》注引王隱《晉書》作“太學生數千人請之”。《魏志·王粲傳》言“康以景元中坐事誅”，則當陳留王之時生徒加多，已不止千數。此碑叙廓開太學於蕩定梁益，文告江裔之下，當是咸熙二年事，又在景元之後。時值用兵，避役者當益衆，則所謂太學羣生，集至萬有餘人者，縱非實數，亦約略近之矣。

### 皇上踐祚　以庠序爲先相國長史侯史光　主簿劉毅

碑云：“暨皇上踐阼，崇光前軌，闡五帝之絶業，邁三代之弘風，敦禮明化，以庠序爲先，乃遣相國長史東萊侯史光、主簿東萊劉毅奉詔詣學，延博士，會學生，諮詢讜言。"

此事不見於《晉史》及諸家傳記，不能詳其始末。余謂此乃晉武未受禪以前，爲相國晉王時事也。《晉書·職官志》曰："丞相相國，並秦官也。晉受魏禪，並不置。自惠帝之後，省置無恆。"則晉武時並無相國，安得有長史主簿？《宋書·百官志》曰："丞相置三長史，魏武爲丞相以來，置左右二長史而已。魏元帝即陳留王奐。咸熙中，晉文帝爲相國，相國府置左右長史、主簿。"則侯史光、劉毅二人，爲魏時相國官屬明甚。

侯史光，字孝明，東萊掖人，《晉書》有傳。但言咸熙初爲洛陽典農中郎將，封關内侯，不載其爲相國長史。劉毅，字仲雄，東萊掖人。本傳云："文帝闢爲相國掾，辭疾不就。帝怒其顧望，將加重辟。毅懼，應命，轉主簿。武帝受禪，爲尚書郎，駙馬都尉。"毅於受禪後始轉官，則當武帝爲相國時，猶爲主簿也。以此推之，侯史光亦必於咸熙中自典農中郎將遷相國長史，本傳不言者，偶略之耳。然則二人之奉詔詣學，諮詢讜言，當在晉武爲相國時亦明矣。

或疑既未受禪，不當謂之踐阼，且不得稱奉詔。余謂稱詔，乃追叙之辭，踐阼即指嗣位。周公踐阼，本非即真，況自師昭專政之後，魏帝僅如守府，彼司馬家兒踐阼而治天下，亦以久矣。上文既直稱宣皇帝、文皇帝，則此處自不得復言即晉王位。而諮詢讜言之事，亦自不暇叙明在未受禪之前，但言遣相國長史主簿，不没其實，則讀者自能得之耳。《晉書·禮志》載衛瓘等請封禪奏曰："高祖宣皇帝，肇開王業，海外有截。世宗景皇帝，濟以大功，輯寧區夏。太祖文皇帝，受命造晉，蕩定蜀漢。陛下應期龍興，混一六合，澤被羣生，威震無外。"云云。亦畧不言受禪。蓋當時人以仲達創業，爲翦商之始，天命久已去魏，曆數於是在晉，天下乃典午之所固有，朝覲獄訟之歸，初不俟登壇揖讓時也。

**興行古禮　述造絃歌　太常諸葛緒　博士祭酒劉熹**

碑云："又下丙辰詔書，興行古禮，備其器服。大常樂安亭侯瑯琊諸葛緒、博士祭酒騎都尉濟南劉憙、博士京兆段溥考合儀制，述造絃歌。"以下即接叙泰始三年行禮，則此是受禪以後事。然丙辰詔書，《晉書》及嚴可均所輯《全晉文》並不載其詞，緒等之考儀制，述絃歌，史亦不叙其事。

考《晉書·禮志》云："晉始則有荀顗、鄭冲，裁成國典。"又云："晉國建，文帝命荀顗因魏代前事，撰爲新禮，參考今古，更其節文，羊祜、任愷、庾峻、應貞《荀顗傳》尚有孔顥。並共刊定，成百六十五篇，奏之。"《荀顗傳》畧同。《鄭冲傳》云："文帝輔政，平蜀之後，命賈充羊祜等分定禮儀律令，皆先諮於冲，然後施行。"是晉之儀禮已先定於司馬昭之時，不待武帝踐阼以後。《通典》卷四十一載晉代禮家凡三十八人，無諸葛緒等之名。

至於西晉樂歌，據《樂志》云："泰始九年，光祿大夫荀勗始作古尺，以調聲韻，仍以張華等所制高文陳諸下管。"此碑所敍爲泰始三年以前事，固在荀勗定樂之先。然《志》又云："武帝受命之初，百度草創，泰始二年，詔郊祀明堂禮樂權用魏儀，但改樂章而已，使傅玄爲之詞。"是當時樂章甫成新制，何以又命緒等述造絃歌？《樂志》所載西晉歌詩，作者有傅玄、成公綏、荀勗、張華，亦無諸葛緒等，蓋碑所言緒等考儀制，述絃歌，乃專指鄉射大射鄉飲酒之禮樂言之，與荀顗鄭冲之制禮，傅玄荀勗之作樂，固别爲一事。細審上下文義，自可了然。

《禮志》載摯虞表云："《喪服》一卷，卷不盈握，而爭説紛然，顗直書古經文而已，盡除《子夏傳》及先儒注説，其事不可得行。"是荀顗等所撰《晉禮》卷帙雖繁，實多闕略。故饗射古禮，必須緒更加考定。且緒等不過以職掌所在，於行禮之先相與討論其儀節，如《漢書·儒林傳》所謂"諸儒修其經學，講習大射鄉飲之禮"耳，未必撰著成書，不可與顗等之制禮並論。惟述造絃歌，則當實有所撰著。故碑云"鄉縣之樂設，百拜之儀陳，搢紳之士始覩揖讓之節，金石之音"也。蓋泰始二年傅玄所作僅郊祀明堂樂章，而無饗射絃歌，自是始由緒等别行述造。今其詞不傳者，永嘉之亂，伶官樂器没於劉石，賀循嘗謂"遭離喪亂，舊典不存"，見《樂志》。則西晉樂歌所亡失者多矣。

諸葛緒，瑯琊人，見《世説·文學篇》注引王隱《晉書》。仕魏爲泰山太守，見《魏志·鄧艾傳》。雍州刺史。景元四年詔使督諸軍，與鄧艾、鍾會伐蜀，詳見《魏志·陳留王紀》《鄧艾鍾會傳》《蜀志·後主傳》《薑維傳》《晉書·文帝紀》。會白緒畏懦不進，檻車征還。見《會傳》。《晉書·文明王皇后傳》云："武帝受禪，尊爲皇太后。初置宮卿，重選其職，以太常諸葛緒爲衛尉。"《魏志·鍾會傳》注引《百官名》云："緒入晉，爲太常，崇禮衛尉。"與碑書太常者合。惟樂安亭侯之封，則諸書所未言。

《晉書·高陽王睦傳》云："睦乞依六蓼祀皋陶，鄫杞祀相立廟，事下太常博士祭酒劉熹議。"事在咸寧三年以前，與此碑署銜亦合。《通典》載有熹議禮文五篇，《全晉文》卷七十三云："熹，一作憙，又作喜，又作善。"今據此碑，則作"熹"者是也。段溥無考。

**馬鄭王三家之義並時而施　三家之禮庭肆終日**

碑云："泰始三年十月，始行鄉飲酒鄉射禮，馬、鄭、王三家之義並時而施。"又云："六年正月，熹溥等又奏行大射禮，其年十月，行鄉飲酒禮。"又云："遂班饗大燕，上下咸周，三家之禮，庭肆終日。"

> 案：《藝文類聚》卷三十八引傅玄《辟雍鄉飲酒賦》云："時皇帝親枉萬乘之尊兮，以幸乎辟雍，定小會之常儀兮，饗朱俗而見遠邦。連三朝以考學兮，覽先賢之異同，此二句《類聚》無，用《御覽》卷五百三十四引補。揖讓而昇，有主有賓，禮雖舊制，其教維新。"碑言"三家並時而施"，即《賦》所謂"考先賢之異同"也。

然碑陰題名乃止有鄭大射禮生、王鄉飲酒禮生，不獨不用馬融之説，且並大射鄉飲酒禮亦各主一家，王鄭之義，未嘗同時並用，與碑文不合，其故何也？蓋碑立於咸寧四年，實專爲太子蒞雍而作，故其頌曰："明明太子，玄覽惟聰，遊心六藝，再臨辟雍。"而於武帝，惟言其"應天順人，敷演彝倫"而已，略不及泰始閒饗射之事。其額兼題皇帝三臨辟雍，序亦縷敘及之者，特以著其緣起耳。武帝之臨雍，太常乃諸葛緒，博士則劉熹、段溥，其禮用馬、鄭、王三家。至太子蒞雍之時，太常乃劉寔，博士則段暢、崔豹，其禮則大射用鄭，鄉飲酒用王，故碑陰有劉寔等，而無諸葛緒等。可知泰始中行禮之人皆不在題名之列，而其所行之禮前後不同,亦已彰明較著,自不得牽引爲一,疑其牴牾不合也。

西晉初年之於儀禮,兼用三家,後乃廢馬融而行鄭、王,此記禮者之所未及,而經學家之所不知也。考《後漢書·馬融傳》云:“注《孝經》《論語》《詩》《易》,《三禮》《尚書》。”是融嘗注《儀禮》也,然隋唐《志》皆不著録。《魏志·王肅傳》云:“肅善賈馬之學,而不好鄭氏,采會同異,爲《尚書》《詩》,《三禮》《左氏解》,及撰定父朗所作《易傳》,皆列於學官。”隋、新舊唐《志》皆有“《儀禮》十七卷,王肅注。”是肅亦嘗注《儀禮》也。然《經典釋文敍録》儀禮家但有鄭注。又言“馬融、王肅並注《喪服》。”賈公彦疏號稱詳博,乃除《喪服》之外,亦不引馬王一字,蓋馬注隋代已亡。疑亡於晉永嘉之亂。王注雖至唐尚存,而已絶無師説,陸賈皆不及見也。然因是後人遂疑二家未嘗注《儀禮》。朱彝尊《經義考》及錢大昭、侯康、姚振宗等補《後漢·藝文志》,皆無馬融《儀禮注》,惟曾朴《補志》有之,云:“孔穎達著《毛詩正義》,以劉焯《義疏》、劉炫《述義》爲稿本,所據多六朝人舊説。今考題疏下云:馬融、盧植、鄭玄注《三禮》,皆大名在下,此明是六朝人親見其書之語。儻融但著《喪服經傳》,何得有大名在下例也。況盧植、鄭玄皆統注《三禮》,與之並列,亦一確據。《周禮廢興》序引融自序案:此是賈疏卷首序《周禮廢興》,所引《馬融傳》,傳即注也,蓋融《周禮注》中自序之語。曰:六十爲武都守,郡小少事,乃述平生之志,著《易》《尚書》《詩》《禮》《傳》案:曾氏讀“傳”字自爲一句,謂即指融所著《三傳異同説》,非也。蓋言爲《易》《書》《詩》《禮》作注耳。皆訖。“禮”即指《儀禮》而言,蓋漢人無《儀禮》之名,往往稱《儀禮》爲《禮》,至小戴之記,則但稱《記》。今融自云著《禮》訖,則豈非融注《儀禮》之一大證乎?”愚案:曾氏説是也。賈公彦引融自序尚有數句,曰:“惟念前業未畢者,唯《周官》,年六十有六,目瞑意倦,自力補之,謂之《周官傳》也。”融自謂未畢者唯有《周官》,豈有於《儀禮》僅注《喪服》一篇,便可謂之畢業者乎?

侯康《補三國藝文志》,不載王肅《儀禮注》。侯氏云:“《隋志》有肅《儀禮注》十七卷,《釋文敍録》及《唐志》則但有肅《喪服注》,今從之。”不知新舊《唐志》皆有肅《儀禮注》,侯氏自未細檢,姚振宗已駁之矣。姚振宗作《補志》,

始著於録,而又爲之説云:"《釋文叙録》不言肅注《儀禮》,與隋唐《志》異,豈陸氏未見其本耶?抑肅實止注《喪服》,隋唐《志》誤列其目耶?"是仍疑而未决也,愚謂《隋志》本之唐武德五年所得隋煬帝圖書目録,昔人皆謂《隋志》本之《七録》,非也。余别有説。《舊唐志》全鈔唐毋煚《古今書録》,《新唐志》本之《開元書目》,余别有説。此皆按書著録者,使肅本無是書,何至誤列其目?即今誤列,又何至三志同誤,如出一轍耶?《初學記》卷二十一云:"《儀禮》,馬融、鄭玄、王肅並爲之注解。"然則馬、王二家之有《儀禮注》亦明矣。今二家之書,不獨《儀禮注》除《喪服》外隻字不存,即《禮記注》雖常爲唐人所引用,而《鄉飲酒義》《射義》二篇亦無遺文可考,其與鄭氏異同安在,無以知之矣。

傅玄《辟雍鄉飲酒賦》云:"連三朝以考學兮,覽先賢之異同。"詳其文義,似是於舉行鄉飲酒之時分爲三日,各命博士行其一家之禮,譬如第一日用馬義,則二日用鄭義,三日用王義,行之既終,於是三家之禮皆已徧覽而得其異同矣。碑云"並時而施"者,時指四時言之,不必同日。其云"三家之禮,庭肆終日"者,言每一家之禮容皆陳之於庭而習之終日也。自武帝考覽三家,知其短長得失,其後遂定大射用鄭義,鄉飲酒用王義,西晉十九博士之中,三《禮》亦只有鄭、王二家,而馬融之傳不立於學官,與《尚書》一經兼有賈、馬、鄭、王四博士者不同。博士家數,用王國維説,詳見後。疑其定制當在泰始六年以後,蓋三家之《禮》並行者已三次,覺鄭、王之學各有所長,而馬融之義則已爲兩家采取殆盡,無庸復立故也。此其斟酌損益之間,當時必自有其説,惜不可得而考矣。

文中尚有太常劉寔等銜名,及"禮生守坊,寄學散生"等句,今别具於後,獨守坊不可考。

## 下篇:碑陰題名

### 太常脩陽子平原劉寔子真

按碑文亦云:"咸寧三年,太常脩陽子平原劉寔命博士京兆段暢、漁陽崔豹講肄大禮。冬月,行鄉飲酒禮。四年二月,行大射禮於辟雍。”則咸寧中太子辟雍所行之禮出於此三人之所考定也。

劉寔,《晉書》卷四十一有傳,云:“歷吏部郎,參文帝相國軍事,封循陽子。”碑作脩陽,脩、循二字古多通用。《傳》云:“泰始初,進爵爲伯。”據碑,則咸寧三年尚未進爵,蓋史誤也。《傳》云:“咸寧初,爲太常。”與碑正合。

《荀崧傳》云:“崧上疏曰:世宗武皇帝置博士十九人,九州之中,師徒相傳,學士如林,猶選張華、劉寔居太常之官,以重儒教。”寔本傳言:“雖禮教陵遲,而行己以正,喪妻爲廬杖之制,終喪不御内,輕薄者笑之,寔不以介意。自少及老,篤學不倦,雖居職務,卷不離手,尤精《三傳》,撰《春秋條例》二十卷。”然則寔以名儒躬行古禮,武帝選於朝列,使處太常,有修明禮教之意焉,宜荀崧之歸美也。

**散騎常侍博士祭酒潁川庾純謀甫**

《晉書·職官志》云:“咸寧四年,武帝初立國子學,定置國子祭酒博士各一人。”《唐六典》卷二十一曰:“《漢官儀》云:漢置博士祭酒一人,秩六百石,後漢以博士聰明有威重者一人爲祭酒。晉武帝立國子學,置祭酒一人。《晉令》曰:祭酒博士,當爲訓範,總統學中衆事。”

庾純,《晉書》卷五十有傳,言其“博學有才義,歷中書令,河南尹,免官。復以爲國子祭酒。”不著年月。《通鑑》卷七十九敘於泰始八年歲末,云:“賈充與朝士宴飲,河南尹庾純醉,與充爭言。純曰:高貴鄉公何在?充慙怒,上表解職,純亦自劾,詔免純官。齊王攸等以爲純於禮律未有違,詔從攸議,此事皆見本傳,而《通鑑》敍事較爲簡潔。復以純爲國子祭酒。”《考異》曰:“《三十國春秋》在十一月,《晉春秋》在十月己巳,恐皆非實,故附於冬末。”今案:古但有太學,無國子學,至晉始立之。《晉書》以爲咸寧四年,見上。《宋書·禮志》以爲咸寧二年,《南齊書·禮志》載曹思文上表,又以爲在惠帝元康三年,三説不同,要之當泰始八年尚無國子學,安得有國子祭酒?惟《北堂書鈔》卷六十七引臧榮緒《晉書》曰:“咸寧三年,詔曰:議郎庾純,篤志詩書,有儒行,宜訓道國子。”與此碑正合。知純免官在泰始八年,而起爲國子祭酒,自在咸寧三年，史因免官事終言之耳。又以知晉立國子學，當從《宋書》在咸寧二年，《晉書》及《南齊書》皆誤也。

據《唐六典》，則博士祭酒乃兩漢官制，至晉只有國子祭酒，無博士祭酒。然晉令仍稱之爲祭酒博士，蓋國子祭酒郎兼爲太學諸博士之祭酒，實一官也。《職官志》云："博士皆取履行清淳，通明典義者。若散騎常侍、中書侍郎、太子中庶子以上乃得召試。"《荀崧傳》云："崧上疏曰：昔咸寧太康永嘉之中，侍中、常侍、黄門通洽古今，行爲世表者，領國子博士。一則應對殿堂，奉酬顧問；二則參訓國子，以弘儒訓；三則祠儀二曹及太常之職，以得質疑。"是則晉初之制，自有以散騎常侍兼領博士者，此碑庾純及曹志署銜冠以散騎常侍者此也。純兼散騎常侍本傳未言，證之《崧傳》，乃得其義。

**散騎常侍博士甄城公譙國曹志允恭**

志，《晉書》卷五十有傳云："魏陳思王植之孽子也，封濟北王。帝受禪，降封甄城縣公。咸寧初，詔曰：甄城公曹志，篤行履素，達學通職，宜在儒林，以弘胄子之教。其以志爲散騎常侍，國子博士。"《北堂書鈔》卷六十七引《晉起居注》亦有此詔，有譌字，孔廣陶等未及校正。作咸寧二年，愈可見晉之立國子學在二年，不在四年矣。

**高功博士中山張靖彦貞**

《晉書·禮志》云："泰始十年，武元楊皇后崩。既葬，帝及羣臣除喪即吉。先是尚書祠部奏從博士張靖議，皇太子亦從制俱釋服。"亦見《通考》卷八十二。又云："咸寧二年，安平穆王薨，無嗣，以母弟敦上繼獻王，後移太常，問應何服，博士張靖答，宜依魯僖服閔三年例。"亦見《通典》卷九十三。

《隋書·經籍志》："《穀梁傳》十卷，晉堂邑太守張靖撰。"新舊唐《志》作十一卷，張靖《集解》。又有"《春秋》《穀梁》《廢疾》三卷，何休撰，鄭玄釋，張靖箋。"丁國鈞《補晉書藝文志》卷一云："《舊唐志》作張靖成箴，'成箴'二字皆'箋'字之譌，《新志》作張靖成，亦'箋'字之譌。"當即一人。《唐六典》卷十四云:“晉張靖《謚法》兩卷。”隋唐《志》及各家補《晉志》均不著録,惟黄逢元《補志》有之。《玉海》卷五十四引沈約《謚例序》云:“今《謚法》二篇,有一百四十八名。卷後又云:靖按謚有一百九十四,約案靖應是張靖,晉江左人也。”此碑作中山張靖,晉中山國屬冀州,不在江左,所謂江左人者,猶言東晉人耳。自泰始十年靖爲博士時下數至元帝建武元年,不過四十三年,靖固可作江左人,仍不害其爲一人也。

《全晉文》卷七十八《張靖小傳》,甚略。但云:“張靖,泰始末太常博士。”今案《職官志》云:“太常博士,魏文帝初置,晉因之,掌引道乘輿,王公以下應追謚者,則博士議定之。”嚴氏蓋以安平王敦移太常問喪服,而靖答之,故以靖爲太常博士。然據《禮志》,靖實與孫毓、宋昌同議,據此碑毓昌亦博士也。《職官志》云:“太常有博士,又統太學諸博士祭酒。”然則凡太學博士皆屬太常,故僅據靖在太常議禮,無以見其必是太常博士也。特是太常有卿,有丞,有博士,皆掌禮儀之事。今此碑有太常劉寔、太常丞蔣林,而無太常博士,前所列曹志乃國子博士而非太常,則所謂高功博士張靖者,或竟是太常博士。靖作《謚法》二篇,謚法又太常博士所專掌,嚴氏之言可謂暗與古合矣。高功博士,蓋士之資深者。《後漢書·黄琬傳》云:“舊制光禄署舉三署郎以高功久次才德尤異者爲茂才四行。”高功之名始見於此。《隋書·百官志》云:“門下省侍郎中高功者在職一年,詔加侍中祭酒,與侍郎高功者一人對掌禁令。”又“集書省常侍高功者一人爲祭酒,與侍郎高功者一人對掌禁令。”又“中庶子四人,功高者一人爲祭酒。”以此推之,凡官之號稱高功者皆得爲祭酒,則高功、博士亦博士祭酒之次矣。

**典行鄭大射禮博士京兆段暢永弘**

《晉書·禮志》載:“武元楊皇后崩,議太子服。杜預以爲古者天子諸侯之喪始同齊斬,既葬,除喪服,諒暗以居,心喪終制,不與士庶同禮。外内卒聞預異議,多怪之。或者乃謂其違禮以合時,預亦不自解説,退使博士段暢博採典籍,爲之證據,令大義著明,足以垂示將來。暢承預旨,遂撰集書傳舊文,條諸實事成言以爲定證,以弘指趣。”丁國鈞《補晉書藝文志》卷一云:“《喪服要集》二卷,杜預,見《隋志》。兩唐

《志》作《喪服要集議》三卷,《北堂書鈔》葬類引作《喪服要記》。據本書《禮志》,此書蓋預命博士段暢所撰集。"

今案:《通典》卷八十載有《暢重申杜元凱議》及《引經傳以爲諸侯諒暗申杜議》,各一篇。又載暢與范宣往復辨難之語甚詳,蓋即《喪服要集》之文。據此碑暢爲鄭氏禮博士,故杜預議禮,引以爲助。然預本曲學阿世,暢亦譁衆取寵,治鄭氏禮,而議諒暗專攻鄭注,其爲説不外顛倒五經以附時貴,不知於經學居何等也。《賈充傳》言:"下禮官議充謚,博士秦秀議謚曰荒,帝不納,博士段暢希旨,建議謚曰武。"即其人可知矣。而武帝乃於太子臨雍大射之時,使之典行鄭氏禮,其所講肄,庸有當乎?

暢於泰始十年以博士與杜預議禮,至太康三年賈充死時,尚仍原官。此碑事在咸寧三四年,正暢爲博士時也。

**典行王鄉飲酒禮博士漁陽崔豹正雄**

《世説·言語篇》注引《晉百官名》曰:"崔豹,字正熊,燕國人。惠帝時官至太傅丞。"《隋書·經籍志》云:"《論語集議》八卷,晉尚書左中兵郎崔豹集。"《經典釋文序録》有豹《論語注》十卷,注云:"字正熊,燕國人,晉尚書左中兵郎。"新舊唐《志》又作崔豹《論語大義》,雖有三名,實一書也。而此碑作字正雄,古字通用。

豹治王氏禮,不見他書,隋唐《志》别有崔豹《古今注》,其書今存。《四庫提要》卷一百十八謂"豹書久亡,後人摭五代馬縞《中華古今注》中魏以前事贋爲豹作。"余則以爲今本與唐宋人所引多合,實非出於依託。觀其多談典制,知其深於禮學。書中有"孫興公問龍須草"一條,則豹至東晉尚存矣。孫綽於晉哀帝隆和元年以著作郎上疏論遷都,於時爲元帝中興後之四十五年,而綽卒時年五十八,則至早亦不過生於西晉之末,故知豹與綽問答必在過江後也。

**鄭大射禮博士　王鄉飲酒禮博士　諸博士**

《晉書·職官志》云:"晉初承魏制,置博士十九人。及咸寧四年,武帝初立國子學,定置國子祭酒博士各一人,助教十五人,以教生徒。"今此碑自段暢至謝衡只有博士十人,即益以博士祭酒庾純、國子博士曹志、太常博士張靖,亦僅得十三人,與《晉志》十九人之數不合。蓋十九人者,乃西晉一朝之制,必幾經斟酌而後定。《志》云晉初,則亦定於武帝之時,然已在立碑之後矣。猶之漢初承秦制,文帝時博士至七十餘人,《唐六典》卷二十二引《漢官儀》。武帝獨置五經博士,至宣帝定爲十二人,然元帝時又置京氏《易》,不久輒廢,後漢光武置博士十四人,亦嘗立《左氏》《穀梁》,已而復罷。晉武初置十三人,後復增至十九人,其間損益廢興,必自有説,但史文闕略,不可復知耳。

《宋書·百官志》云:"博士,魏及晉西朝置十九人,皆不知掌何經。"故此碑中博士所掌之經屬於何家,多不可考。惟段暢典行鄭大射禮,當即是鄭氏禮博士,崔豹典行王鄉飲酒禮,當即是王氏禮博士,是此二家,在咸寧時已立於學官,灼然無疑矣。

王國維《漢魏博士考》見《觀堂集林》卷四。曰:"《晉書·荀崧傳》,崧上疏言:晉初太學有石經古文,先儒典訓,賈、馬、鄭、杜、服、孔、王、何、顔、尹之徒章句傳注,衆家之學,置博士十九人。《宋書·百官志》以爲魏博士員數亦與之同,其説雖未可盡信,然大略不甚相遠。今以荀崧所舉家數,與沈約所紀魏博士員數差次之,魏時除《左傳》杜注未成,《尚書孔傳》未出外,王氏自注云:荀崧言晉初章句傳注有孔氏,蓋謂孔安國《書傳》。晉初已立《孔傳》與否雖不可考,然魏時確未立《孔傳》。何以證之?《孔傳》釋《堯典》"曰若稽古"爲順考古道,與賈馬王肅同,而庾峻對高貴鄉公問,僅言賈孔及肅以爲順考古道,不及孔安國,是魏時尚未立《尚書孔傳》之證也。《易》有鄭氏、王氏,《書》有賈、馬、鄭、王氏,《詩》及《三禮》鄭氏、王氏,《春秋左傳》服氏、王氏,《公羊》顔氏、何氏,《穀梁》尹氏,適得十九家,與博士十九人之數相當。沈約之説,雖他無所徵,蓋署近之矣。"余謂静安先生所考,乍觀之,固甚巧合,然即以荀崧所言諸家姓氏核之,如賈逵《春秋左氏章句》及《解詁》,隋唐尚存,晉博士孫毓著有《賈服異同略》,則魏晉時當亦已立博士,而王氏不數。又如馬融一家,其所注《周易》《毛詩》及《三禮》,魏、晉時皆存,不知静安何以知其僅《尚書注》立於學官,而《易》《詩》《禮》皆不得立也。《尚書孔傳》,西晉時已立博士與否，誠屬疑問，然杜預《左傳注》在晉初既已成書，彼以懿親功臣，所著書無不得立之理，故荀崧所舉先儒典訓有杜氏。若杜氏得立，又不知於静安所言十九家中當去何家，恐終不免削趾適履也。今據此碑，則晉初於《儀禮》先有馬、鄭、王三家，其後馬廢，僅立鄭、王，與静安之説乃幸而暗合，惜乎静安不及見耳。

丁晏《尚書餘論》云："《晉書·文明王皇后傳》：父肅，魏中領軍，蘭陵侯，既笄，歸於文帝，生武帝。《晉書·禮志》：太康初，摯虞奏喪制鄭、王各有異同，可依準王景侯原注：《魏志·王肅傳》謚曰景侯。所撰《喪服變除》，詔可其議。泰始二年，有司奏立七廟，其禮則據王肅説也。《魏志·王肅傳》：肅爲《尚書》《詩》《論語》《三禮》《左氏解》，及撰定父朗所作《易傳》，列於學官，其所論駁朝庭典制、宗廟喪紀輕重凡百餘篇。是時肅説盛行，列於學官，特如馬融之外戚豪家，吕不韋之懸書市門，莫能增損一字，當時孰敢起而非議之乎？"余謂肅所注書列於學官，固緣司馬氏之力，然其爲説，亦與康成互有短長。魏晉之世，固已異議蠭起，未能定於一尊也。如肅集聖證論，譏短鄭玄，樂安孫叔然授學鄭玄之門人，乃駁而釋之。見肅本傳。肅規玄數十百件，時有中郎馬昭上書以爲肅謬，博士張融按經論詰，肅酬封疲於歲時，融稱玄注泉深廣博，兩漢四百餘年，未有偉於玄者。見《舊唐書·元行冲傳》。肅作《毛詩注》《毛詩義駁》《毛詩奏事》，見《隋志》。述毛非鄭，王基駁肅申鄭義。見《經典釋文序録》。是肅在當時已爲鄭學之徒所攻擊，及至晉時，孫毓作《毛詩異同評》，朋於肅，而徐州從事陳統復難孫申鄭，亦見《釋文序録》。未嘗以其爲晉室外祖，稍存顧忌。則肅注之立博士，亦不過自爲一家，與鄭並行，不似宋時專用王安石新義，盡廢古注也。又何至如丁氏所言，懸書國門，莫敢非議乎？即當世朝廷之禮，雖多依王簡侯，然證以此碑，則大射之禮仍用鄭義，知亦折衷權衡，左右采獲，初不盡爲王氏左袒也。有清諸儒，崇尚鄭學，遂謂"王肅逞其私説，以外戚之尊，盛行晉代。"江藩《漢學師承記》自序中語。不知據荀崧所言，則王學雖行於西晉，而鄭注諸經亦同立學官，未嘗偏廢，此碑之文可與《荀崧傳》互證，亦經學中一重公案矣。

或曰：大射鄉飲同出士禮，而或用鄭義，或用王義，如斯去取，於古有徵乎？曰：有之。《北史·儒林·李業興傳》云："業興使梁，梁散騎常侍朱异問曰：'魏洛中委粟山是南郊邪？圓丘邪？'業興曰：'委粟是圓丘，非南郊。'异曰：'比聞郊、丘異所，是用鄭義。我此中用王義。'業興曰：'然。洛京郊丘之處，用鄭解。'异曰：'女子逆降旁親，亦從鄭以不？'業興曰：'此之一事，亦不專從。若卿此間用王義，除禫應用二十五月，何王儉《喪禮》，用二十七月也？'异遂不答。"李延壽言："南北所爲章句，好尚互有不同，而《禮》則同遵於鄭氏。"《北史·儒林傳》序。今據《業興傳》，則南北朝之於郊丘喪服亦復鄭、王互用，各有從違。是則朝廷之禮，不同博士傳經，謹守一家之説也。以彼證此，足可瞭如矣。

**博士新興秦秀玄良**

秀，《晉書》卷五十有傳云："秦秀，字玄良，新興雲中人也。少敦學行，以忠直知名。咸寧中爲博士。"均與碑合。

**博士京兆杜琬文琰**

《通典》卷八十八有晉博士杜琬孫爲庶祖持重議，《全晉文》卷七十五云："琬，泰始中博士。"

**博士東莞孫毓休朗**

《隋書·經籍志》有"《毛詩異同評》十卷，晉長沙太守孫毓撰。"又"《春秋左氏傳賈服異同畧》五卷，孫毓撰。"又"梁有《成敗志》三卷，孫毓撰，亡。"又"《晉汝南太守孫毓集》六卷。"其官稱前後不同者，蓋毓嘗爲此兩郡太守，《隋志》各從本書署銜也。《釋文序録》云："晉豫州刺史孫毓爲詩評，評毛、鄭、王肅三家同異，朋於王。"注云："字休朗，北海平昌人，長沙太守。"蓋豫州刺史者，所終之官，長沙太守者，著書時之官也。然北海人，與此碑署東莞者不合，當以碑爲正。

其官博士雖不見他書，然《晉書·禮志》載咸寧二年安平王敦問喪服事，上稱博士張靖，下稱孫毓宋昌，明毓昌亦博士，不稱博士者，蒙上文言之耳。

《魏志·臧霸傳》云:“孫觀霸部將。至青州刺史,假節,子毓嗣。亦至青州刺史。”注引《魏書》曰:“孫觀,泰山人,封呂都亭侯。”其籍貫既與《釋文序録》及此碑皆不合,又《魏志》所謂子毓嗣者,嗣其呂都亭侯之爵也,《魏志》雖不載呂都亭都亭侯之封,然上文又有霸等皆封列侯之語。《隋志》《釋文》及此碑并不載毓之封爵,明孫觀之子與爲博士作《毛詩評》者實非一人。《意林》卷五有《成敗志》三卷,注云:“孫毓,字仲。”又與此碑及《釋文》字休朗者不同。武英殿本《考證》云“蓋有脱誤”是也。《全晉文》卷六十七《孫毓小傳》合此數書爲之,未能考其異同,似不免疏畧。

《通典》引其議禮之文甚多,卷五十八引《五禮駁》一篇,不見於《隋志》,或當在文集中。毓蓋治王氏《詩》、賈服《春秋》,兼通《儀禮》,其爲博士,不知所授何經矣。

**博士平原宋昌茂初**

昌,咸寧中爲博士。詳見上條。

**博士陳國謝衡德平**

《晉書·謝鯤傳》云:“謝鯤,陳國陽夏人,父衡,以儒素顯,仕至國子祭酒。”《禮志》云:“太康元年,東平王楙上言,相王昌,父毖,漢末與前妻息生死隔絶,更娶昌母,今聞前母久喪,當追成服,求平議。守博士謝衡議,宜更相爲服。”《通典》卷八十九亦載此事,文較詳,直稱博士謝衡,無守字。又卷九十九云:“惠帝元康中,趙郡吏蘇宙不奔吊於郡將,國子博士謝衡議云:今之官長,皆自外來,假借一時,共相臨尹。至於死亡,隔限遠路,或有難故,不得時往,奔赴之義,無所施也。”《禮志》又云:“晉惠帝太安元年,皇太孫尚薨,有司奏御服齊衰期,詔下通議。散騎常侍謝衡議,以爲諸侯之太子,誓與未誓,尊卑體殊,《喪服》云爲嫡子長殤,謂未誓也,已誓,則不殤也。”《隋書·經籍志》有“晉國子祭酒《謝衡集》二卷”。據此數書,則衡之一生仕履約略可知。

嚴氏《全晉文》卷八十三《衡小傳》謂爲泰康中國子博士。今案:

晉國子博士只一人，與太學之十九博士不同，《通典》載衡事，於太康中稱博士，於元康中稱國子博士，不當混爲一談。嚴氏又言惠帝時進祭酒，不載其先爲散騎常侍，皆誤也。

《禮志》稱衡爲守博士。案《漢舊儀》云："詔選諫大夫、議郎、博士、諸侯王傅、僕射令、取明經，選廷尉正監平，案章，取明律令，選能治劇長安三輔令，取治劇，皆試守，滿歲爲真。"此守博士之故事也。然據此碑，則衡在咸寧四年二月行禮之時，已爲博士，故得與題名之列。至太康元年，已兩年矣，咸寧盡五年始改元太康。不當仍稱守博士，宜從《通典》，去"守"字爲是。

**都講**

《後漢書·侯霸傳》云："師事九江太守房元，治《穀梁春秋》，爲元都講。"又《郭丹傳》云："即至京師，常爲都講，諸儒咸敬重之。"又《桓榮傳》云："榮卒，除都講生八人，補二百名。"又《丁鴻傳》云："鴻年十三，從桓榮受歐陽《尚書》，三年而明章句，善論難，爲都講。"又《楊震傳》云："有冠雀銜三鱣魚飛集講堂前，都講取魚進。"章懷均無注。考《魏書·祖瑩傳》云："時中書博士張天龍講《尚書》，選爲都講。瑩夜讀書勞倦，不覺天曉，催講既切，遂誤持同房生趙郡李孝怡《曲禮》卷上座，博士嚴毅不敢還取，乃置禮於前，誦《尚書》三篇，不遺一字。講罷，孝怡異之，向博士説，舉學盡驚。"《南史·儒林·沈洙傳》云："洙積思經術，吴郡朱异、會稽賀琛甚嘉之。及异琛於士林館講制旨義，梁武所撰經疏也。《梁書·武帝紀》云：造《制旨孝經義》。常使洙爲都講。"《北齊書·儒林傳》云："鮑季詳甚明禮，兼通《左氏春秋》。少時恆爲李寶鼎都講，後亦自有徒衆，諸儒稱之。"《世説·文學篇》云："支道林許掾諸人共在會稽王齋頭，支爲法師，許爲都講。支通一義，四座莫不厭心，許送一難，衆人莫不抃舞。但共嗟詠二家之美，不辯其理之所在。"《高僧傳》卷八《釋曇諦傳》敍僧砮道人之言曰："先師弘覺法師經爲姚萇講《法華》，貧道爲都講。"又《釋僧道傳》云："僧叡見而奇之。問曰：君於佛法且欲何願？道曰：且願爲法師作都講。叡曰：君方爲萬人法主，豈肯對揚小師乎？"

合此數事觀之，則都講之義可得而言：蓋博士講經，初不持本，故每講一書，輒擇高材生一人，使之執書諷誦，然後爲之講解。一章即畢，都講更質所疑，反復辯難，以曉四座，使衆所未了，俱已釋然，則不至是非蠭起矣。《魏書·儒林·徐道明傳》云："遵明每臨講座，必持經執疏，然後敷陳，其學徒至今浸以成俗。"然則遵明以前，講者皆不持經疏，故須都講誦書也。

《漢書·兒寬傳》云："選詣博士受業孔安國，貧無資用，嘗爲弟子都養。"注："師古曰：都，凡衆也。養，主亨炊者也。"都講之與都養，雖取義不同，而命名正復相類，皆所以代凡衆也。

此鄭碑大射禮生王鄉飲酒禮生之前皆有都講一人，蓋即段暢崔豹之高足弟子矣。又第六列別有都講一人，第八列有國子都講一人，以其後之稱國子，故知前三人皆太學都講。然國子學只有博士一人，固宜只一都講，若太學博士十餘人而僅三都講，則莫喻其故也。

**鄭大射禮生　王鄉飲酒禮生**

禮生，即太學諸生也。《後漢書·儒林傳》序云："太初元年，梁太后詔曰：大將軍下至六百石悉遣子就學，每歲輒於鄉射月一饗會之，以此爲常。"注引《漢官儀》曰："春三月，秋九月，習鄉射禮，禮生皆使太學學生。"是其義也。其所以必以太學生爲禮生者，饗射之禮，至爲繁重，其俯仰揖讓，進退周旋，皆有節度，必講習有素者乃能行之，故前《漢書·儒林傳》序云："高皇帝誅項籍，引兵圍魯，魯中諸儒，尚講誦習禮，弦歌之音不絶。"又云："於是諸儒始得修其經學，講習大射鄉飲之禮。"《後漢書·儒林·劉昆傳》亦云："少習容禮，王莽世，教授弟子恒五百餘人，每春秋饗射，常備列典儀，以素木瓠葉爲俎豆，桑弧蒿矢以射菟首。"是皆儒生弟子習饗射之事也。後漢行之於太學，故用太學生焉。

此碑於叙咸寧中行大射鄉飲之前，先言"太常劉寔使博士段暢崔豹講肄大禮"。蓋即以太學生爲禮生，相與講習之，猶叔孫通之定朝儀，先與弟子百餘人爲綿蕞野外，習之月餘也。見《通傳》。及太子莅雍，雖百僚陪位，而其行禮之人仍是治禮議郎、郎中、舍人、軍謀掾及禮生等。《漢書》言"魯高堂生傳《士禮》十七篇,而魯徐生善爲頌。"注:"蘇林曰:《漢舊儀》徐氏後有張氏,不知經,但能盤闢爲禮容。"見《儒林傳》。師古曰:頌,讀與"容"同。《劉昆傳》所謂善爲禮容者即此。而此碑段暢崔豹之弟子,則以治鄭王《儀禮》,通經而又善爲容者也。

## 弟子　門人

此碑題名,有弟子一百三十六人,自第六列弟子題名起,其近邊處尚有六人,文字全損,以其前後地位推之,亦當是弟子,大凡一百四十有二人。門人二人。按《論語·里仁篇》參乎章:"子出,門人問曰:何謂也?"皇侃《義疏》曰:"門人,曾子弟子也。"邢昺《正義》因之。邢疏本之於皇,金鶚專駁邢,非也。其他各篇,凡言門人者,亦皆解爲弟子之門人。金鶚《求古録禮説》卷十三駁之曰:"古人著書,自有體例,《論語》一書,凡孔子弟子皆書門人,其非孔子之弟子,則異其詞。如子夏之門人問交於子張,曾子有疾,召門弟子,不直稱門人,所以别於孔子弟子也。且以各章稱門人者觀之,皆當爲夫子之門人。此下引證甚詳,今略去。蓋受業於門,故謂之門人。此正稱也。或稱弟子,以師如父兄,受業如其弟子。又弟子爲年少者之稱,自注云:《論語》弟子入則孝,出則弟,鄉射禮三耦使弟子。又云弟子奉中,皆年少之稱也。師年長,曰先生,受業者年少,曰弟子也。"金氏之言如此。

愚更考《子罕篇》子疾病章"子路使門人爲臣",《集解》引鄭玄曰:"子路欲使弟子行其臣之禮也。""又且予與其死於臣之手也,無寧死於二三子之手乎?"引馬融曰:"二三子,門人也。就使我有臣而死其手,無寧死弟子之手乎?"是則馬、鄭皆以爲門人即是弟子,未嘗以爲受業於弟子者也。皇、邢二家之疏顯違注義,金氏駁之是矣。

然其説只可以解《論語》,而不可以解漢以後之門人弟子。漢碑題名,有弟子,有門生,則二者固自有别。歐陽修《集古録》卷二《跋孔宙碑陰》曰:"漢世公卿,多自教授,聚徒常數百人,其親授業者爲弟子,轉相傳授者爲門生。"此乃用《論語疏》之説而小變之。歐陽之説意在解釋漢碑,非爲《論語》而廢。朱彝尊《經義考》卷二百八十二引歐陽説,謂《論語》所云門人皆受業於弟子者,實非歐陽之意,已爲金鶚所駁,今不具論。蓋皇、邢兩氏以門人爲再傳弟子,歐陽則謂同受業於一先生之門,而有親授業與轉相傳授之分耳,此雖古人所未言,而證之於馬融門徒四百人,昇堂進室者五十餘生,鄭玄在門下,三年不得見,乃使高業弟子傳受於玄,見《後漢書·鄭玄傳》。以此爲弟子門人之分,於情事頗合,未可厚非也。

若此碑之弟子門人,則與漢碑題名又復小異。因漢碑爲私門受業者,此則太學之制也。《藝文類聚》卷四十六引《漢舊儀》曰:"武帝初置博士,官史稱先生,不得言君,其真弟子稱門人。"此條王國維《漢魏博士考》未引,"真弟子"解見後。是則前漢太學中尚以弟子門人爲一事,不加分别。於此益證《論語疏》之謬。《通典》卷五十三云:"魏文帝黄初五年,立太學於洛陽,時慕纂,應從《北堂書鈔》作"募"。學者,始詣"始詣",《書鈔》誤作"好誦",乃形近之誤,孔廣陶等未及校正。太學爲門人,滿二歲,《書鈔》作"滿三年",《御覽》作"二歲",與《通典》合。試通一經者稱弟子,不通一經者罷遣。"《北堂書鈔》卷六十七及《太平御覽》卷五百三十四引摯虞《決疑要注》,文均與《通典》大同小異。摯虞晉人,據此碑則晉亦沿用魏制。蓋太學弟子員有定額,故魏晉之制,初入學者爲門人,滿歲後試之及格,乃得補弟子,亦因後漢時已有弟子門生之别而爲之制耳。然則漢碑之門生,皆學徒之初受業者,與《論語》以門人爲弟子之通稱者異矣。

**寄學　寄學陪位**

題名有寄學三人,寄學陪位一人。寄學之名,不見古書。

《漢書·儒林傳》序云:"太常擇民年十八以上儀狀端正者,補博士弟子。郡國縣官,有好文學,敬長上,肅政教,順鄉里,出入不悖所聞,令相長丞上屬所二千石,二千石謹察可者,常與計偕,詣太常,得受業如弟子。如弟子者,非真弟子也,《漢舊儀》言真弟子稱門人,則此不得稱門人矣。一歲皆輒課,能通一藝以上,補文學掌故缺。其高第可以爲郎中。太常籍奏,即有秀才異等,輒以名聞。其不事學,若下材,及不能通一藝,輒罷之,而請諸能稱者。"案《兒寬傳》云:"以郡國選詣博士,受業孔安國,以射策爲掌故。"是其事也。選詣博士,即所謂得受業如弟子。射策者,即一歲後課試也。《儒林傳》又曰"平帝時,王莽秉政,增元士之子,得受業如弟子,勿以爲員”云云。其制頗似魏晉之太學門人,而實非一事。蓋門人試通一經者,得補弟子,此則課試後選補官,或罷遣之,不補弟子也。此碑之寄學,疑亦非弟子員而得受業如弟子者,其以寄學陪位,則猶之以弟子員爲禮生耳。但書傳無明文可考,闕所不知可矣。

《唐會要》卷三十五云:“開元二十一年敕:國子監所管學生,尚書省補;州縣學生,長官補;許百姓任立私學,欲其寄州縣受業者亦聽。”又云:“太和七年敕:公卿百官子弟及京畿内士人寄客修明經進士業者,並宜隸於太學。外州縣寄學及士人並宜隸各所在官學。”此寄學字之見於載籍者。然似謂流寓僑居之人,與晉制不同。

### 散生

題名有散生五十一人,考其籍貫,皆屬於西海、敦煌、西平、金城四郡及西域人,四郡並隸涼州刺史。散生蓋在太學弟子員之外者,然不知其與門人寄學有何不同,又不知何以獨并州及西域人爲散生,且無一禮生弟子門人,而他州亦無一散生也。豈以其介在邊陲,文風不及中原,特設此名以處之耶?不可考矣。

## 附録:晉辟雍興廢考

晉之辟雍建於何時,《晉書》無明文。《宋書·禮志》云:“晉武帝太康五年修作明堂辟雍靈臺。”此碑立於咸寧四年,尚在修辟雍之前六年,而碑題云“皇帝三臨辟雍”,似與《宋書》不符。然《晉書·禮志》載武帝臨雍行鄉飲酒禮,年歲皆與碑合,詳見前。則晉初未嘗無辟雍也。

余初以爲辟雍即太學,臨雍即釋奠。既而反復考之,知晉辟雍即後漢建安時曹操所立,在晉洛陽城南平昌門之外,至太康五年重修,其後毁於永嘉之亂;又知辟雍即明堂,與靈臺太學不在一地,饗射之禮,行之於明堂,而釋奠之禮,則行之於太學,非一事也。

《文選·潘岳〈閑居賦〉》曰:“陪京泝伊,面郊後市,浮梁黝以徑度，靈臺傑其高峙。”又曰：“其東則有明堂辟雍，清穆敞閑，環林縈映，圓海迴淵。聿追孝以嚴父，宗文考以配天，只聖敬以明順，養更老以崇年。”李善注引陸機《洛陽記》曰：“靈臺在洛陽南，去城三里，辟雍在靈臺東，相去一里，俱魏武所徙。”《洛陽記》作於士衡入洛之後，李善即引之以注潘岳所言之靈臺辟雍，此晉之辟雍即魏武帝所作之證也。太康五年之修作，特因而繕治之耳。

潘賦以明堂辟雍並舉，所言嚴父配天，乃古明堂之事，而於辟雍僅有“環林縈映，圓海迴淵”二句，注引《三輔黄圖》：“大司徒宫奏曰：明堂辟雍，其實一也。”此晉之辟雍，即明堂之證也。

《賦》又曰：“兩學齊列，雙宇如一。右延國冑，左納良逸。”注引郭緣生《述征記》曰：“國學在辟雍東北五里，大學在國學東二百步。”郭緣生《述征記》見《隋志》，不言爲何時人，《舊唐志》作郭象撰，蓋誤。象字子玄，不名緣生。《後漢書·光武紀》注引陸機《洛陽記》曰：“太學在洛陽城故開陽門外，去宫八里。”《蔡邕傳》注亦引《洛陽記》曰：太學在洛城南開陽門外。《魏書·劉芳傳》引《洛陽記》：國子學宫與天子宫對，太學在開陽門外。此晉之辟雍與靈臺太學不在一地之證也。潘陸皆晉武帝時人，著書記當時之事，其言固最可據依，試再引他書以證明之。

《御覽》卷五百三十四引戴延之《西征記》延之，晉義熙中爲劉裕參軍，從裕西入長安，見《水經·洛水注》。曰：“洛城南有平昌門，道東辟雍，去靈臺三里，俱是魏武帝所立，高七丈。”《水經·穀水注》云：“穀水又東逕宣陽門南，又逕靈臺北，漢光武所築。又東逕平昌門南，又逕明堂北，漢光武中元元年立。案：陸機、戴延之皆以靈臺辟雍屬之魏武，此獨言是光武，或魏武就東漢故址重立，然陸機謂俱魏武所徙，則已不在漢時舊地矣，疑道元誤也。尋其基構，上圓下方，九室重隅，十二堂，蔡邕《章句》同之，故引水於其下，爲辟雍也。此可見漢晉之辟雍即明堂。穀水又東逕開陽門南，又東逕國子太學石經北，此可見辟雍與太學不在一處。考古有三雝之文，今靈臺太學並無辟雍處。案：道元之意蓋謂古人既並稱三雍，則靈臺太學並應引水環其下，如明堂外之辟雍，今遺基雖存，而不見水圓如璧之形，故曰並無辟雍處，其實陸機作記已以辟雍與靈臺太學並言，則辟雍專屬明堂，漢魏以後之靈臺太學初不用辟雍之制也。晉永嘉中，王彌劉曜入洛，焚燬二學，尚髣髴前基矣。"道元所見之明堂辟雍,僅能尋其基構,則必已與二學同毀於永嘉之亂矣。《魏書·袁翻傳》云:"魏晉書紀亦有明堂祀五帝之文,然不記其經始之制,又無坦然可準,觀夫今之基址,猶可髣髴。高卑廣狹,頗與戴禮不同,何得以意抑心,便謂九室可明?案:翻主《考工記》説明堂五室之説,駁《大戴禮》明堂九室爲非古制。且三雍異所,復乖盧蔡之義,此亦魏晉辟雍與靈臺太學不在一地之證。進退無據,何用經通?晉朝亦以鑽鑿難明,故有一屋之論,並非經典正義,皆以意妄作。"據翻此言,尚可畧見晉辟雍之規模。翻與道元正同時人,而謂明堂只存基址,是亦魏晉辟雍已毀之證也。

《隋書·宇文愷傳》載其《明堂議》云:"《晉起居注》裴頠議曰:'尊祖配天,其義明著,廟宇之制,理據未分,直可爲一殿,以崇嚴祀,其餘雜碎,一皆除之。'頠議亦見《宋書·禮志》。臣愷案,天垂象,聖人則之。辟雍之星,既有圖狀,晉堂方構,不合天文。既闕重樓,又無璧水,空堂乖五室之義,直殿違九階之文。非古欺天,一何過甚。"據愷此言,則晉之辟雍簡陋殊甚。然謂其並無璧水,顯與潘岳賦中"圓海迴淵"之句不合。且裴頠之議即袁翻所謂一屋之論也。翻止言晉有此論,而不言其從否,疑當時原未盡用頠議,至隋煬帝時晉辟雍遺跡已無可考,愷但依據文義想像駁之耳。

《晉書·王彌傳》只言"彌聰劉聰以萬騎至京城,焚二學",不言焚辟雍,然其下文云:"曜劉曜彌遂陷宫城,縱兵大掠,焚燒宫廟城府皆盡。"又云:"彌謂曜曰:洛陽城池宫室,無假營造,可徙平陽都之。曜不從,焚燒而去。"則縱王彌劉聰初攻京城之時未焚辟雍,而至劉曜之焚燒宫廟,必無幸免矣。又考《劉聰載記》云:"署其衛尉呼延晏爲使持節前鋒大都督,前軍大將軍,自宜陽入洛川,命王彌、劉曜及鎮軍石勒進師會之。彌等未至,晏遂寇洛陽,攻陷平昌門,焚東陽宣陽諸門及諸府寺。"辟雍正在平昌門宣陽門之間,則或於王彌、劉曜未至之前已爲呼延晏所焚,未可知也。

《洛陽伽藍記》序曰:"後魏洛陽城門,依魏晉舊名。南面有三門,東頭第一門曰開陽門,次西曰平昌門,次西曰宣陽門。"案:《晉書·地理志》云:洛陽南有開陽、平昌、宣陽、建陽四門,與此不合,蓋後魏時只存其三。又卷三云:“景明寺,在宣陽門一里御道東,大統寺在景明寺西,寺東有靈臺一所,基址雖頹,猶高丈餘,即是漢武帝吳若準《集證》曰:“武帝”二字當從各本作“光武”。所立者。靈臺東辟雍,是魏武所立者。”案:《水經注》《西征記》辟雍俱在平昌門之東,此敘於宣陽門外,則似在平昌門之西。然據《水經》靈臺在宣陽門東,據此書辟雍又在靈臺東,而《西征記》言辟雍去靈臺三里,以道里計之,則當已越過平昌門之東矣。楊衒之特因靈臺牽連敘之於此,非與諸書不合也。又云:“開陽門有漢國子學堂。”案:國子學自晉武帝時始立,漢有太學,無國子學,此語誤。戴延之、酈道元、楊衒之三人皆親至洛陽,尋覽遺蹟,得之目驗,故雖著書於一二百年之後,而所言辟雍靈臺太學方位無不與陸機潘岳同,則欲考晉之辟雍,此數書者,可以互證也。

其閒陸機戴延之以辟雍靈臺俱爲魏武所立,楊衒之以爲靈臺漢光武立,辟雍魏武立,而酈道元則謂皆光武所立,三説不同。陸機時代最早,去魏武不遠,即延之著書,亦在酈楊二人數十百年以前,延之從劉裕至長安,在晉義熙十三年,下距魏武昌三年蕭寶寅殺酈道元之時凡一百十年,衒之《伽藍記》自言作於魏武定五年,上距晉義熙十三年凡一百三十年矣。所説與陸機相合。則晉之辟雍,自是魏武所作。即令創自光武,而已經魏晉重修,非復故物矣。《宋書·禮志》云:是時魏都洛京,而明堂靈臺皆因漢舊事。《魏志》但於文帝紀黄初二年春正月書“郊祀天地明堂”,五年書“立太學”,《齊王紀》正始二年書“使太常以太牢祭孔子於辟雍。”而不言明堂辟雍作於何時,故袁翻謂“魏晉明堂,不記經始之制”也。魏晉之辟雍,即是明堂,前已言之矣,文帝以延康元年十月受禪,改元黄初,十二月,《紀》書“初營洛陽宫,幸洛陽”,而二年正月即有事於明堂,其閒不及一月,必不能便建靈臺辟雍,是陸機輩謂爲魏武所立者,信而有徵。考《武紀》言:“建安元年秋七月,太祖至洛陽,衛京師,洛陽殘破,董昭等勸太祖都許。九月,車駕出轘轅而東。”是時操在洛陽僅月餘,且匆匆爲遷都之計,必無立辟雍之事。此後操常在許,閒至譙,破袁紹後,則居於鄴,洛陽已成廢都,無緣修造辟雍也。惟建安二十四年,自長安出軍以臨漢中,冬十月,軍還洛陽,二十五年正月死於洛陽。裴注引《曹瞞傳》曰:“王更修治北部尉廨,令過於舊。”操少時嘗爲洛陽北部尉,以其廨宇爲發祥之地,故修治之。又引《世語》曰:“太祖自漢中至洛陽,起建始殿,伐濯龍祠,而樹血出。”是操至洛後,曾有修治宫室之事。辟雍靈臺,當即建於是時。自是至黄初二年,爲時已一年有餘,宜乎明堂早已落成矣。或其建立並在操未至洛之前,亦未可知。蓋操之挾獻帝都許,特因洛陽殘破,時方用兵,無暇修復,爲一時權宜計耳。晚年天下粗定,方亟亟謀篡竊,而許本非可都之地,故營治洛陽,以遺其子孫。而辟雍靈臺,爲興王之大典,遂首先建立,猶之欲治宫室,宗廟爲先也。其後丕以十月篡位,十二月即遷都於洛,蓋遵操之素志。《魏志》雖不著其事,吾徵之於《洛陽記》及裴松之注而得其故焉,固可以補史之闕矣。

明堂辟雍之説,自古紛紜不定。馬融、王肅以爲明堂、辟雍同處,蔡邕、盧植以爲明堂、靈臺、太學同實異名。《五經通義》謂“靈臺以望氣,明堂以布政,辟雍以養老教學”。三者不同。均見《隋書·牛宏傳》,蔡邕説詳見所作《月令論》。鄭康成則據《王制》,以爲大學即辟雍。見《詩·靈臺疏》引《駁五經異義》。孔穎達謂“鄭以靈臺、辟雍在西郊,則與明堂、大廟皆異處”。此其是非,姑不具論,第儒者雖多以辟雍爲太學,而漢晉之制則實判然爲二,與鄭康成、蔡邕之説皆不同。劉寶楠嘗考漢之辟雍非太學,立三證以明之。見劉所著《愈愚録》卷五。愚案:《後漢書·翟酺》云:“光武初興起太學,明帝時,辟雍始成,欲毁太學,太尉趙熹以爲太學辟雍皆宜兼存,故並傳至今。”劉氏未引。《御覽》卷五百三十五引《晉尚書大事》曰:“按洛陽圖,宫室南自有太學,國子辟雍不相預也。”此辟雍、太學並立之證,尤其彰明較著者也。今據《閑居賦》《洛陽記》《述征記》諸書,則晉時有辟雍,又有太學,足見《晉尚書大事》所言不虚。《洛陽記》《伽藍記》有靈臺、辟雍、太學而無明堂,《閑居賦》《水經注》皆以明堂與辟雍爲一,則辟雍即明堂也。《大戴禮·盛德篇》曰:“明堂者,明諸侯尊卑也,外水曰辟雍。”漢晉之制,蓋取諸此。《晉書·禮志》云:“晉惠帝明帝之爲太子,及愍懷太子講經竟,并親釋奠於太學。”晉時太學與辟雍既不在一地,則此碑所謂莅雍,非釋奠也。《晉尚書大事》曰:“尚書符太常曰:漢魏舊事,皆言釋奠祠先聖於辟雍,未有言大學者。又咸和中,成皇帝釋奠於中堂之前,臺中故事,亦曰辟雍。是爲魏漢之世,初自兩立,至釋奠便在辟雍,猶存。案:此下疑脱二字，蓋言“猶存舊典”也。今廢辟雍而立二學，中興以來相違。太常王彪之答：魏帝使有司釋奠於辟雍，見《魏志·齊王紀》。此是魏之大事，非《晉書》舊典。太始元康，釋奠大學，不在辟雍。太始五年，案：當作“六年”。元康五年，據《晉書·禮志》當作“九年”。二行饗禮，即謂行鄉飲酒禮。皆在辟雍，不在大學。是則釋奠於大學，行饗於辟雍，有晉已行之準也。中朝有辟雍，猶在大學；況無辟雍，唯有大學，更當不在大學乎？宰相從太常。”據此，則辟雍與太學分明兩地，而釋奠在太學，與鄉飲行於辟雍者不同，晉人已辨之矣。

余所以詳考之如此者，所以明晉太康以前實有辟雍，毋使人執《宋書·禮志》以疑此碑，亦以見碑文中太子之莅雍，非釋奠於太學之謂也。經學諸儒之言明堂、辟雍，大抵不及於漢魏以後，《文獻通考》《五禮通考》雖號爲通貫古今，然詳於正史而畧於雜史，密於禮制而疏於事實，余因考此碑，取魏晉辟雍之事，牽連並著之，庶幾稍補前人之闕遺云耳。

# 衛元嵩事蹟考

## 序

唐釋道世《法苑珠林》九十八損法部曰:“自佛法東流以來,震旦已三度爲諸惡王廢損佛法。第一,赫連勃勃,號爲夏國,被破長安,遇僧皆殺。第二,魏太武用崔皓言,夷滅三寶,後悔,皓加五刑。第三,周武但令還俗。此之三君,爲滅佛法,皆不得久,身患癩瘡,死入地獄。”嘉錫案:此三度毀佛,原因不同。勃勃天姿殘暴,所至輒積人頭以爲京觀。《魏書·釋老志》曰:“義真之去長安也,赫連屈丐追敗之,道俗少長,咸見坑戮。”屈丐即勃勃,是當時所殺,不獨憎也。此乃匈奴好殺之常,無關政教,可以不論。太武之案誅沙門,焚破佛像,由於崔浩。浩師事道士寇謙之,上疏贊明其事。太武信之,躬受符籙,浩因而毀佛,遂有是舉。老釋之爭,於斯爲烈。蓋崇道黜佛,與唐武宗、宋道君相等。故道宣、道世之徒,痛恨崔浩,深文醜詆,亦固其所。獨周武帝二教並廢,經像悉毀,沙門道士,並令還俗。雖道教之廢,非帝本意;然既黄冠緇流,同遭禁絶,亦足驗心無彼我,事靡愛憎。而尋其事之所起,緣於衛元嵩省寺减僧之疏。元嵩本是沙門,翻滅佛法,若自彼教言之,固當罪浮於浩。特其疏中,廣徵釋典,曲附經義,請造平延大寺,不立曲見伽藍,以此僧徒無所發怒,遂歸罪於張賓,蔽獄於周武。嵩雖戎首,轉獲褒詞,謂其意在興隆,無言毀佛;可謂盡詼詭之致,極狡獪之奇者矣。周武廢法,爲宗教中一大公案,而史文甚畧,後人或不知事起元嵩。嵩名附見《藝術傳》,始末不具。故雖以全祖望翁元圻之博雅,其注《困學紀聞》,皆不能詳元嵩生平。見《紀聞》卷一。今搜討内典,采集逸事,分爲四篇。聊欲補《北史》之未詳,裨《隋志》之所畧云爾。

## 出處本末第一

《周書》四十七《藝術・褚該傳》曰:“又有衛元嵩者,亦好言將來之事,蓋江左寶志之流。天和中著詩,預論周、隋廢興,及皇家受命,並有徵驗。性尤不信釋教,嘗上疏極論之。史失其事,故不爲傳。”《北史》八十九《藝術傳》改附《强練傳》後,文字畧同,惟無末二句。《隋書・經籍志》佛經類序云:“周武帝時,蜀郡沙門衛元嵩上書,稱僧徒猥濫。武帝出詔,一切廢毁。”元嵩事蹟,見於正史者僅此。又皆旁見側出,人所不甚留意。《崇文總目》至以爲唐人。見《通考》一百七十五《元包》條下。其後陳騤、撰《館閣書目》,已佚,引見《困學紀聞》一。鄭樵、《通志》六十三。晁公武、《郡齋讀書志》一。陳振孫、《直齋書録解題》一。馬端臨《通考》,卷數見上。皆承其誤。惟《元包》卷首,有宋政和元年,知漢州什邡縣事楊楫序,叙元嵩始末頗詳。王應麟《困學聞紀》一曾引之,並據《北史・藝術傳》以駁《館閣書目》題唐人之誤。明胡應麟《四部正譌》上《少室山房筆叢》三十。又引此序及《隋志》,以駁《崇文總目》。楫言先生有傳在《北史》,胡氏謂元嵩《北史》無傳。《四庫提要》一百八,謂“《北史》載元嵩藝術傳中,應麟求之專傳,不見其名,遂以爲《北史》不載;則楫不誤而應麟反誤”是也。黄宗羲亦謂《北史》《周書》皆無元嵩傳,全祖望駁之,有跋見《鮚埼亭外集》三十四。胡氏又謂元嵩先爲沙門,後還俗上書。明周嬰《卮林》八《諗胡篇》引《續高僧傳》駁之,謂元嵩乃上書而後還俗,其説亦是。嬰又引《廣弘明集》元嵩上書之事,並及《崇文總目》《困學紀聞》論《元包》之語。朱彝尊《經義考》二百七十,於《元包》下嘗引釋道宣《廣弘明集》一條。《提要》又據《大唐創業起居注》,知元嵩嘗造謡讖。嚴可均《全後周文》二十四有元嵩小傳。就余所見外典,叙元嵩事蹟者僅此耳。然其生平出處本末,釋家傳記,叙述甚備,諸家徵引不詳。今以《續高僧傳》爲主,而以他書参互考證之,叙之如次。

《續高僧傳》三十五《感通上益州野安寺衛元嵩傳》曰:“釋衛元

嵩,益州成都人。”案:楊楫《元包序》同。《創業起居注》三,稱爲“蜀郡衛元嵩”。《廣弘明集》七云:“周衛元嵩,本河東人,遠祖從宦,遂家於蜀。”唐釋湛然《輔行記》第二之五畧同,均較傳爲詳。《全後周文》元嵩小傳,逕題爲“河東人”,非是。

《傳》又曰:“少出家爲亡名法師弟子,聰穎不偶。嘗以夜静侍傍曰:‘世人洶洶,貴耳賤目,即知皂白,其可得哉!’名曰:‘汝欲名聲,若不佯狂,不可得也。’嵩心然之,遂佯狂漫走,人逐成羣,觸物擒詠。”按元嵩自少出家爲僧,昭然甚明,其後乃還俗爲道士。見後。而全祖望《元包跋》曰:“予友杭編修云:‘元嵩實道士。’不知何據?”失考甚矣。楊楫序曰:“少不事生産,潛心至道,明陰陽曆算。”與此所云“聰穎不偶”者合。又云“時人鮮知之”,此所以有“貴耳賤目”之歎也。《廣弘明集》云:“梁末爲僧,佯狂浪宕。”尋元嵩所以佯狂者,蓋凡好言休咎之人,多托之瘋癲以避禍。然愈瘋癲,愈使人驚爲神聖。從來惑衆之徒,多操此術。元嵩明陰陽曆算,故亡名教之佯狂以取名聲也,《續傳》九《周渭濱沙門釋亡名傳》云:“俗姓宋氏南郡人,本名闕殆。弱齡遁世,永絶妻孥。事梁元帝,深見禮待。及梁歷不緒,潛志玄門,遠寄岷蜀,預有學徒,問道無倦。”元嵩之爲亡名弟子,當在此時。

《傳》又曰:“周歷二十餘年,亡名入關,移住野安。”按《亡名傳》云:“天和二年五月,大冢宰宇文護遺書,名答云云。護得書,體其難拔,乃與書迎還,名達咸陽。”由天和二年,上溯二十餘年,當在梁武帝之末。亡名至蜀,既在梁元帝敗後,則元嵩爲亡名弟子,必無二十餘年之久,二字疑衍。據傳,則元嵩之住野安,在亡名入關之後。考《續傳》之例,每傳皆題某地某寺釋某;其不知寺名者,則題某地沙門釋某。今《亡名傳》但云“周渭濱沙門”,故知其在成都及長安所居之寺,皆佚不傳。元嵩以前與亡名所居何寺,既不可考;入關之後,又即還俗。道宣欲收入傳中,故即取其暫居之寺,題曰:“益州野安寺衛元嵩。”以其不終於釋,故不曰僧,不曰沙門,亦不曰釋元嵩也。《廣弘明集》十載王明廣上書,稱爲“益州野安寺僞道人衛元嵩”,此道宣所本。《全後周文》小傳云:“梁末出家,居成都野安寺。周平蜀入關,師事亡名。”與《續傳》全不合,皆誤。

《傳》又曰:"嘗謂兄曰:'蜀土狹小,不足展懷,欲游上京,與國士抗對,兄意如何?'兄曰:'當今王褒庾信,名振四海,汝何所知,自取折辱。'答曰:'彼多讀書,自爲文什;至於天才大畧,非其分也。兄但聽看,即輕爾造關,爲無過所。'乃著俗服,防者執之。嵩詐曰:'我是於長公家人,欲逃往蜀耳。'關家迭送至京。於公曾在蜀,忽得相見,與之交遊。貴勝名士,靡所不詣。即上廢佛法事,自此還俗。周祖納其言。又與道士張賓,密加扇惑,帝信而不猜,便行屏削。"按元嵩至京,傳不言在何時。考亡名入關,在天和二年五月以後,其時元嵩尚住野安。《廣弘明集》及《輔行記》均言元嵩以天和二年上書。傳既敘上廢佛法事,在至京之後,則其入關,亦必即在是年矣。跡其住野安寺,不過數月耳。於長公,不知何人?北周時於氏,見於史傳者,惟有於謹父子,此疑即謹子寔。寔爲謹長子,襲爵燕國公,故稱長公。《廣弘明集》云:"周氏平蜀,因爾入關。"《全後周文》小傳從之。考北朝平蜀,在西魏廢帝二年八月。其時宇文尚未簒立,而言周氏者,以《魏書》不紀西魏,其事皆在周史也。天和二年,上距平蜀之歲,凡十六年。今云"周氏平蜀,因爾入關"者,蒙上文"梁末爲僧"言之。蜀本屬梁,元嵩亦梁人,忽爾入關,故先言周氏平蜀,以爲張本,非謂以平蜀之歲入關也。嚴氏云"周平蜀入關",去其"因爾"二字,便乖事實。惟云"上書後竟廢佛還俗",較胡應麟言還俗上書者,爲不誤耳。《廣弘明集》十載王明廣上書云:"元嵩若志明,出家不悔;若志不明,悔何必是。"是元嵩上書之時,已自悔不當出家,故書上之後,遂還俗也。餘詳見後。

楊楫《元包序》曰:"獻策後周,賜爵持節蜀郡公,武帝尊禮,不敢臣之。塋域在縣廨東偏,邑人崇奉,至今不絶。"案:《續傳》不言元嵩所終。宋釋念常《佛祖通載》十一云:"嵩後感惡疾而卒。"《創業起居注》言"元嵩於周天和五年閏十月作詩",知其時尚在。《廣弘明集》載大象元年王明廣上書云:"元嵩天喪,無祐只然,一罷人身,歸於何處。"似其時元嵩已卒矣。楫序頗足補《續傳》所未備。賜爵之事,楫不言何所本。全祖望跋曰:"自唐中葉以後,沙門始有賜爵之事,元嵩賜爵,其言不核。"嘉錫案:原本《説郛》卷十載蜀馬鑑續事始,有道門爵秩謚贈一條云:"後周武帝時,道士魏當作"衛"。元嵩封蜀郡公,加太保。"然則元嵩還俗之後，復爲道士，其封蜀郡公在入道以後，非以沙門賜爵也。不得以此難之。楊楫所稱縣廨謂什邡縣廨。北周時無什邡縣。《元和郡縣誌》三十曰："什邡縣，周閔帝改爲方亭縣，武帝省入雒縣。"曹學佺《蜀中名勝志》卷九引《什邡縣誌》云："今縣誌乃唐紫極觀地也。廣左衛真人墓在焉。"真人乃衛元嵩，《雲笈七籤》以爲有舊碑刻存焉。與楊楫所謂塋域在縣廨東偏者合。然徧檢《雲笈七籤》，乃無曹氏所引之語，不知何故。楫序又曰："大觀庚寅，予被命來宰兹邑，蒞官之三日，恭謁衛先生祠，顧瞻廟貌，覽古石刻，先生實高士也。"考洪邁《夷堅丙志》卷二趙縮手條云："什邡縣風俗，每以正月作衛真人生日，道衆畢會。"然則宋時什邡縣不獨有元嵩祠墓，且爲邑人崇奉如此，豈非以其生時侈言禍福，爲人所神異耶？宋人稱之爲真人，可知其實嘗爲道士，史稱失其行事者，考之稗官雜説，尚可得其本末。

## 上書請省寺減僧及周武廢法第二

《周書》《北史·武帝紀》並云："建德三年，五月丙子，初斷佛道二教，經像悉毀，罷沙門道士，並令還民，《北史》作"俗"。並禁諸淫祀，禮典所不載者，《北史》作"非祀典所載者"。盡除之。"《通鑑》一百七十一，載入《陳紀》宣帝太建六年，並不言事所從起。惟《隋書·經籍志》，言由蜀郡沙門衛元嵩上書。見前。然釋家載籍，紀之具詳。《廣弘明集》六云："俗有讖記之傳，不知由何而得？周祖已前，有忌黑者，云有黑人，次膺天位，故齊宣惶怖，欲誅稠禪師。稠曰：'黑無過漆，漆可作耶？'齊宣忘解，手殺第七弟渙。周太祖初承俗讖'我名黑泰，案：當云"黑獺"。可以當之'。既入關中，改爲黑皂，朝野章服，咸悉同之。令僧衣黄，以從讖緯。武帝雄略，初不齒之。張賓定霸，元嵩賦詩，重道疑佛。將行廢立。有實禪師者，釋門之望，帝亦欽重。私問後運，是誰應得？實曰：'非僧所知。'帝曰：'如讖所傳云，黑者應得。僧多衣黑，竊有所疑。'實曰：'僧但一身，誰所扶翼？決非僧也。'帝曰：'僧非得者，黑者是誰？'實曰：'至尊大人，保信浪語，外相若聞，豈言至聖？黑者大有，老烏亦黑，大豆亦黑，如是非一，可亦得耶?'帝聞有姓烏姓竇者，假過誅之。元其情本，疑意在釋，遂即盪除。"又云："時有讖紀，忌於黑衣，謂沙門中，次當襲運。故帝初大信佛，以事逼身，遂行廢蕩。以建德三年，納道士張賓佞辯，便滅二教，更立通道觀，用暢本懷。"又卷八云："周高祖猜忌爲心，安忍嫌郄，信任讖緯，偏以爲心。自古相傳，黑者得也，謂有黑相，當得天下。所以周太祖挾魏西奔，衣物旗幟，並變爲黑，用期訛讖之言，斯亦漢光武之餘命也。昔者高洋之開齊運，流俗亦有此謡。洋言黑者稠禪師，黑衣天子也，將欲誅之。會稠遠識，悟而得免。備如别説。故周祖初重佛法，下禮沙門，並著黄衣，爲禁黑故。有道士張賓，譎詐罔上，私達其黨，以黑釋爲國忌，以黄老爲國祥。帝納其言，信道輕佛，親受符籙，躬服衣冠。有前僧衛元嵩，與賓脣齒相扇，惑動帝情。云'僧多怠惰，貪逐財食，不足欽尚。'至建德三年，歲在甲午，五月十七日，勅斷佛道兩教。"《集古今佛道論衡》二云："周武初信於佛，後以讖云：'黑衣當王'，遂重於道，躬受符籙。元冠黄褐，内常服用，心忌釋門，志欲誅殄；而患信佛者多，未敢專制。有道士張賓譎詐罔上，私達其策，潛集李宗，排棄釋氏。又與前僧衛元嵩，脣齒相副，共相菹醢。帝納其言。"《輔行記》二之五，與《佛道論衡》畧同。據此數書之言，則周武之廢佛，因信讖紀，疑忌僧徒；適會元嵩上書，遂聽其言，而有斯舉。今案：《北齊書・上黨王涣傳》云："初術士言亡高者黑衣，由是自神武後，每出行，不欲見沙門，爲黑衣故也。是時文宣幸晉陽，以所忌問左右曰：'何物最黑?'對曰：'莫過漆。'帝以涣第七爲當之，乃徵涣置地牢下，歲餘見殺。"是當時實有黑衣之讖。然謂黑爲漆，乃左右之言，並無稠禪師之事。《續高僧傳》十九有《僧稠傳》，叙或讒稠倨傲於宣帝，怒欲加害，旋復愧悔。初不爲疑黑衣，亦無黑漆之對。是道宣一人之書，已復自相違異。《周書・孝閔帝紀》云："元年春，正月，即天王位。百官奏議云：惟文王指宇文泰。誕玄氣之祥，有黑水之讖，服色宜烏。制曰'可'。"是道宣謂改章服爲黑皂者，亦實有其事。《通典》五十五云："後周承西魏，用水德，服衣尚黑。"然在孝閔受禪以後，非宇文泰挾魏西奔時事也。至謂武帝緣此心忌釋氏，亦恐不然。何者?服色用烏，既朝野皆同，則黑衣者多矣。於時僧已衣黄，何爲復畏？況亡高者黑，本無與於宇文；玄氣之祥，《北史·周文紀》，謂“帝生而有黑氣如蓋，下覆其身。”又自以爲應讖；則黑衣之説，當可釋然，何至武帝尚以此爲芥帶？至言帝於姓烏姓竇者，假過誅之，求之於史，益無其事。烏氏一族，不見於南北《史》，徧考姓氏書，亦無一人。若姓竇者，在北周時，惟有竇熾，乃宇文泰功臣。本傳言其“位望隆重，子孫皆處列位，爲當時盛族”，此宜人主所深忌；然武帝始終禮遇不衰，至隋時始卒。有子十四人，惟恭一人，在武帝時以罪賜死。不得以此遂謂帝疑竇氏也。蓋帝之廢佛教，實由元嵩上書，有以啓之。僧徒因元嵩本是沙門，不得不爲之迴護。故必謂其出於周武之私心疑忌，乃可爲元嵩末減耳。隋盧思道《後周興亡論》云：“高祖棄奢淫，去浮僞，施一德，布公道；屏重內之膳，躬大布之衣；始自六宫，被於九服，令行禁止，內外肅然。以釋氏立教，本貴清淨。近世以來，糜費財力，下詔削除之，亦前王所未行也。”見《文苑英華》七百五十一，又《廣弘明集》七引作《周齊興亡論》，文有刪節脱誤。此言最得其實。知周武之廢佛教，端在强國富民，强國富民，亦思道《西征記》中語，引見《廣弘明集》。不關黑衣之讖也。元嵩書辭，《廣弘明集》七，載之頗詳。道宣附以論斷，夾叙夾議。僧徒拙於行文，往往主賓相混。嚴氏《全後周文》，所録多誤。今取其文，重加訂正。先録元嵩原書於前，其道宣之辭，則附録於後。又引王明廣辨駁之語，以相印證。而原書爲道宣所削者，亦得以考焉。《輔行記》所引元嵩書甚畧，然字句間有不同，今取以校勘，擇其長者從之。義得兩通，及明知其誤者，不録。

天和二年上書畧云：

“唐、虞之世，二字從《輔行記》補。無佛圖而國安，齊、梁有寺舍而祚失者，未合道也。但利民益國，則會佛心耳。夫佛心者，大慈爲本，安樂含生；終不苦役黎民，虔恭泥木，傷損有識，蔭益無情。今大周啓運，遠慕唐、虞之化，無浮圖以治國而國得安。齊、梁之時，有寺舍以化民，而民不立者，未合道也。若言民壞不由寺舍，國治豈在浮圖？但教民心合道耳。民合道則國安，道滋民則治立。是以齊、梁竟像法，而起九級連雲，唐、虞憂庶人，而累土階接地。然齊、梁非無功於寺舍而祚不延，唐、虞豈有業於浮圖而治得久。而大周啓運，繼歷膺圖，總六合在一心，齊日月而雙照；養四生如厚地，覆萬姓同玄天；實三皇之中興，嗟兆民之始遇；成五帝之新立，慶黎庶之逢時；豈不慕唐、虞之勝風，遺齊、梁之末法？”

案：《佛祖通載》十一云：“衛元嵩上疏減僧。初，周武帝崇佛氏。天保六年，後梁明帝年號，即周天和二年。嵩上十一條省寺減僧云：‘僧多怠隋，貪財冒利，不足欽尚。’”據此，則此書應題爲省寺減僧疏，《全後周文》題作“上書請造平延大寺”，非也。“平延大寺”，乃元嵩取譬況之詞，豈真可造者耶？

《廣弘明集》十，敍王明廣請興佛法事，載明廣上書對元嵩六條。《法苑珠林》一百傳記篇，有王氏《破邪論》一卷，即明廣此書。其第一對云：“堯稱至道，不見金夢平陽，舜號無爲，尚隔瑞光蒲阪。若使齊、梁坐興佛法，國祚不隆；唐、虞豈爲業於僧坊，皇宗絶嗣。人饑菜色，詎聞梁史，浮天水害，著自堯年。全道何必唐、虞之邦，民壞豈止齊、梁之域。至於義行豐國，寶殿爲起非勞；禮廢窮年，土階處之爲逸。齊、梁塔寺，自開福德之因，豈責交報之祐。恐唐、虞之勝風，言是不獨是；齊、梁之末法；言非不獨非。”明廣書辭頗繁，今惟取其與元嵩相詰難之語，後仿此。即駁元嵩此節所言也。

“嵩請造‘平延大寺’，容貯四海萬姓，不勸立曲見伽藍，偏安二乘五部。夫平延寺者：無間道俗，間，原作“選”，從《輔行記》改。罔擇寃親；原作“親疏”，從《記》改。以城隍爲寺塔，即周主是如來；用郭邑作僧坊，和夫妻爲聖衆；推令德作三綱，尊耆老爲上座；尊，原作“遵”，從《記》改。選仁智充執事，求勇略作法師；行十善以伏未寧，示無貪以斷偷劫：是則六合無怨紂之聲，八荒有歌周之詠，飛沈安其巢穴，水陸任其長生。”

案：道宣云：“嵩此上言，有所因也。曾讀智論，見天王佛之政令也，故立平延。然述佛大慈，含生安樂，斯得理也，事則不爾。夫妻乃和，未能絶欲，城隍充寺，非是聖基，故不可也。即色爲空，非正智莫曉；即凡爲聖，豈凡下能通？故須兩諦雙行，二輪齊運，以道通俗，出要可期。”

王明廣第二對云：“寺稱平延，嵩乃妄論。佛立伽藍，何名曲見？斯乃校量過分，與奪乖儀，執行何異布鼓而笑雷門，對天庭而誇蟻穴。勸以夫婦爲聖衆，苟恣婚淫；言國主是如來，冀崇諂說。清諫之士，如此異乎？元嵩必爲過罪，僧官驅擯，忿羞恥辱，謗旨因生。覆巢破寺，恐理不伸，扇動帝心，名尊爲佛；曲取一人之意，埋没三寶之田。凡百聞知，孰不歎息？"

"不勸立曲見伽藍者，以損傷人畜故也；若作則乖諸佛大慈。昔育王造塔，一日而役萬神；今造浮圖，累年而損財命。況復和土作泥，磚瓦見日；爲草蟲而作火劫，助螻蟻而起天災。仰度仁慈，未應垂許。"

案：此條上有"嵩云"二字，明是元嵩書中之語。蓋嵩言請造平延大寺，不勸立曲見伽藍，故上節説請造平延大寺之意，此節説不勸立曲見伽藍之意也。下文云："斯誠戒也，故比邱造房，先除妨難，有損命者，必不得爲。重物起慈，即爲仁塔；理極正矣，事罕行之。"方是道宣之論斷。嚴氏録元嵩書，無此一節，蓋以爲並是道宣之語，誤矣。

又案：元嵩云："佛心大慈爲本，終不苦役黎民，虔恭泥木，傷損有識，蔭蓋無情。"宇文譯詰王明廣云："元嵩所上曲見伽藍，害民損國。"此節言損傷人畜，即所謂傷損有識；而苦役黎民，害民損國之意，書中不見。王明廣第三對云："明知資父事師，自闕古典，束脩發起，孔教誠論。叵有衛嵩，横加非難，入堂不禮，豈勝不言！昔唐堯則天之治，天有逸水之災；周置宗廟之禮，廟無降雨之力。如謂塔無交福，以過則歸；亦可天廟虚求，例應停棄。若以理推，冥寤天廟之恩；亦可數窮命也，豈堂塔而能救？'外修無福'，是何言也？此若課貧抑作，民或嗟勞，義出包容，能施忘倦。若必元由寺塔，敗國窮民，今既廢僧，貧應卒富。鬼非如敬，謂之爲諂，拜求社樹，何惑良多？若言社樹爲鬼所依，資奉而非咎；亦可殿塔爲佛住持，修營必應如法。若言佛在虚空，不處泥木；亦應鬼神冥寂，豈在樹中。"詳味明廣之言，則元嵩書辭，尚可推測。蓋言修造寺塔，不能降福，無救民窮，事佛之道，不假外修。今課貧民之財，抑勒工作，勞苦之餘，多生嗟怨，敗國窮民，了無所益，不如拜求社樹，尚或有靈。以社樹爲鬼所依，而佛在虛空，不處泥木故也。皆所以發揮篇首佛心大慈終不苦役黎民虔恭泥木之意。道宣以其破除迷信之語太多，恐妨人信仰，故删去之，惟存其損傷人畜數語。蓋道宣持律精苦，嚴守殺生之戒，故惟於其作磚瓦而害及草蟲螻蟻之説，深表同情也。廣明條對，當是先列元嵩原書於前，然後加以辨駁，如法琳對傅奕廢佛僧事之體。見《廣弘明集》十一。只以道宣畏惡其言，故並删除之，以泯其跡。

"請有德貧人，免丁輸課，無行富僧，輸課免丁。輸課免丁，則諸僧必望停課，爭斷慳貪。貧人免丁，衆人必望免丁，競修忠孝。有十五條，勸行平等，非滅佛法，勸不平等，是滅佛法；勸行大乘；勸念貧窮；勸舍慳貪；勸人發露；勸益國民；勸獠爲民；勸人和合；勸恩愛會；勸立市利；勸行敬養；勸寺無軍人；勸立無貪三藏，勸少立三藏；勸僧訓僧，勸敬大乘戒：上列事條，反則滅法，順則興道。"

嚴氏云："此段乃約文。"今案：自"競修忠孝"以上，仍是元嵩書辭。自有十五條以下，始是道宣隱括之語耳。原文於"競修忠孝"下，有"此則興佛法而安國家，非滅三寶而危百姓也"二句，"有十五條"下，有"總是事意"一句。詳其文義，皆道宣之語。蓋道宣既爲元嵩回護，言其是興佛法，非滅三寶；又言其所上十五條，皆是此意也。末云："並陳表狀，及佛道二論，立主客，論小大。"亦道宣叙事之辭。嚴氏併録入元嵩書中，非是，今删去。

又案：十五條而有十七勸者，蓋勸行平等，與勸不平等，合爲一條；勸立無貪三藏，與勸少立三藏，合爲一條也。《佛祖通載》云："嵩上十一條"，"一"乃"五"字之誤。

道宣又云："嵩以理通我，不事二家，唯事周祖。以二家空言其理，而周帝親行其事，故我事帝，不事佛道。立詞煩廣三十餘紙，大畧以慈救爲先，彈僧奢泰，不崇法度；無言毁佛，有葉真道也。"王明廣第四對云："令無行富僧，從課有理，有德貧僧，奪寺無辜。至如管蔡不臣，未可姬宗悉戮；卜商鄙吝，詎可孔徒頓貶。元嵩既是佛法下士，偷形法服，不識荆珍，謬量和寶，醜詞出自僞口，不遜費於筆端。若使關西之地,少有人物,不然之書,誰肯信也?”案:明廣詆元嵩之書曰“醜詞”,曰“不遜”,知嵩於當時無行僧徒,必攻擊不遺餘力矣。

又其第五對云:“窮以山包蘭艾,海蘊龍蛇,美惡雜流,賢愚亂處。若龍蛇俱寵,則無别是非;蘭艾並挫,誰明得失?若必存留有德,簡去不肖;一則有潤家風,二則不惑羣品,三則天無譴善之譏,四則民德歸厚矣。或有改形换服,苟異常人,淫縱無端,還同愚俗;元嵩乞簡,差當有理。現行時人,受行儒教,克己復禮,觸事多違,復云何彼不合禮,不罷儒服者乎?”案:此“存留有德,簡去不肖”及“改形换服”四語,蓋皆元嵩原書之詞,即道宣所謂“彈僧奢泰,不遵法度。”《隋志》所謂“元嵩上書,稱僧徒猥濫”,《佛祖通載》所謂“元嵩上疏減僧云‘僧多怠惰,貪財冒利,不足欽尚’”也。迹必廣尋證佐,列舉事狀,故使明廣道宣,亦深贊其言之有理,不能爲其徒曲諱也。惜其原文爲道宣刊落殆盡。周嬰《卮林》僅就現存元嵩書辭考之,遂以爲與《隋志》所言者異矣。

又第六對云:“忠臣孝子,義有多塗,何必躬耕租丁爲上?禮云:‘小孝用力,中孝用勞,大孝不匱。’沙門之爲孝也,上順諸佛,中報四恩,下爲含識,三者不匱,大孝一也。若乃事親以力,僅稱小孝,租丁奉上,忝是庸民。施僧敬僧,俱然合理。以嵩向背,矛盾自妨。上言慢人;敬石名作癡僧,敬像還成愚俗。婬妻愛子,畜生亦解;詠懷克念,何其陋哉?若言沙門出家,即涉背親之譏,亦可曾參事於孔丘,便爲不孝之子。夫以道相發,聞之聖典,束脩合禮,僧有何愆?《老子》曰:‘四象不行,大象無以暢;五音不聲,大聲無以至。’若欲永滅二乘,必可大乘無以暢。元嵩若志明,出家不悔;志若不明,悔何必是。嵩本歸命釋迦,可言善始;厭道還俗,非是令終。天無長惡,何久全身?背真向俗,取返何殊?請簡僧立寺者,廣聞金玉異珍,在人共寶;玄儒别義,遐邇同遵。豈必孔生自國,便足師從;佛處異邦,有心損棄。”尋廣明此段之意,則元嵩原書,蓋言僧不能躬耕以租丁奉上,既是不忠;又不能竭力以事父母,背親出家,復爲不孝。以如是之人,而受人布施,邀人敬奉,詎云合理？夫佛在虛空，則敬石者惟作癡僧；案：敬石亦謂佛像，蓋北魏造像之風極盛也。不處泥木，則敬像者還成愚俗。不如畜妻子以廣似續，便是永懷二人，克念父母，爲孝之大也。以此因緣，故自悔出家；爲用志不明，今決計還俗。雖未善始，猶可善終。末言所以請簡汰僧徒，立平延大寺者，蓋中國自有孔子，足可師從，佛本遠邦之神，無勞崇奉。道宣以其言聳聽，故亦刪除。

今以元嵩之書，與明廣之對，兩者對勘，則雖未盡見原文，猶可推尋其意。嵩但請沙汰僧徒，少立三藏，未嘗請一切廢毀。周武禁斷佛教，自非元嵩本圖。然嵩謂佛在虛空，不處泥木，修寺不救民窮，敬像只成愚俗，則經像可毀。謂僧不躬耕，便是不忠不孝，則事佛便成罪人。請用郭邑作僧坊，和夫妻爲聖衆，則不須出家，凡是沙門，皆可還俗。嵩又以理通我，不事二家，惟事周祖，則佛道並當禁斷。故周武之詔，雖謂盡出於元嵩之意可也。觀《佛道論衡》二，載周高祖與前僧任道林問對，詔云："況佛無益，理不可容。何者？敬事無徵，招感無效，自救無聊，何能益國？"此即元嵩數窮則堂塔不能救，外修無福之意。又云："自廢已來，民役稍希，租調年增，兵師日盛。"夫不苦役黎民，虔恭泥木，則民役希；盡心躬耕，租丁奉上，則租調增；亦皆元嵩所已言。帝又曰："是知帝王即是如來，宜停丈六，王公即是菩薩，省事文殊。耆年可爲上座，不用賓頭；仁惠真爲檀度，豈假棄國。和平第一精僧，寧勞布薩？貞謹即成木義，何必受戒？儉約實是少欲，無假頭陀；蔬食至好長齋，豈煩斷穀？放任妙同無我，何借解空？忘功全通大乘，寧希般若？文武直是二諦，不觀空有；權謀徑成巧便，豈待變化？加官真爲受記，無謝證果。爵祿交獲，天堂何必上界；罰戮見感，地獄不指泥犂。以民爲子，可謂大慈；四海爲家，即同法界。治政以理，何異救物？安樂百姓，寧殊拔苦？翦罰殘害，理是降魔；君臨天下，真成得道。汪汪何殊淨土，濟濟豈謝迦維？"此又全襲元嵩請立平延大寺之說矣。《佛道論衡》同卷。又載"周武帝以齊承光二年春，東平高氏，案：《北齊書》《通鑑》齊幼主以齊隆化二年正月乙亥即位，改元承光。乙未，禪位於任城王湝。己亥，與後主俱被獲。計其在位僅二十日耳，安得有二年？此僧徒記事之謬，否則傳寫誤也。召前修大德，並赴殿集。帝昇御座，序廢立義案：周武以建德三年,禁斷二教,至六年平齊,此乃欲更斷齊境内佛教,故召沙門議之。云:"真佛無像,遥表敬心。佛經廣歎崇建圖塔,壯麗修造,致福極多。此實無情,何能恩惠?愚人向信,傾竭珍財,徒爲引費,故須除蕩。故凡是經像,皆毁滅之。父母恩重,沙門不敬,悖逆之甚,國法不容,並退還家,用崇孝始。"觀其自叙,不外隱括元嵩書中之意。《續高僧傳》言:"元嵩上廢佛,周祖納其言。又與張賓,密加扇惑,帝信而不猜,便行屏削,"尚爲實録。其他謂由周武疑忌黑衣者,殆皆不免曲筆矣。蓋元嵩以佛教之徒,入室操戈,挺身發難,輸寫情實,發露陰私,倒持太阿,授人以柄。周武乃得執以爲説,以關沙門之口。故廢佛法,雖非元嵩所請,而元嵩之言,實深入周武之心,乃一舉而廊清之。元嵩不上書,佛法不廢,可斷言也。

然則元嵩何爲上書?蓋因不得志於時,有激而然也。觀《續高僧傳》所載元嵩事蹟,其人蓋不羈之士,自負其才,思取大名於世。楊楫序云:"少不事生産",則其家本貧,出身寒微可知。不幸生當有梁之末,時方以門第用人;所謂"上品無寒門,下品無世族"。元嵩以一遠方寒士,何由自見,乃憤而出家。蓋朝廷之名器爵禄,不足以收拾人材;而時方盛崇佛教,故士之懷才不遇者,往往遁入空門。南北朝之多高僧以此。特元嵩之逃禪,非其本心,自不甘於淡泊。當時大德沙門,名動朝野,致帝王頂禮公卿膜拜者,不乏其人;而元嵩又不爲人所知。所如不偶,至於佯狂漫走。其對亡名云:"世人洶洶,貴耳賤目",憤激之情,可以概見。王明廣云:"元嵩必爲過罪,僧官驅擯,忿羞恥辱,謗旨因生。"疑亦或有其事?然則元嵩復不見容於同類矣。後來上書,自悔出家,蓋由於此。其出蜀入關之時,與其兄言,自命天才大畧,直欲壓倒庾信、王褒。然以羈旅之人,一旦欲致聲名出朝士之右,勢非出奇制勝,聳動一時之耳目不可。周自宇文泰以來,即欣慕華風,規仿官禮;而又崇奉道法,每帝受籙。見《隋志》道經類序。武帝尤勵精圖治,不肯以夷狄自居。佛教盛於五胡,本非中國所有。《佛道論衡》武帝詔任道林云:"佛生西域,寄傳東夏,原其風教,乖殊中國,漢魏晉世,似有如無。五胡亂俗,風化方盛,朕非五胡,心無敬事,既非正教,是以廢之。"當時僧徒既衆,不免藏垢納汙,姦僞百出;而奸民避役,托跡沙門,不供租賦,國與民交受其敝。《魏書·釋老志》言之甚詳。《廣弘明集》六，所載魏張普濟李瑒楊衒之齊劉書章仇子陀之徒，所言佛法之敝，大抵與元嵩相表裏。全祖望跋曰：“元嵩上疏，非詆釋教，乃謂托於釋教者之多耳。”帝英威電發，《周書·武帝紀》贊語。勇於作爲。苟有人焉，直陳其弊，其視去佛教，若出涕唾耳。元嵩既窺見其微，又以本不得志於釋，故不惜痛快言之。以舉世奉佛之時，忽有此一鳴驚人之舉，出於一游僧之口，雖或不見聽，亦足使朝野震駭，相與指目之。平生拂鬱之氣，爲之一吐矣。時尚儼然一僧，不便昌言詆佛。而周武前此本無廢佛之心，亦未可言之太遽。故姑依傍經典，請立平延大寺，奉周祖爲如來，而惟集矢於僧徒，盡情宣洩其短。王明廣言：“元嵩恐理不勝，故扇動帝心，名尊爲佛。”亦未嘗不得其情也。果以此言深合帝意，遂至賜爵封公。帝後對任道林，居然以帝王即是如來，沾沾自喜，蓋早已落元嵩度中矣。然元嵩以天和二年上書，當時不即有所處分者，則以舉世信佛，一旦廢毀，人情不以爲便，爭議甚多；故甄鸞上《笑道論》道安上《二教論》並在天和五年，見《佛道論衡》及《廣弘明集》。並助佛攻道。帝亦持重不發，遲回至數年之久。其時元嵩已尊寵用事，武帝待以不臣之禮，自必朝夕進見，參與帷幄密謀。因與道士張賓，日以廢佛之利及僧徒之害，説於帝前。帝始毅然決策，於建興三年，下詔一切禁斷。使帝果因疑忌黑衣，則當去之惟恐不速，何用召集衆僧，反復辯論，《廣弘明集》八：“天和四年三月十五日，勑召有衆僧名儒道士文武百官二千餘人，量述三教，其月二十日，依前集論。”與狐謀皮也哉？況元嵩上書，只請沙汰僧徒，未嘗主張道教。至天和四年，集論三教，乃以儒教爲先，佛教爲後，道教最上，是其事已漸變。蓋元嵩初僅讎釋，至是更進而袒道矣。固由其學本與道家相近，見第四篇。亦因既返初服，無所顧忌，又日與張賓相處，已變衣冠爲道士，遂不惜變本加厲，明目張膽以與佛法爲難。道宣謂“嵩與賓脣齒相扇，排棄釋氏，扇動帝情”，其事蓋不盡誣。惜乎其説不傳。大抵其人急於自見，好爲奇策以取功名。故其説亦與時翕張，不能盡符初意耳。

張賓見《隋書·律曆志》，云：“高祖方行禪代之事，欲以符命曜於天下。道士張賓，揣知上意，自云玄相洞曉星曆，因盛言有代謝之徵；又稱上儀表非人臣相。由是大被知遇。及受禪之初，擢賓爲華州刺史。”又附見藝術《來和傳》,其事正當周末。《廣弘明集》諸書所言,蓋即此人。賓“洞曉星曆”,盛言符命。元嵩亦明陰陽曆算,好言將來之事。兩人臭味相同,故沆瀣一氣。當時皆知廢佛之謀,出於此兩人,乃所以爲老氏張目。故甄鸞、道安之徒,皆直攻道教以伐其謀。蓋其始只言沙汰僧徒,尚是佛教内部之事;至是變而欲廢佛存道,二教遂互相水火矣。武帝雖以累代受籙,頗信玄宗,然爲人雄畧蓋世,初不屑注意於此。用《廣弘明集》六“武帝雄略,初不齒之”意。時方重道尊儒,《北史・熊安生傳》。文教遠覃,《北史・儒林傳》序。老釋之相争不已,本非帝所樂聞,故遂下詔並加禁斷。蓋不欲獨存道教,爲僧徒口實故也。因帝非魏太武、宋道君,遂使張賓亦不得爲寇謙之、林靈素。卒之兩敗俱傷,牽連並廢。是又元嵩、張賓所不及料者矣。

道宣叙周武更興道法事《廣弘明集》十。云:“武帝受法黄老,欲留道法,擯滅佛宗。僉議攸同,成遵釋教。帝置情日久,殊非本圖。會道安法師立二教論,無聞道法,意彌不伏。無奈理通衆口,義難獨留。遂二教俱除,憤發於内外。”是道教之廢,實被佛法所累,非帝本意。故五月斷二教,六月即復立通道觀。見《周書》及《北史・武帝紀》。道宣謂:“於時員置百二十人,選擇李門人,有名當世者,衣冠笏履,名通道觀學士。”然全國僅置觀一所,則帝之於道教,雖不欲竟廢,亦未嘗復興。《隋・經籍志》云:“後周崇奉道法,尋與佛法俱滅。開皇初又興。”是則終周之世,未嘗反汗。且通道觀中,不惟道士,亦復有僧。故“前沙門京兆樊普曠召入通道,任道林表鄰城義學沙門十人,請預通道觀。上覽表即曰,卿入通道觀大好,學無不有,至論補己,大爲利益”。並見《廣弘明集》十。此即立通道觀詔中,所謂“聖哲微言,先賢典訓,金科玉篆,秘頤玄文,所以濟養黎元,扶成教義者,並宜弘闡,一以貫之”也。此詔亦見《帝紀》。尋“通道”之義,所以通伸三教。此道宣敍任道林語。豈惟佛廢,道亦不存。但道士衣履,頗同俗人,僧本無發,忽加冠巾;便謂横被排抑,强使入道耳。實則與宋之改僧爲德士者殊科。道宣乃以此爲周武更興道法,誣矣!

## 僧徒之評論元嵩第三

王明廣與釋道宣之論元嵩，予奪不同。明廣於廢佛之事，歸罪元嵩，道宣則惟恨周武。此無他，時爲之也。元嵩請富僧輸課，及簡汰僧徒，明廣皆不以爲非，但謂“無行當僧，從課有理，有德貧僧，奪寺何辜”。又言“今僧美惡，假令相半，豈宜驅擯，一切不留”。夫元嵩但請省寺减僧耳。奪寺驅僧，自出周武之詔。而明廣惟於元嵩痛肆詆毁者，以其上書於周天元之朝，不便對子駡父也。至道宣則謂“元嵩無言毁佛，有葉真道”。蓋因唐高祖武德九年，嘗下詔沙汰天下僧尼道士女冠。傅奕因集晉魏以來，與佛議駁者，爲《高識篇》，見《唐書》本傳。高祖與焉。奕《高識傳》，凡列二十五人，姓名見《廣弘明集》卷六，元嵩其一也。道宣著書，惟與謗佛者如奕之徒力辯。至如减僧而不謗佛，若元嵩之流，則並謂是“興隆之人，崇敬佛法，恐有淫穢，故須沙汰，務得住持”。蓋其苦心分别，不獨議論平情，亦以投鼠忌器故也。道宣書中叙周武廢佛事，必以元嵩與道士張賓並言，而大抵罪賓之意爲多。至作《元嵩傳》，反盛稱其才，終篇並無貶詞。則以嵩本沙門，不欲予闢佛者以口實耳。《四庫提要》一百八，謂“道宣《廣弘明集》，於元嵩深有詆詞。蓋以澄汰僧徒，故緇流積恨”。以今考之，則道宣於元嵩，少否多可。《提要》之言，失之不考。其後僧徒著書，並從道宣。至唐釋道世《法苑珠林》七十九云：“建德三年，内納道士張賓妖佞云：‘佛法於國不祥，可滅除之。’至建德六年，東平齊國，又殄前代數百年寺塔，掃地除盡。”元釋覺岸《釋氏稽古畧》二云：“周帝嘗奉佛篤敬，造寺建塔度僧，寫佛經千餘部，忽爲道士張賓之惑，始懷毁教之志。”並深没元嵩不言。惟宋釋念常《佛祖通載》十一云：“元嵩上十一條，省寺减僧，後感惡疾而卒。世尊曰：‘獅子身中蟲，嵩何不當之矣。’”於元嵩頗致不滿。然其辭甚畧，又不載元嵩原書，遠不如其記傅奕、韓愈之詳。蓋猶道宣之意也。

《續高僧傳・元嵩傳》云：“隋開皇八年，京兆杜祁死，三日而蘇，云見周武帝於鐵窗中,身作鐵色,著鐵枷鎖,曰:‘我以信衛元嵩言,毁廢佛法,故受此苦。’祁曰:‘大家何不注引衛元嵩來?’帝曰:‘我尋注之,然曹司處處搜求,乃遍三界,云無不見。若其朝來,我暮得脱,何所更論。卿還與世間人,爲元嵩作福,早來相救。如其不至,解脱無期。’祁蘇,不忘冥事,勸起福助云。”此但謂冥司尋元嵩不得耳。既欲世間人爲元嵩作福,是尚不以爲無罪也。且云:“以信衛元嵩言,毁廢佛法。”尚與事實不大相遠。至《法苑珠林》七十九,引唐臨《冥報記》云:“隋開皇十一年,内大丞趙文昌身忽暴死,見周武帝,頸著三重鉗鎖。即唤昌云:‘汝今還家,爲吾具向隋文帝説,吾諸罪並欲辯了,唯滅佛法罪重,未可得竟。當時以衛元嵩教我滅佛法,比來數追元嵩未得,以是未了。吾當時不解元嵩意,錯滅佛法。元嵩是三界外人,非是閻羅王所能管攝,以此追之不得。汝語隋帝,乞吾少物,營修功德,冀望福資,得出地獄。’昌至家得活,以此事具奏文帝。文帝出敕徧下國内,人出一錢,爲周武帝轉《金剛般若經》,兼三日持齋,仍敕録此事,入於《隋史》。”今新印本《冥報記》無此條。此則有意爲元嵩開脱矣。唐臨雖是士人,臨,兩《唐書》皆有傳。然篤信佛法。觀所作《冥報記》,皈依三寶,廣説因緣,固儼然一優婆塞也。左袒元嵩,固無足怪。《珠林》九十四又引《冥報記》云:“周武帝有監膳儀同,名拔虎,開皇中暴死,三日而蘇。文帝引問,言見武帝云:‘爲我相聞大隋天子,昔與我共食倉庫,玉帛亦我儲之。我今身爲滅佛法,極受大苦,可爲吾作功德也。’於是文帝勑天下人出一錢,爲追福焉。臨外祖齊公,親見問時節,歸家具説。”此節亦見日本古鈔本《冥報記》及新印本《冥報記》卷下。此叙滅法受報事,竟不復及元嵩。且本節先言武帝爲食雞卵受罪,末忽云“爲滅佛法”,前後文義,了不相關。況此二事,同出《冥報記》,皆云“隋文帝令人出一錢,爲周武追福”,自是一事無疑。而一名趙文昌,一名拔虎,竟復誰是耶?又云“録入《隋史》”,當是指王劭所撰《隋書》。今唐修《隋書》,並無其事。即李延壽好採小説,而《北史》亦無其文。又考《歷代三寶記》十二,載隋文帝懺悔文云:“周代亂常,侮蔑聖跡,塔寺毁廢,經像淪亡。弟子重顯尊容,再崇神化。頽基毁跡,更事莊嚴,廢像遺經,悉令雕撰。雖塵心懇到,猶恐未周,故重勤求,令得顯出。而沈頓經年,汙毁非處，如此之事，事由弟子。周室除滅之時，自上及下，或因公禁，或起私情，毁像殘經，慢僧破寺。如此之人，罪實深重。今於三寶前悉爲發露懺悔。敬施一切毁廢經像絹十二萬匹，皇后又敬施絹十二萬匹；王公已下，爰至黔黎，又人敬施錢一文。"然則隋文令天下人出一錢，雖實有此事；乃爲周滅法時，上下之人，多得罪三寶，故令出錢，普爲懺悔自身罪過，非爲周武追福也。唐臨所記，顯就此事傅會，不足深信。道宣《廣弘明集》十云："近見大唐吏部尚書唐臨《冥報記》云：'外祖隋左僕射齊公，親見文帝問死者還活人云，初死見周武帝'"云云，即是節録拔虎一條也。及其撰《元嵩傳》，又以爲京兆杜祁，復不言傳語隋文帝。且此三事，一在開皇八年，一在十一年，一但云開皇中，極儻恍迷離之致。無非欲報滅法之仇，故多撰此等故事，冀廣爲傳説，動人敬信而已。夫天堂地獄之説，釋氏所以忻動禍福人之微權也。故於闢佛之人，必極辭醜詆，謂其生受惡報，死墮泥犂，以快其意。《廣弘明集》六云："武帝害叔謂誅宇文護，然護是帝從兄，非叔也。毁佛，欺謅已深，祚促曆移，固其宜矣。況復癘及其身，上文謂武帝因癘而崩。呼嗟何及，殃鍾禍及，又可悲涼。餘有除毁相狀，感於苦報，具如别述。"即謂卷十所引《冥報記》事。其恨周武，可謂至矣！元嵩身爲浮屠，毁謗三寶，其罪當較平人更加一等。乃獨得逍遥三界之外，不與傅奕等同科。則釋氏之徒，曲護同類，恥揚家醜之情，昭然可見矣。

## 元嵩之學術及其著述第四

元嵩所著書，傳者有《元包》，《隋志》《舊唐志》均不載，始著録於《新唐志》，作十卷，注云："蘇源明傳，李江注。"《崇文總目》《館閣書目》、據《困學紀聞》一引。《通志》《郡齋讀書志》《書録解題》《玉海》、卷三十六。《通考》《宋志》所載卷數並同。而世所行刻本，皆只五卷。明翻宋蜀本，天一閣刋本，《津逮秘書》《學津討原》本，並同。《四庫提要》謂："或並或佚，蓋不可考。"見卷一百八《元包》條下。今案：《玉海》引《崇文目》云："《元包》十卷，太陰、太陽、少陰、少陽、仲陰、仲陽、孟陰、孟陽、運著、説原。”《讀書志》一云:“《元包》以坤爲首,因八卦世變,爲六十四卦之次。又著《運蓍説源》二篇案:詳本書文義,此二篇乃蘇源明所作,如《易》之有《繫辭傳》,非元嵩自作也。統言卦體,不列爻位。”所言並與今本合。若尚有五卷,不知更作何語。《經義考》引胡一桂説,見後。所載十卷次第,亦即今本。蓋書本十篇,以一篇爲一卷。今本五卷者,後人刻書之時,以意合併之耳,周中孚《鄭堂讀書記》四十六已言之。非有缺佚也。范氏《天一閣書目》一,有“《元包經傳》十卷”。注云:“刊本,缺下五卷。”邵懿辰《簡明目録》十一從之,皆誤。

《提要》又云:“楊楫序稱大觀庚寅,前進士張昇、景初,携《元包》見遺,曰:‘自後周歷隋、唐,迄今五百餘年,世莫得聞。頃因楊公元素内翰,傳秘閣本,俾鏤版以傳。’然此書《唐志》《崇文總目》並著録,何以云五百餘年,世莫得聞?王世貞疑爲依託,似非無見。”余謂楫序所言世莫得聞者,謂民間無其書耳,故下文即言傳自秘閣。彼豈不知《唐志》《崇文總目》曾著録耶?此書在唐時,有蘇源明作傳,李江作注,知嘗行於民間。而云五百餘年不得聞,不過極言知之者之少。《提要》之言,不免以詞害意矣。以元嵩之學術思想考之,是書實所自作,非後人所能依託也。

《元包》自《唐志》以下,皆著録經部《易》類。朱彝尊《經義考》入之擬經。《四庫全書總目》,始改歸子部術數類。就其書觀之,蓋亦《易》之支流餘裔,折而入乎術數者也。其實《易》亦未嘗不是術數。與《京房易傳》、揚雄《太玄》相似。全祖望《讀易别録》,不收此書,非是。今取諸家論此書源流者,列舉之於下:

宋張行成《元包數總義》曰:“揚子雲《太玄》,其法本於《易緯》卦氣圖;衛先生《元包》,其法合於《火珠林》,皆革其誣俗而歸諸雅正者也。卦氣圖以六十卦爲主,一爻當一策,所謂‘乾坤之策,三百六十,當期之日’,其於《繫辭》,則序卦之義也。主於運行之用者,天而地之數,故爲天地之大數也。火珠林以八卦爲主,四陰對四陽,所謂‘天地定位,山澤通氣,雷風相薄,水火不相射’;其於《繫辭》,則説卦之義也。主於生物之用者,地而物之數,故爲人物之小數也。卦氣圖之用,出於孟喜《章句》;《火珠林》之用,祖於京房《易》。末流之弊,雜亂於星官曆翁，其事失之誣，其辭失之俗。故二君以其法爲書而歸之雅正也。《太玄》日始於寅，義祖《連山》；《元包》卦首於坤，義祖《歸藏》；由是三《易》世皆有書矣。"

《經義考》二百七十：胡一桂曰："《元包》祖《京房易傳》八宫卦，以坤宫八卦爲《元包》太陰卷一，乾宫八卦爲《元包》太陽卷二，次兑宫八卦爲少陰，次艮宫八卦爲少陽，次離宫八卦爲中陰，次坎宫八卦爲中陽，次巽宫八卦爲孟陰，次震宫八卦爲孟陽，運蓍第九，説源第十，凡十卷。"

又詹景鳳曰："《元包》雖本《火珠林》，實商易之意。'元'即歸之反下者，'包'即藏也。遊魂歸魂，蓋即夫子遊魂之言，稍變以代消息兩字耳。"

明胡應麟《四部正譌》上曰："《元命包》四卷，按書名本無"命"字，胡氏誤。其作四卷，蓋所見本不同。其數即《火珠林》，與京房《易》懸合。《火珠林》，蓋宋時用以卜筮者云。"

就以上諸説考之，則元嵩之學，可得而言。《元包》取法《火珠林》，而追祖京房。《漢書·儒林傳》曰："京房受《易》梁人焦延壽。延壽云，嘗從孟喜問《易》，會喜死。房以爲延壽《易》即孟氏學，翟牧白生不肯，曰'非也'。至成帝時，劉向校書，考《易》説，以爲諸《易》家説皆祖田何、楊叔、丁將軍，大誼畧同。唯京氏爲異黨。焦延壽獨得隱士之説，托之孟氏，不與相同。"又《京房傳》曰："治《易》。事梁人焦延壽，其説長於災變，分六十四卦，更直日用事，以風雨寒溫爲候，各有占驗。房用之尤精。"以此言之，則京氏之學，本非孟喜所傳。而《喜》本傳又言："喜得《易》家候陰陽災變書，許言師田生且死時，獨傳喜。"則即使真出孟氏，亦非《易》家正宗。楊楫言："元嵩少潛心至道，明陰陽曆算，"而京氏則《易》家之以陰陽言災變者。故元嵩雖作書以擬《易》，而取法於京房。至後漢以後之道家，雖號稱爲黄帝、老子之學，其實乃取《漢志》陰陽術數、神仙方技諸家之遺説，與黄老雜糅而成之。京房之學，既長於陰陽，故魏伯陽取之以言爐火。朱子《晦庵文集》三十八《答袁機仲書》第十一首曰："參同所言納甲之法，則今所傳京房占法。見於《火珠林》者，是其遺説。"元嵩著書，亦出於京房及《火珠林》,故與道家之學,有不謀而合者。嵩先明陰陽而後出家事佛,則以梁時佛盛道衰,欲借之以釣奇。一不得志於釋,遂因性之所近,折而入於道。故道宣謂其"與道士張賓脣齒相副",疑實有其事,不盡出於誣詆也。

李江《元包注》卷一,引有衛先生《三易異同論》,卷五末又引衛先生《易論》,文字大同小異。嚴氏《全後周文》采之,題作《三易異同論》,而文則從卷五。今取兩條互勘,注其異同:

夫尚質則人淳,人淳則俗樸,樸之失其弊也惷,惷則變之以文。卷一引此句在"後謟則變之以質"下。尚文則人和,人和則俗順,順之失其弊也謟,謟則變之以質。質以變文,文以變質,卷一引無此二句。亦猶寬以濟猛,猛以濟寬,此聖人之用心也;豈卷一此下有"徒"字。苟相反背而妄有述作焉。

其說以爲三《易》質文遞變,所以自叙其作《元包》之意。蘇源明《元包傳》曰:"理亂相糾,質文相化。亂極則先乎太《易》,文弊則從乎巨《包》。《易》始乎乾,文之昭也以行。《包》起乎坤,質之用也以靖。"李江序亦曰:"昔文質變更,篇題各異。夏曰《連山》,殷曰《歸藏》,周曰《周易》,而唐謂之《元包》,其實一也。"皆取《易論》之意。惜其文爲江所刪節,非復完篇,故不能盡窺其旨趣也。

元嵩既深通術數,故喜作謠讖,亦或有驗。《周書》《北史》並謂:"元嵩好言將來之事,蓋江左寶志之流。"然元嵩之學,既出於京房,則其術蓋長於陰陽風角,如《後漢書·方術傳》所載,其人大抵皆道家者流也,與寶志之神通法力,得於佛氏者不同。史但因二人皆是沙門,連類言之耳。道宣以元嵩先嘗事佛,遂入之於《高僧感通傳》中。《續傳》之《感通》,即慧皎《傳》之《神異》。但凡事佛感應,不必有神通者亦入之,故不以神異爲名。蓋以其頗具神異,故曲相假借,亦非真知元嵩者。以彼之謗佛罵僧,不終於釋,豈能有得於佛耶?傳曰:"嵩又制《千字詩》,即'隴首青煙起,長安一代丘'是也。並符讖緯,事後曉之。"唐溫大雅《大唐創業起居注》三云:"裴寂等依光武長安同舍人强華奉赤伏符故事,乃奏神人太原慧化尼、蜀郡衛元嵩等歌謠詩讖。"慧化尼歌今不録,末有"我語不可信,問取衛先生"二句。元嵩周天和五年閏十月作詩:"戊亥君臣亂，子丑破城隍，寅卯如欲定，龍蛇伏四方。十八成男子，洪水主刀傍，市朝歸義政，人寧懼不荒。案：隋恭帝侗年號義寧。人言有恆性，也複道非常，爲君好思量，何缺二句。禹湯？桃李花缺二字。李樹起堂堂。只看寅卯歲，高祖以戊寅即位。深水没黄楊。”深水爲淵。今案：裴寂所引蓋即《千字詩》中之一節。史言“元嵩天和中著詩，預論周、隋廢興，及皇家受命，並有徵驗”是也。《四庫提要》引《創業起居注》，謂“元嵩蓋妖妄之徒”。考《京房傳》言：“焦延壽補小黄令，以候司先知姦邪，盗賊不得發。永光、建始間，西羌反，日蝕，又久青亡光，陰霧不精。房數上疏，先言其將然，近數月，遠一歲，所言屢中。”是焦、京之學頗能前知。元嵩治京氏學，此亦其一端。雖熒惑黔首，不免妖妄之譏；然多言幸中，固亦理之所有也。

元嵩所著，尚有《齊三教論》七卷，見新舊《唐志》道家類。胡應麟只言見《通志》者非也。《廣弘明集》七，言“元嵩陳表狀，及佛道二論，立主客，論小大”，佛道二論，不知即《齊三教論》否？立主客者，蓋假問答以發其義，如非有先生四子講德之體。嵩既不信佛教，且自加冠巾爲道士，則其論小大，必以佛爲小，以道爲大矣。

《續高僧傳》言：“元嵩觸物成詠，自製琴聲，爲天女怨心風弄。”《廣弘明集》六言“張賓定霸，元嵩賦詩”，是知元嵩擅長歌詩，甚有文采。今其所上之書，爲道宣删削過甚。《三易異同論》，亦非完篇。《千字詩》所存不盈百字，又非其至也。計其文辭之可見者，莫著於《元包》，然論者褒貶不同。李江序曰：“文字奇詭，音義譎怪，紛而不釋，隱而不明者，得非遭於離亂歟？《易》曰：‘作《易》者其有憂患乎’，蓋所謂憂亂世而患小人也，故其辭危。衛先生近之矣。”胡應麟《四部正譌》曰：“其文頗雅馴，字雖奇而旨不晦。”此皆甚稱美之者。而《四庫提要》則曰：“元嵩文多詰屈，又好用僻字，别無奥義，以艱深而文淺陋，不過效《太玄》之顰。”周中孚《鄭堂讀書記》四十六依附《提要》爲説，至詆爲“《太玄》之重儓”。諸家之論，不同如此。余謂此數説者，正可合而觀之，則其書之短長自見。蓋天下固有理不足而工於文者；元嵩以一沙門，於世衰文敝之時，乃能奮然學揚子雲，則亦未易可輕。《提要》譏其效顰，夫子雲之顰，豈易效者耶？

要而論之,元嵩之學,深於陰陽術數,於道家爲近,而涉獵儒書,取其辭采。至其學佛,則少年時有托而逃,非其素志;故推摭拾經典,如所謂口頭禪而已。既性所不喜,故不惜昌言排斥。王明廣謂“元嵩鋒辯天逸,抑是飾非”,其爲人蓋多端善變權奇自喜者。漢武所言“泛駕之馬,跅弛之士”,庶幾近之。雖所爲不盡軌於正,抑不可謂非一代之奇人也。

# 《牟子理惑論》檢討

## 序

始吾讀《弘明集》中《牟子理惑論》，愛其文章有東京矩矱，不落晉、宋以下。觀其比物連類，繁稱博引，意存諷諭，詞協宫商，其源蓋出於枚乘《七發》，揚雄《解嘲》，但宏肆壯麗不及耳。至其人弱冠之時，本修儒術，既博通經傳，旁覽諸子，遭漢末造，身處亂世，欲以玄默爲神，淡泊爲德，遂兼治《老子》五千文。蓋兩漢經術雖盛，而道家之學，亦爲世重，劉向大儒，尚説老子、孔老並聖，非一世矣。彼既心希玄妙，志在出世，故神仙辟穀之術，亦復學之。及行之無效，又見其師三人，各自隕殁，由是抑而不信，鄙其虚誕。適會避地交趾，聞浮屠之説，以爲憺泊無爲，得老氏之要，既孚其素志，遂忻合無間，自謂如開雲見白日，炬火入冥室也。牟子之學，大要如此。然吾不解佛理，亦遂未暇深究。前年，吾友周君叔迦，貽我以《牟子叢殘》，余既喜其辨博，而心疑東漢兩牟融之適同姓名，記昔人曾有辯論及此者，遂發篋陳書讀之，諸家之説，亦莫衷一是。復憶日本藏經《弘明集》，與通行本似不同，因從陳君援庵假讀日本縮刷大藏經《弘明集》，及諸經録。乃知《理惑論》本不題牟融，胡元瑞、梁任公之所疑皆非也。遂作《牟子檢討》七篇，望當世通人爲之論定云爾。一九三六年三月武陵余嘉錫序於舊都讀已見書齋。

## 流傳著録第一

《牟子理惑論》三十七篇，諸書引用，多單稱《牟子》。據其自序，蓋作於後漢獻帝時。今六朝以前目録書盡亡，故如荀勖《中經新簿》、王儉《七志》、阮孝緒《七録》之類，曾否著録，無以知之。梁釋僧祐《出三藏記集》卷十二，唐釋道宣《大唐内典録》卷十，皆有宋明帝勅中書侍郎陸澄撰《法論目録》，《大唐内典録》作《續法論》，此據《出三藏記集》。凡十六帙，《牟子》在第十四帙，僧祐又收入《弘明集》卷一，《出三藏記集》卷十二，有《弘明集》目録。據《開元釋教録》卷六謂《出三藏記集》，爲齊時所撰，則《弘明集》亦作於南齊矣。並不著撰人，只注曰："一云蒼梧太守牟子博傳。"説詳《撰人姓名篇》。《弘明集》之文，多自陸澄《法論》中録出，其卷五《桓君山新論形神》題下，尚有陸澄注語一條："臣澄以爲據宋元藏本，若明藏本，則無此四字。桓君山未聞釋氏之教"云云，可考而知也。梁庾仲容撰《子鈔》三十卷，其書已亡，宋高似孫《子略》卷末載其目録，凡百有七家，中有《牟子論》一卷，亦不注姓名，據日本具平親王《弘决外典鈔》卷三所引《子鈔》《牟子》之文，知即《理惑論》也。《牟子》之在六朝以前，可考者如此。唐人修《五代史志》，據武德五年所得隋煬帝圖書目録，以爲《隋書·經籍志》，其子部儒家内，有"《牟子》二卷"，注云："後漢太尉牟融撰。"《牟子》之題牟融者，始此。《舊唐書·經籍志》《新唐書·藝文志》，子部道家内，皆有"《牟子》二卷，牟融撰。"《舊志》乃删略唐開元時毋煚《古今書録》爲之，《新志》蓋亦據開元時書目，然隋唐《志》著録之《牟子》，是否即《理惑論》，未易明也。唐馬總就《子鈔》一百七家，據衢本《郡齋讀書志》卷十，而《子略》則以爲百十有七家，蓋衍一"十"字。《書録解題》卷十，又以爲一百五家。增損其文，以爲《意林》。今所傳本只五卷，七十一家，蔣光煦《斠補偶録》，補刻宋本卷六，又得四十一家，其數轉溢出於《子鈔》之外。然皆無《牟子》，無以考其與今本之異同。自《崇文總目》以下，遂不著於録。洪邁《容齋續筆》卷十六，舉馬總《意林》所引書不見於世者，中有《牟子》，知單行本已亡，洪氏亦不知其尚存於《弘明集》中矣。《弘明集》有高麗藏本、日本明治間弘教書院縮印《大藏經》、大正新修《大藏經》，皆據高麗藏本校以宋元明藏本。宋藏本、元藏本、明藏本，而明藏本最劣。既於《理惑論》題下，妄增"漢牟融"三字，又改其第二十篇叙漢明求法事，"中郎蔡愔"四字，爲"使者張騫"，此其紕繆之大者，其他訛誤尚不可勝數。又有萬曆時汪道昆刻本，《四部叢刊》内有影印本。與明藏同。清嘉慶間，孫星衍始自《弘明集》中録出《牟子》一卷，刻入《平津館叢書》，題曰“漢太尉牟融撰”。自是《牟子》始有單行之本，甚便學者。然其所據亦明藏本也。吾友周君叔迦著《牟子叢殘》，《玨社叢書》第一集。亦載《理惑論》全文，然第就平津本轉録，僅於撰人姓名，削去“太尉”二字，作漢牟融撰而已。今《大藏經》既有日本明治、大正、昭和三印本，吾國磧沙藏經，亦已影印行世，安得好事者徧據諸藏本，詳加校讎，别刻一本乎？

## 古今評論第二

陸澄《法論序》云：“《牟子》不入教門而入緣序，《法論》第六帙，爲《教門集》，第十四帙，爲《緣序集》。《牟子》在第十四帙内，故言“不入教門而入緣序”。以特《出三藏記集》諸本皆誤作“持”，據《大唐内典録》改。載漢明之時，像教初傳故也。”由是可知六朝人重視此書，及釋僧祐取以冠《弘明集》之故矣。蓋記佛法初入中國事者，莫古於此書，雖袁宏《後漢紀》猶在其後。他若《周書異記》《漢法本内傳》等，見《廣弘明集》。偽妄之書，又所不論也。故劉孝標引以説佛經，《世説·文學篇》注。《廣韻》引以釋“佛”字，入聲八勑。皆信其較僧徒之説爲可據爾。唐釋湛然《止觀輔行記弘決》云：“後漢靈帝崩後，獻帝時有牟子，深信佛宗，譏斥莊老，著論三卷，三十七篇。”見具平《弘決外典鈔》卷三引。唐沙門神清《北山録》近年吴興徐氏影印宋本。卷十《外信篇》云：“昔牟子、郗嘉賓、宗炳、朱皓之、劉勰，並會道控儒，承經作訓，警法王之路，獲獻醜之功，而彼言行，豈由形勸而已哉。”此則因其以清信士著書，排詆神仙，張皇佛法，喜得外援，助彼張目也。至孫星衍刻其書，洪頤煊爲之序云：“是書雖崇信佛道，尚不悖於聖賢之旨，故《隋志》列之儒家。”周廣業作《意林注》，存其目於附編，注云：“《理惑論》在《弘明集》，褎然首列，其文炳著，言似佞佛，意主通經，因而存之，實佳文也。”是又儒者立言，不欲倒却架子，雖斡旋甚巧，不免我見未除。若梁啓超作《牟子理惑論辨偽》，載《梁任公近著》第一輯中卷。謂其“以調和三教爲職志”，則又不深考之言。叔迦作《辨僞之商榷》，在《牟子叢殘》内。駁之云：“此論明言吾子詘神仙,抑奇怪,又斥辟谷,訶神書,則牟子豈以調和三教爲職志者,不過文中多引儒書,以證佛理,要以曉諭世俗者,不得不然耳",斯言得之。余謂《牟子》自序固云:"於是鋭志於佛道,兼研《老子》五千文"矣。其末篇又云:"於是惑人聞之,踧然失色,請得革面,灑心自敕,願受五戒,作優婆塞。"然則牟子固儼然一優婆塞也。否則焉有勸人受戒而己不奉佛者乎?由是觀之,其兼研《老子》,特以"無爲"之化,與佛相近,其稱引經傳,則援儒入墨,資爲外護而已,未嘗調和三教也。

## 諸家考辨第三

《理惑論》單行本,宋時既亡,《弘明集》又不顯,故宋人書無論及《牟子》者。惟明胡應麟《四部正譌》卷下,有一條云,"《弘明集》有《牟子論》,題漢末牟融撰,案《隋志》儒家有《牟子》二卷,稱漢太尉牟融。考《後漢書》有《融傳》,在漢明前,其時佛法未入中國。案:據融《本傳》,融於明帝永平時,官至司空,章帝時爲太尉,安得謂在漢明前。且永平中佛法入中國,正融在位時事,此語皆誤。今其書已亡。而《弘明·牟子論》序,稱'靈帝時遭世亂離,著書不仕,精研佛道',其非儒家《牟子》明甚。且隋唐諸《志》,並無此書。嘗疑六朝、晉、宋間文士,因儒家有《牟子》,僞撰此論以左右浮屠,讀其文,雖猥淺而詞頗近東京",云云。胡氏謂此書非《隋志》之《牟子》是也。而又謂六朝文士因儒家《牟子》,僞撰此論,夫豈有作僞書之文士乃不讀《後漢書》,至以牟融爲靈帝時人者乎?然而疑《理惑論》爲僞書者實自胡氏始。及洪頤煊作序,據《世説》注、《文選》注、《御覽》所引《牟子》,皆在三十七篇中,謂"隋唐《志》所載《牟子》即《理惑論》"。而又據《後漢書·牟融傳》:"融代趙熹爲太尉,建初四年薨。"是書自序云:"靈帝崩後,天下擾亂。"相距已百餘年,謂"《牟子》非融作甚明"。其意蓋不信《弘明集》之題牟融撰,可謂卓識。然謂隋唐《志》之《牟子》即《理惑論》則反不如胡氏謂隋唐《志》並無此書之較有分曉矣。周廣業則云:"東漢有兩牟子,皆名融。一章帝時人,《後漢書》傳云:'字子優,北海安邱人,少博學,以大夏侯《尚書》教授，經明行高，肅宗以爲太尉録尚書事，建初四年薨。'一漢末人，不詳其字，此説誤，見後。所著《理惑論》自序云云。二人生不同時，出處志趣各異，《隋志》所載明是太尉作。乃《舊唐志》入道家，《新唐志》入神仙家，案：《新唐志》亦在道家。其神仙家一行，在道家之後，乃左方諸書之標題，此誤。則又爲《理惑論》無疑。"此則分隋唐《志》所著録者爲兩書，而謂東漢不妨有兩牟融，與洪氏之説大異。蓋因《隋志》之牟融，與作《理惑論》者時代不合，不得不爲此調停之説耳。孫詒讓有《書後》一篇，《籀高述林》卷六。據《三國志》劉繇士燮兩《傳》，以考《牟子》序中所謂州牧者，其人名朱符，所謂牧弟爲豫章太守，爲笮融所殺者，則朱皓，而謂其足以補裴注。蓋深信其爲後漢人所作也。梁任公似未見周氏書及孫氏跋，乃作《辨僞》一篇，據《弘明集》題"漢牟融撰"附注云："一名蒼梧太守牟子博傳。"謂"融字子優，不字子博，牟子乃蒼梧平民，非太守，其標題已支離不可究詰"，因斷爲"兩晉、六朝鄉曲人不善屬文者之所作"，似即取胡應麟之説而小變之耳。周君叔迦取《牟子》疏通而證明之，以與梁氏辯，據《後漢書·朱儁傳》，知朱皓爲儁之子，近又有人考得《牟子》序中騎都尉劉彦見《吴志·薛綜傳》，則此書非僞作。梁氏之説，既經摧破，然後此沈薶千餘年之書，乃幽而復明。然而此《理惑論》究爲牟融所作以否，與隋唐《志》所著録者，一書乎？二書乎？此兩事不明，則所以啓人之疑者固在。余謂《弘明集》本不題漢牟融，而唐宋以前人，亦無以爲牟融作者。隋唐《志》所載，乃别一書。如此，則昔人之所疑，庶乎涣然以解。竊不自量，參互鈎稽，舉其所見如此，將於後篇次第明之。

## 撰人時代姓名第四

（一）論《弘明集》本不題牟融，（二）論隋唐《志》之《牟子》非《理惑論》，（三）論《理惑論》之時代。

明藏本《弘明集》，以《牟子》爲牟融，其標題如下：

《理惑論》三十七篇，一云蒼梧太守牟子博傳。漢牟融自胡應麟以下,所見者皆此本也。故有《牟子》非融所作之疑,東漢有兩牟融之説,而真僞之辯,亦因之以起。余考日本排印高麗藏本,題作:

《牟子理惑》　一云蒼梧太守牟子博傳

此釋僧祐原本所題,未經後人竄亂者。又據日本人校語,知宋元藏本,均題作:

《牟子理惑論》三十七篇,未詳作者,一云蒼梧太守牟子博傳。

皆無"漢牟融"三字。宋元藏本,雖與高麗藏不同,然既云"未詳作者",尚安得以爲牟融所撰乎?請更以他書證之。《出三藏記集》卷十二,宋明帝敕中書郎陸澄撰《法論目録》,其第十四帙有:

《牟子》,一云蒼梧太守牟子博傳。

又同卷《弘明集》目録,有:

《牟子理惑》　右第一卷

是則陸澄及釋僧祐,皆不言爲牟融所撰。僧祐之學問如何姑不論,若陸澄者,本傳稱其"少好學博覽,無所不知,行坐眠食,手不釋卷,王儉自以讀書過澄,而澄談所遺漏數百千條,皆儉所未覩,家多墳籍,人所罕見。"其博聞强記如此,豈有撰録古書,竟忘作者姓名者乎?釋神清《北山録》後,附有宋比丘德珪所撰《北山録隨函》,卷上引《弘明集》,注曰:"一云蒼梧太守,人疑。""人疑"二字,蓋德珪所加,以原注云"未詳作者",故曰"人疑"也。又自《世説新語》注以至《太平御覽》《廣韻》等,凡稱引及於此書者,皆只曰《牟子》不言牟融。《北山録》云:"昔牟子、郗嘉賓、宗炳、朱皓之、劉勰,並會道控儒,承經作訓。"於諸人皆稱名字,牟子獨否,正因其名不傳耳。宋釋慧寶注《北山録》曰:"牟子,蒼梧太守也,著書曰《牟子》。"卷二《法籍興篇》。此即用《弘明集》注,獨去其"博傳"二字。蓋唐宋釋子,不知"子博"爲牟子之字,"傳"者傳記之釋,誤以"博傳"爲牟子書名。故神清不稱曰牟子博,而宋元藏本皆注曰"未詳作者",此四字非釋僧祐原本所有。德珪亦云"人疑"也。夫六朝及唐宋人,皆不言牟融所撰,明人刻經者何自知之乎?此不過因隋唐《志》有"《牟子》二卷,牟融撰",妄意其即此書,遂謬加傅會耳。明藏本《弘明集》之篇題,謬妄甚多,不止此一條,如卷五有:

桓君山新論形神

此高麗、宋、元三藏本所題也,《出三藏記集》中陸澄《法論目録》亦如此。明藏本改作:

《新論形神》　晉桓譚

桓君山忽作晉人,寧非異事。又高麗、宋、元藏本卷十一,有:

僧巖法師辭青州刺史劉善明舉其秀才書並劉善明答。

答僧巖道人

僧巖重答

重答

僧巖重書

重答

凡六首,《出三藏記集》所載《弘明集》目録,作僧巖法師《辭青州刺史劉善明舉其秀才書》三首,並劉答書。與此正合。明藏本改作:

| 辭劉刺史舉秀才書 | 齊釋僧巖 |
|---|---|
| 答僧巖法師書 | 齊劉君白 |
| 與劉刺史書 | 釋僧巖 |
| 答僧巖法師書 | 劉君白 |
| 與劉刺史書 | 釋僧巖 |
| 答僧巖法師書 | 劉君白 |

考此事見《南史·隱逸卷六十六。吴苞傳》云:"時有趙僧巖,北海人,寥廓無常,人不能測,與劉善明友善,善明爲青州,欲舉爲秀才,大驚,拂衣而去,後忽爲沙門。"是其事也。善明,《南齊書》卷二十八有傳,《南史》附入卷四十九《劉懷珍傳》,均不載其字。《隋書·經籍志》,有豫州刺史《劉善明集》十卷,今忽題作劉君白,蓋因劉書三首末句均云"劉君白答",妄意"劉君白"爲其人之姓名,遂奮筆改竄。又因與僧巖第一書題中劉善明之名不合,復改"青州刺史劉善明"七字爲劉刺史,以泯其跡。不知稱劉君者,乃劉氏子孫編集時,避其家諱,録文者因而不改,此事似已有人言之,不記出何書。唐王績《東皋子集》中,凡與人書,皆稱王君白,是其證也,綜上數事觀之,其謬妄一至於此,昔人謂明人刻書而書亡,諒非虚語。其於《理惑論》,題作漢牟融,亦其妄作聰

明之一端，寧尚有辯論之價值乎？嘉道間人，所見佛書，不過明藏本，而洪頤煊能知《理惑論》非牟融所作，可謂神解矣。考日本具平親王《弘決外典鈔》唐釋湛然作《止觀輔行記弘決》，具平抄其中所引經史，以爲《弘決外典鈔》，昭和二年，蘇峯德富三宿文庫影印排印兩本。前列《外典目》有：

《牟子》二卷牟廣撰，或云三卷，《見在書目録》不見。

牟廣之名，僅見於此。案：古人名字，義取相應，名廣字子博，深合訓詁。《外典鈔》卷三注中引《牟子》，冠以"《子鈔》曰"，則此"牟廣撰"三字，疑亦庾仲容《子鈔》所題。《日本見在書目·雜家類》有《子鈔》三十卷，則彼國自有其書。具平著書於中國宋太宗時，蓋猶未佚。然具平既未明出書名，高似孫《子鈔》目録亦不云牟廣撰，單文孤證，未敢信之，仍當付之闕疑。但其事既前人所未聞，固不妨存供參考耳。

以上論《弘明集》本不題牟融。

胡應麟謂《理惑論》非《隋志·儒家》之《牟子》，而又疑爲六朝之文士因牟子以僞撰此論，蓋疑其題"漢牟融"爲有心影射作僞也。洪頤煊則謂隋唐《志》之《牟子》即《理惑論》，但又謂牟子非融所作，則並疑隋唐《志》之題牟融者爲誤矣。梁啟超既謂《隋志·儒家》之《牟子》殆即是書，復因其與《後漢書》不合，斷爲東晉、劉宋閑人僞作，則並疑《隋志》所載者亦僞書矣。周廣業又謂《隋志》所載明是太尉作，而《唐志》入道家者爲《理惑論》無疑，因謂東漢有兩牟融，則調停之説也。此數説者，立論不同，要皆爲明藏本所誤。今既考得《弘明集》本不題牟融，則四家之説皆非也。或謂子所據者不過《出三藏記》中之《法論目録》，及古本《弘明集》耳，顧安知非陸澄、釋僧祐未考得撰人，隋唐《志》別有所本乎？余案：《牟子》序既自言"鋭志於佛道"，而其首篇第一句，即問"佛從何處生"，此但須開卷頭尺許，便可知爲佛家之書，不容誤入於儒道兩類也。《隋志》於佛經但舉其大數，不著書名，惟於此土撰述之中，取其傳記目録之流，自《釋氏譜》以下至《玄門寶海》十三部入子部雜家，道人《善道開傳》以下至《梁武皇帝大捨》十二部入史部雜傳，兩類互相出入，其裴子野《衆僧傳》二十卷且彼此重出。又雜傳內有《梁武皇帝大捨》三卷，嚴㬠撰，雜家內又有"《皇帝菩薩清淨大捨記》三卷，謝吴撰，亡"，書名卷數略同，而撰人及存亡頓異，竟不知是一書二書。觀其草草如此，蓋於異教之書，聊取備數而已，非所經意也。至於《佛國記》之類，則入地理，安有如《理惑論》而入儒家者乎？且其書明題"太尉牟融撰"，其非《理惑論》固已明矣。《新唐志》於道家之外，又分神仙、釋氏兩子目，《牟子》入道家而不入釋氏。《舊唐志》雖合道、釋爲一家，《牟子》在陶弘景《登真隱訣》之後，蕭子良《淨住子》之前。《淨住子》雖釋家，而《登真隱訣》則道家也。以《新志》證之，《牟子》當屬道家之書而非《理惑論》，又已明矣。隋唐志《牟子》同是二卷，同爲牟融所撰，《隋志》入儒家，而道家不著録，《唐志》入道家而儒家不著録，其爲一書甚明。牟子優蓋以經師而兼通黄、老，其著書立説，或有取於清静無爲，故《唐志》改入道家耳。《隋志》於撰人多題官爵，兩《唐志》例不署銜，《新志》惟於唐人無傳者，存其仕履於注中，前代人則否。不得以《唐志》不稱太尉，便認爲兩書。或曰，信如子言，《理惑論》何以不著録乎？應之曰：《隋志》序言煬帝於内道場集道佛經别撰目録，故《志》但録大綱，附於四部之末。《舊唐書》用毋煚《古今書録》作《經籍志》，亦不取其釋道目録，毋煚别有《開元内外經録》十卷。故二家之書，不見於志者多矣。《新志》雖於釋氏書頗有補苴，亦不能備也。有《弘明集》而無陸澄《法論》，有《歷代三寶記》而無《出三藏記集》，其他尚不可勝數。胡應麟曰："意原録釋藏中，故《隋志》不載。"斯言近之。但《理惑論》本書原未入釋藏，隋唐《志》特因已收入《弘明集》中，故不别著於録耳。《隋志》並《弘明集》亦不著録，惟有《釋寶唱法集》百七卷在總集中。凡考佛家書，當以《出三藏記集》諸書爲證。若第求之於史志，譬猶緣木求魚，庸可得乎？

以上論隋唐《志》之《牟子》非《理惑論》。

《牟子》自序有笮融殺豫章太守事。考《吴志·劉繇傳》，融殺朱皓在劉繇爲孫策所敗之後。據《後漢書·獻帝紀》，事在興平元年。《吴志·孫策傳》注引《江表傳》作"興平二年"。牟子著書又在其後，知當成於建安間矣。興平紀年只二年，即改元建安。胡應麟、梁啓超並疑《理惑論》爲晉、宋閑人僞作。梁氏又云："此書斷斷辨夷狄之教非不可用，蓋在顧歡夷夏論出世前後。"今案：《南齊書·顧歡傳》言："歡著《夷夏論》，宋司徒袁粲托爲道人通公駁之。"考袁粲以宋後廢帝元徽二年領司徒，順帝昇明元年被殺，《宋書》帝紀及本傳。《夷夏論》之作，當不出此數年中，而《理惑論》先録入陸澄《法論》。《出三藏記集》稱澄官爲中書侍郎。據《澄傳》，澄以宋泰始初轉通直郎兼中書郎，尋轉兼左丞。以此推之，《法論》之作，下距《夷夏論》出世之時，不過十年内外耳。由明帝泰始元年下數至順帝昇明元年，凡十三年。然《牟子》自序既言漢獻帝時事，澄采録其書，自是深信爲後漢人所作。《出三藏記集》卷十二《大唐内典録》卷十同。載有《法論目録》序，玆録其第十四帙目録如下：

牟子，一云蒼梧太守牟子博傳　舊首楞嚴經後序　支法護像讚支道林

答孔文舉書魏武帝　與釋道安書習鑿齒　與釋道安書伏玄度

與高句驪道人書支道林

右論第十四帙。緣序集二卷

此目録支道林在魏武帝之上，蓋以雜文居前，書札居後，故不序時代。若陸澄自序，則先後次第固自井然，今録其全文於下：

論或列篇立第，兼明衆義者，今總其宗致，不復摘分，合之則體全，别之則文亂。

置難形神，援譬薪火，庾闡發其議，謝瞻廣其意。然桓譚未及聞經，先著此言，有足奇者，宜其掇附。

牟子不入教門而入録序，以特載漢明之時像法初傳故也。

魏祖答孔，是知英人開尊道之情，習生貽安，則見令主弘信法之心，所以有取二書，指存兩事。

又支遁敷翰遠國，述江南僧業，故兼録之。

此序原分四節：第一節言全書體例，第二節指第十二帙中附録桓譚《新論》之故，第三四節則專爲第十四帙所録諸文言之，先牟子，次魏武，次習鑿齒，次支道林。觀其次第，豈不以牟子爲後漢人，時代尚在魏武之前乎？澄於久立學官之《孝經》鄭注，尚謂“觀其用辭，不與注書相類，案玄自序亦無《孝經》”，見本傳《與王儉書》。識鑒如此，則其信《牟子》爲後漢人作，蓋必有所考矣；豈有東晉劉宋閑人之僞書而澄不知，“鄉曲不善屬文者所作”而澄不辨者乎？且梁氏謂“漢賢决無此手筆”，而胡元瑞謂其“詞近東京”，見仁見智，固已不同。夫學有淺深，文有美惡，東漢諸賢，豈必人人皆崔蔡乎？或曰：“安知此書不即是陸

澄所僞作耶?"余以爲使果出澄手,以彼博覽無所不知,必不自留破綻。觀其書中叙笮融、朱符、朱皓、劉彦之事,皆與史傳相合,用心不可謂不密,而顧於《法論目録》題曰"蒼梧太守牟子博傳",顯與自序相矛盾,以待後人之操戈乎?且果欲托古人以取信,必當附驥尾而益彰。漢末流寓交州諸賢如劉熙、程秉之流,孰不可假借,而獨傳會一不見經傳之牟子博,此何意歟?故必謂此書爲後漢人作,今書闕有間,雖無可證明;然自宋、齊以至唐、宋固皆無異議。若謂爲東晉及劉宋人之所作,則並無强有力之證據,不如其已也。

以上論《理惑論》之時代。

## 書名第五

(一)釋治惑之名,(二)釋《牟子博傳》之名。

此書書名,《出三藏記集》所載《弘明集》目録及高麗藏本《弘明集》,均作《牟子理惑》,與自序合。宋元藏本均作《牟子理惑論》,"論"字似後來所加。然《子鈔》目録已作《牟子論》矣。德珪《北山録隨函》獨引作《牟子治惑論》,與各本皆不同。愚謂作"治"於義爲長。蓋本名治惑,唐人避高宗諱,改"治"爲"理"猶之魏徵《羣書治要》,《唐會要》及《舊唐志》皆作《羣書理要》耳。德珪所見之本,蓋宋人所回改,與今所傳非一本也。今本二十篇,"是以復治經傳",三十二篇,"豈復治情性,履道德",兩"治"字亦後人所回改。然標題及自序中之兩"牟子理惑",第二十五篇之"吾子以經傳理佛之説",二十六篇之"是以詩書理子耳",末篇之"然子所理何以止著三十七條",五"理"字亦當作"治",後人不曉,故改之未盡耳。名曰"治惑"者以世人多爲神仙辟穀長生之術,而不信佛道,類有愚惑之疾者,故稱引聖賢經傳之言以治之。全書皆設爲問答以相開譬,觀其體制,蓋規撫《揚子法言》其第三十三篇所謂"楊墨塞羣儒之路,孟軻辟之",出《法言·吾子篇》,而第三十七篇答道家堯舜周孔皆不死之問,全用《法言·君子篇》"或問仙"一章,敷演成文。而遣詞摛藻,則兼擬解嘲,故其命名亦與崔駰達旨張衡應閑相類也。首篇設爲惑者之問，宋元本作“惑問曰”，高麗本明本作“或問曰”，案《玉燭寶典》卷四亦引作“惑問曰”，則作“或”者誤也。以後“惑”字凡屢見，末篇乃言“惑人聞之，踧然失色，叉手避席，逡巡俯伏曰，鄙人矇瞽，生於幽仄，敢出愚言，弗慮禍福，今也聞命，霍如湯雪，請得革面，灑心自敕，願受五戒，作優婆塞。”蓋世人之惑疾，至是遂不假鍼灸，自然治愈，猶之吴太子有疾，一聽聖人辯士之言，而涊然汗出，霍然病已矣。

以上釋“治惑”之名。

《弘明集》於《理惑論》下注曰：“一云，蒼梧太守牟子博傳。”梁氏謂：“據書中自序，則牟子乃蒼梧平民非太守，故僅就其標題論，已支離不可究詰。”周君叔迦辨之曰：“首篇乃牟子之傳，蓋是當時蒼梧太守所作。若以此傳爲牟子自序者，則此篇所叙事實，與後論義絶不相涉。且彼牟子，意在申道義之要，明無爲之宗，甘淡泊，絶仕進，又何必叙太守州牧相邀請以自重耶?”愚案：首篇蓋牟子之自敘，牟子博傳即《理惑論》之別名也。陸澄《法論》及《弘明集》皆上題書名，下注曰：“一云蒼梧太守牟子博傳”，詳見《撰人時代姓名》作第一章。味其文義，是謂此《牟子理惑論》者，一名《牟子博傳》也，豈獨指卷首一篇耶?《世説新語》卷上之下《文學篇》注先引《牟子》漢明帝夢神人遣使取佛經四十二部事，又引劉子政《列仙傳》七十四人已在佛經之語，而論之曰：“如此，即漢成哀之間已有經矣，與牟子傳記便爲不同。”又曰：“然則牟傳所言四十二者，其文今存非妄，蓋明帝遣使廣求異聞，非是時無經也。”劉孝標所引之《牟子》，是其書之第二十一篇，並不在自序之中，而一則曰，“牟子傳記”，再則曰“牟傳”，是“牟子博傳”乃全書之總名，而非呼自序爲傳，亦明矣。自司馬遷、揚雄作自序，雖意在叙明著作宗旨，亦復兼紀生平。即後漢、三國之時，前乎《牟子》者，如王充《論衡》；稍後乎《牟子》者，如魏文帝《典論》，莫不皆然。何獨疑牟子之自序所叙事實與本書義不相涉耶？如牟子之自序尚爲不失馬、揚舊法者，不至如子桓之記擊劍彈碁，見《魏志・文帝紀》注。劉峻之叙，“三同四異”也。見《梁書》本傳。此序既非蒼梧太守所作，而牟子又實未嘗爲蒼梧太守，則“太守”二字必爲衍文。但陸澄《法論》即已如此，是其誤亦已久矣。周廣業云：“《理惑論》在《弘明集》，其題下有小注：‘一云蒼梧太守牟子博傳’，不得其解。”嘉錫以爲無不可解也。子博爲牟子之字，固自甚明。其名曰傳者，漢人於五經之外，通謂之傳記。解經之書，如《春秋》三傳固謂之傳，即不與經相比附，如《論語》《孝經》亦稱之爲傳。《揚雄傳》云：“傳莫大於《論語》，作《法言》。”趙岐《孟子題辭》以《論語》《孝經》《孟子》《爾雅》博士爲傳記博士，是也。《漢書・藝文志》儒家有《高祖傳》《孝文傳》，則諸子亦得稱傳也。《牟子博傳》，猶之太史公記桓君山論云爾。

以上釋《牟子博傳》之名。

## 中國人出家第六

《理惑論》：“問曰：‘《孝經》言：“身體髮膚，受之父母，不敢毁傷”，曾子臨没，“啓予手，啓予足。”今沙門剃頭，何其違聖人之語，不合孝子之道也？’牟子曰：‘沙門捐家財，棄妻子，不聽音視色，可謂讓之至也。’”又：“問曰：‘夫福莫踰於繼嗣，不孝莫過於無後，沙門棄妻子，捐財貨，或終身不娶，何其違福孝之行也？’”又：“問曰：‘原憲雖貧，不離華冠，子路遇難，不忘結纓。今沙門剃頭披赤布，見人無跪起之禮儀，無盤旋之容止，何其違貌服之制，乖搢紳之飾也？’”又：“問曰：‘佛道重無爲樂施與，持戒兢兢，如臨深淵者。今沙門耽好酒漿，或畜妻子，取賤賣貴，專行詐紿，此乃世之大僞，而佛道謂之無爲耶？’”又：“問曰：‘孔子云，食不厭精，膾不厭細，今沙門被赤布，日一食，閉六情，自畢於世若兹，何聊之有？’”梁氏《辨僞》曰：“漢魏皆禁漢人不得出家，靈、獻時安得有中國人爲沙門者，據此文所述僧徒風紀已極敗壞，必在石趙、姚秦極力提倡舉世風靡之後，始有此現象耳。”叔迦駁之云：“漢、魏皆禁漢人不得出家，《高僧傳・佛圖澄傳》中王度奏語也，不知漢末譯師嚴佛調爲臨淮人，即出家爲沙門者也。《陶謙傳》云：‘笮融於廣陵大興佛寺’，豈有有寺而無僧者。蓋漢時戒律尚無傳譯，其出家者但剃髮以殊俗而已。殆至魏末，始有曇柯、迦羅等二三大德初翻戒本，開壇傳戒，朱士行固首受其戒者也。則王度之奏，固不足爲憑矣。”嘉錫案:欲證明中國人出家而取釋家傳記,則漢法本内傳見《廣弘明集》卷一。已言永平十四年司空城陽侯劉峻等千餘人出家矣,然讕言短書,固不爲人所信。即叔迦所舉之嚴佛調,雖釋慧皎《高僧傳》及釋僧祐《出三藏記集》題作沙門,而費長房《歷代三寶記》則以爲清信士,自釋道宣《大唐内典録》以下如釋靖邁《古今譯經圖紀》、釋明佺《大周刊定目録》、釋圓照《貞元釋教録》皆從之,惟釋智昇《開元釋教録》獨以長房爲非耳。夫道宣之學,未必遽出智昇下,彼總會羣録,銓定人代,乃舍僧祐而從長房,其必有説矣。然則嚴佛調之爲沙門與否,正未可知,恐未可便以爲據也。愚以爲《牟子》所言之沙門,其中西域胡僧,波斯賈人,及中國人出家者,蓋互有之。至於中國人出家,王度雖言漢、魏時有禁,但禁令之生,必因事而立制,所謂法律禁人於已然者也。使當時本無漢人出家,何爲有此禁令?此如清初禁中國人不得習天主教,其實受洗入教者,已不知若干人矣。況後漢末之交州,爲禁令所不及者乎?《吴志·劉繇傳》云:"笮融者,陶謙使督廣陵、彭城運漕,《後漢書·陶謙傳》廣陵下有"下邳"二字。乃大起浮圖祠,以銅爲人,黄金塗身,衣以錦採,垂銅槃九重,下爲重樓閣道,可容三千餘人,悉課讀佛經。令界内及旁郡人有好佛者聽受道,復其他役以招致之,由是遠近至者五千餘人户。每浴佛,多設酒飯,布席於路,經數十里,民人來觀及就食且萬人。"《後漢書》較略。夫三千餘人住於祠内重樓閣道之中,課讀佛經,非出家而何,第不知其剃髮披赤布否耳?其遠近受道之五千餘人户,則優婆塞也。惟浴佛時來觀及就食之萬人,始是民人耳。觀其叙事明白如此,各漢已有沙門矣。《吴志·孫策傳》注引《江表傳》稱笮融爲下邳相,《繇傳》又云:"曹公攻陶謙,徐土騷動,融將男女萬口走廣陵。"然則笮融所起之浮圖祠,實在下邳,叔迦以爲於廣陵大興佛寺者誤。《陶謙傳》亦不云在廣陵。疑曹操於破徐州之後。"見中國人出家之多,及爲漢相,始下令禁之。且即令靈、獻之前已有詔令,亦不足以禁笮融也。徐州之地尚復如此,況去天萬里之交趾乎?《隋書·經籍志》云:"魏黄初中,中國人始依佛戒剃髮爲僧。"此明文之見於史籍者。笮融之起浮屠祠,下距黄初不及三十年,其時已有漢人出家者。牟子著書尚在其後,交州又僻在南土,自爲風氣。蓋至魏初而北人剃髮爲僧者始日益多，寖淫成俗，故《隋志》之言如此。言"中國人"，舉中原腹地言之也。其後必又曾重申禁令，故王度言"漢、魏禁人出家"，但至石勒時始解禁，明許趙人爲僧耳。譬猶孝惠時始除挾書之律，不得謂漢初無人讀書也。《吴志·孫綝傳》云："綝意彌溢，侮慢民神，壞浮屠祠，斬道人。"案：六朝時呼僧爲道人，此道人既不言是胡僧，豈非漢人出家者乎？余以爲《牟子》所言之沙門，未必不指中國人，正不必執王度之奏以疑之。況僧徒叙事，類多訛舛不可據，既有《吴志》《隋志》爲證佐，《高僧傳》所言，雖存而不論可也。

## 羣書徵引第七

六朝以前，典籍佚者十九，就見存諸書徵引《牟子》最早者，莫如《世説新語注》。周廣業嘗歷舉諸書所引《牟子》以證其即《理惑論》，然謂《文選·頭陀寺碑》注中顧微《吴地記》有漢明夜夢神人一條則大誤。《文選注》乃先引《吴地記》，後引《牟子》，非自《吴地記》中轉引也。叔迦嘗取《文選注》《世説注》《太平御覽》三書所引《牟子》附入本書之後，以備後人之互證。余案：隋杜臺卿《玉燭寶典》、唐釋湛然《止觀輔行記弘决》、日本具平親王《弘决外典鈔注》、唐釋神清《北山録》、宋釋珪《北山録隨函》所引《牟子》與今本字句多不同，且有佚文爲今本所無者。如《輔行記》引"懷金不現人"一條，凡九十餘字，乃第二十二篇之佚文。又引第三十六篇"執蝘蜓而嘲龜龍"下多三十餘字。《外典鈔注》引自序"萬物不干其志"上多三句，自《子鈔》轉引。疑僧祐録入《弘明集》時有所刋削也。然《北山録隨函》引第三十七篇下多一問一答六十六字，豈宋時猶有《牟子》别本單行耶？抑今所見之《弘明集》雖高麗宋、元各藏本亦不免脱誤耶？不可考矣。綜合各書所引《牟子》不過十餘條，蓋儒者以其爲贊揚佛教之書，無所用之，釋家又視爲外典不以入藏，雖已編入《弘明集》中，忽而不察故爾。今就目治所得，援叔迦之例，録附此篇之後，以備參考。他日如更有所見，當隨時續入之。

《玉燭寶典》引二則:

《牟子》曰:“惑問曰:‘佛從何生,寧有先祖及國邑不,皆何施狀何類乎?’子曰:臨得佛時生於天竺,假形王家,父曰白淨,夫人曰妙,四月八日,從母右脇生,娶隣國之女,六年,生男,字曰羅雲。父王珍重太子,甚於日月。到年十九四月八日夜半,戚若不樂,遂飛而起,頓於王田,休於樹下。明日,王及吏民莫不嘘唏,千乘萬騎出城而追。日出而盛,光曜奕奕,樹爲低枝,不令身炙。太子入出山入六年,案此句有誤字。思道不食,皮骨相連,四月八日,遂成佛焉。因二月十五日過世泥洹而去。”卷四引,案:此與今本字句多異,日出方盛及思道不食兩事,皆今本所無。

《牟子》云:“洛陽西雍門外起白馬寺,壁上位朝廷千乘萬騎繞塔。又南宫清涼臺上及開陽門所造陵名顯節,悉於上畫作佛像。”同上引。

《止觀輔行記弘決》引四則:

《牟子》中略見前。第二十一案當作二十二。救沙門談是非中立。“問云:老子曰:‘知者不言,言者不知,’又云:‘大辨若訥,’又言‘君子恥言過行,’設沙門知至道,何不坐而行之,空談是非,爭曲直,豈非德行之賊耶?答:老亦有言,如其不言,吾何述焉。知而不言,不可也。不知不言,愚人也。能言不能行,國之師也。能行不能言,國之用也。能行能言,國之寶也。三品之内,唯不能言,不能行,爲國之賊也。”《外典鈔》卷三引。案“賊”今本作“賤”,非是。

《牟子》又云:“懷金不現人,誰知其内有瑋寶,披繡不出户,孰知其内有文彩。馬伏櫪而不食,則駑與良同羣,士含音而不談,則愚與智不分。今之俗士,智無發俊,而欲不言辭。具平注云:“發俊,言無絲發俊乂之智也。”不説一夫,而自苦大辨。若斯之徒,坐而得道者,無目欲視,無耳欲聽,豈不難乎。”同上引。案:此條爲《弘明集》所無,當即是二十二篇之佚文。“羣士含音而不談,則愚與智不分”,所以答“知者不言言者不知”。“不説一夫而自苦大辨”,答“大辨若訥”。“坐而得道如無目欲視無耳欲聽”,答“沙門有至道奚不坐而行之也”。

又《牟子》曰:“堯事尹喜,舜事務成,丘學老聃,且師吕望。

四師雖聖，比之於佛，猶白鹿之比麒麟；比其教也，猶烏鵲之比鸞鳳；比其形也，猶丘垤之與華恆。"同上引。案：此乃合第七篇及第二十九篇檃括引之，"比其教也"二句今本無。"佗又問曰：'蓋諸道蘩殘凡九十六種。憺泊無爲，莫尚於佛，神仙之術，僕以爲尊，殆佛法之不如乎？'《牟子》曰：指南爲北，自謂不惑，引東爲西，自謂不迷。如汝所言，以鴟鴞而笑鳳皇，執蝘蜓而嘲龜龍。然世人有背日月而向燈燭，深溝瀆而淺江河，豈不謬乎？汝背佛法而尊神仙者，此之謂也。"同上引。案：此乃合第三十篇及第三十六篇隱括引之。然"衆道叢殘凡有九十六種，淡泊者無爲莫尚於佛"乃《牟子》語，今引爲問者之詞，非也。自"然世人背日月"以下，今本無。

《弘决外典鈔》注引一則：

《子鈔》云："牟子少玅修經傳，靡有不好。靈帝崩後，天下擾亂，將母避世在交趾，年二十六，歸蒼梧。後以玄默爲神，淡泊爲德，廓然静思，萬物不干其志。"卷三引。案：此引《牟子》自序之文。"後以玄默爲神"以下十四字今本無。

《北山録》引一則：

《牟子》云：佛經前説億載之事，却道萬世之要。太素未兆，太始未生，乾坤肇興，其微不可握，其纖不可入，佛悉彌綸其廣大之表，剖析其窈眇之内，靡不紀之。故其經卷以萬計，言以億數，譬如臨河飲水，飽而自足，焉知其餘哉。"卷三《法籍典篇》引。

《北山録隨函》引二則：

《牟子治惑論》凡三十七篇，有所法焉，佛經前説者此第三篇。以上德珪語，以釋《北山録》所引《牟子》也。"第三篇"，當作"第五篇"。"彼問曰：至寶不華，至言不飾，言約而至者麗，事寡而達者明，故珠玉少而貴，瓦礫多而賤。聖人制七經不過三萬餘言，衆事備焉。今佛經卷以萬計，言以億數，非以人力所堪也，是繁而不要也。《牟子》曰：江海異於行潦者，以深廣也。山嶽别於丘陵者，以高大也。若高不絶丘阜，則跛羊陵其顛，若深不絶涓流，則孺子浴其淵。故麒麟不處苑囿之中，吞舟之魚，不游數仞之溪。剖三寸蚌，求明月之珠，採枳棘之巢，求鳳凰之雛，必難獲也。"故佛説億刧之事也。卷上引。末句乃德珪隱括之詞。

“有仁人問於牟子云：道家云：堯、舜、周、孔七十二賢皆不死而登仙，仙家言人皆當死莫能免，何哉？牟子曰：此妖妄之言，非聖言也。《老子》曰：天地不得長久，而況人乎？吾觀傳記，堯有殂落，舜有蒼梧之山，禹有會稽之陵，伯夷有首陽之基，文王不及誅紂，武崩不待成王，周公有改葬之篇，仲尼有兩楹之夢，伯魚有先父之年，子路有葅醢之語，伯牛有命死之文，曾參有啓足之辭，顔回有不秀之喻，世人云而不死，豈不惑乎。或問牟子長生神仙之道者，子曰：仁義不脩，孝悌不立，奚爲長生。甚矣，人之無死也。縱仲尼治廣桑山，乃因前行仁負義孝悌忠信之所感也，豈是孔子燒丹服氣之所致乎？”同上引。案：“仙家言”當作“佛家言”。“或問”以下今本無。

《廣韻》引一則：

《牟子》曰：“漢明帝夢神人身有日光，飛在殿前，以問羣臣。傅毅對曰：天竺有佛，將其神也。”入聲八物“佛”字下引。

# 釋傖楚

傖楚之名,大要起於魏、晉之間,蓋南朝士大夫鄙夷江、淮以北之人,而爲之目者也。

《説文》無"傖"字。《玉篇·人部》:"傖,士衡切。《晉陽秋》云:'吴人謂中國人爲傖。'"《廣韻》下平十二庚:"傖,楚人别種也。助庚切。"《集韻》十二庚:"傖,鋤庚切。吴人罵楚人曰'傖'。"慧琳《一切經音義》卷六十五引《晉陽秋》曰:"吴人謂中國人爲傖人,又總謂江淮間雜楚爲傖。"

**嘉錫案**:《晉陽秋》所謂中國人,指長江以北言之,猶之中原人耳。《世説·雅量篇》注引作"吴人以中州人爲傖",此必劉孝標所改。以其時中原爲拓跋氏所據,故不欲以中國稱之也。

《晉陽秋》之文,以慧琳所引爲最詳,知楚人亦可名傖,不獨指中原人矣,然不言所以名"傖"之義。考《漢書·賈誼傳》:"國制搶攘。"注引晉灼曰:"搶音傖,吴人罵楚人曰傖。傖,攘亂貌也。"然則傖與搶音義並同。《類篇》卷八《人部》云:"傖,千剛切。傖,囊亂貌,又鋤庚切。吴人罵楚人曰傖。"傖囊即傖攘,一聲之轉,義並本之晉灼,而分爲二音,非也。

余謂"傖"字蓋有六義。傖攘本釋亂貌,故凡目鄙野不文之人皆曰傖,原無地域之分。《太平廣記》卷二百六十二引《笑林》曰:"傖人欲相共弔喪,各不知儀。一人言粗習,謂同伴曰,'汝隨我舉止'"云云。此但極言鄉愚之粗俗,不必其楚人中國人也。今人謂事之可鄙笑者曰"寒傖",蓋猶六朝之遺語。寒者寒族,傖者傖父也,一也。

中國爲聲名文物之邦,彬彬大雅,本不當有"荒傖"之稱。但自三國鼎峙,南北相輕。吴人負其山川之美,物産之豐,起居被服,自命風流,尤以陸氏爲之眉目。及歸命銜璧,機、雲入洛,厭北人之厚重少文,嗜羊麥而噉酥酪,不如南方之蓴羹魚膾,輒目之爲傖父。《藝文類聚》

卷七十二引《笑林》曰："吴人至京師，爲設食者有酪蘇，未知是何物也，强而食之，歸吐，遂至困頓。謂其子曰：'與傖人同死，亦無所恨，然汝故宜慎之。'"《笑林》、隋唐《志》皆題"邯鄲淳撰"，淳在漢末事曹操，魏黄初中，官至給事中，見《魏志・王粲傳》注。未嘗入吴，而《類聚》卷八十五引有張溫使蜀與沈峻相别事，似非淳所能知。宋釋贊寧以爲陸雲所著，贊寧《筍譜》卷下云，"陸雲，字士龍，爲性喜笑，著《笑林論》。"其説當有所本。宋人《五色線》卷下亦引作陸雲《笑林》。士龍嘗著《異林》，故此書名《笑林》，《類聚》所引吴人條蓋記於入洛之後。觀其所言，知吴人之厭惡北俗深矣！《世説・排調篇》云："陸太尉詣王丞相，王公食以酪，陸還遂病，明日與王牋云：'昨食酪小過，通夜委頓，民雖吴人，幾爲傖鬼！'"亦見《晉書・陸玩傳》。其事竟與《笑林》所載不謀而合。玩於王道之前，直言"幾爲傖鬼"，其輕侮北人，無分貴賤，蓋陸氏之家風然也。《晉書・左思傳》曰："陸機入洛，與弟雲書曰：'此間有傖父，欲作《三都賦》，須其成當以覆酒甕耳！'"此時士衡尚未見太冲之文，度其必非通才，遂以傖父目之，其於尋常北人，蓋可知矣。此《晉陽秋》所謂"吴人謂中國人爲傖"也，二也。

西晉之末，中原雲擾，五馬南浮，元帝立國建康，北方士大夫，紛紛過江，吴人猶呼爲傖父，如今蜀人之輕下江人耳。如褚裒本河南陽翟人，其祖䂮始徙丹徒，見《唐書・宰相世系表》。裒少有盛名。《世説・雅量篇》稱其"名字已顯，而位微，人未多識。嘗投錢塘亭住。縣令吴興沈充以問亭吏。吏云：'昨有一傖父來寄亭中，令有酒色，遥問傖夫欲食𩞄否？'"此必裒之風度，望而知爲北人，故亭吏直呼爲傖父，沈充已醉，亦不辨爲何等人，遂以食𩞄調之。可見東晉初年，吴人猶歧視北人矣。然中原舊族，居吴既久，習其土風，輒效吴人口吻，目後來南渡者爲傖，忘其己亦傖人也。史册所記，數見不鮮。《宋書・杜驥傳》載驥兄坦對太祖文帝。曰："臣本中華高族，坦，杜預玄孫。亡曾祖晉氏喪亂，播遷涼土，直以南渡不早（坦於晉末始隨劉豫南還），便以荒傖賜隔，"其明證也。晉楊佺期，太尉震之後，本傳言其自云，"門户承籍，江表莫比，時人以其晚過江，婚宦失類，每排抑之。"婚宦失類者，蓋其祖父久居北土，不免與寒門胡族通婚，又臣事僞國，淪入雜流也。杜驥先世，殆亦如此，宜其被人視爲荒傖矣。楊、杜諸氏，與王、謝高門，同是北人僑居南土，而以過江之先後，遂有清濁之分，此與吴人概稱中國人爲傖者，其義又别，三也。

孫權初都武昌，旋遷建業，所謂"龍蟠虎踞帝王之宅也"。其風土之美，人物之秀，財富之豐，皆遠勝武昌。《吴志·陸凱傳》曰："皓時徙都武昌，揚土百姓，泝流供給，以爲患苦。凱上疏曰：'武昌土地，實危險而塉确，非王都安國養民之處，船泊則沈漂，陵居則峻危。且童謡言，"寧飲建業水，不食武昌魚，寧還建業死，不止武昌居。"童謡之言，生於天心，乃以安居而比死，足明天意，知民所苦也。'"傳雖不言皓之從否，然甘露元年十一月甫至武昌，明年寶鼎元年。十二月即還都建業，是已納其言矣。吴、楚之輕重不同如此，故吴人以上國自居，鄙楚人爲荒陋，亦被以此目。沿及晉代，相承未改。晉灼著書於典午中朝，見《漢書序例》。而云"吴人駡楚人爲傖"，是未渡江以前語也。四也。

揚、徐之地，江、淮之間，本屬楚境。永嘉喪亂，幽、冀、青、並、兖州及徐州之淮北流民，相率過淮，亦有過江者，於是僑立郡縣以司牧之。見《宋書·州郡志》。其地多中原村鄙之民，與楚人雜處，謂之"雜楚"。吴人薄之，亦呼"傖楚"，别目九江豫章諸楚人爲傒，見《世説·容止篇》及《南史·胡諧之傳》。而於荆州之楚，以其與揚州脣齒，爲上游重鎮，獨不受輕視，無所指目，非復如東渡以前，統駡楚人為傖矣。《晉陽秋》云："吴人總謂江淮閒雜楚爲傖。"《梁書·鍾嶸傳》云："僑雜傖楚，應在綏附。"皆其義也。五也。

"傖"之爲名，本吴人駡中國人及楚人之詞。然南北既分，北人不肯自承爲傖也，而以吴人之所謂"傖楚"皆在江南，於是效吴兒之語，統指南朝爲"傖楚"，並吴人而亦駡之。《北史·王昕傳》："文宣下詔曰：'元景昕字。本自庸才，素無勳行，僞賞賓郎之味，好詠輕薄之篇，自謂模擬傖楚，曲盡風制。'"夫以賓郎消食，及詠齊、梁體詩，皆吴下風氣，而横被高洋駡爲傖楚，南人同類相輕，致爲黠虜所笑，亦吴兒輕薄之報也。六也。

由此觀之，"傖"之爲言，特駡人之詞，本無定地，但於其所鄙薄者，則以此加之。今人但知吴人謂北人爲傖，不知更駡僑雜之人爲傖，尤不知胡人亦謂吴人爲傖也。要之,吴人之語,乃亂世之證,絶非南渡以後之所宜出。使果欲發憤圖强,則地利不如人和,固當合四海爲一家,戮力同心以御外侮,惡有一國之中,互相歧視,出以謾罵者乎?覽南北之《史》,於"傖"之一字,有以知國人當危急存亡之秋,猶不能無畛域之見,宜其分崩離析,治日少而亂日多也。悲夫!

章炳麟《新方言》卷二云:"尋方言壯、將皆訓大。將、倉聲通,如'鸞聲將將'、'鳥獸蹌蹌',是傖人猶言壯夫耳。昔陸機謂左思爲傖父,蓋謂其粗勇也。今自鎮江以下至於海濱無賴相呼曰老傖。"按章氏以傖爲壯夫,與六朝人語氣未能盡合,且其説頗近迂曲,非確詁也。

六朝人於傖、楚二字,每喜聯用,已具見於前,其或單舉一字,則其義不同,"傖"以指其形容動作,"楚"則指其語言也。

顧炎武《日知録》卷二十九方音條引《宋書》:"高祖雖累葉江南,楚言未變,雅道風流,無聞焉爾。"又:"長沙王道憐,素無才能,言音甚楚,舉止施爲,多諸鄙拙。"《世説》:"王大將軍年少時,舊有田舍名,語音亦楚。"又引《梁書·儒林傳》:"陸倕言孫詳、蔣顯曾習周官,而音革楚夏,學徒不至。"見《沈峻傳》。《文心雕龍》云:"張華《論韻》,謂士衡多楚,可謂銜靈均之聲餘,失黄鐘之正響也。"案:《雕龍·聲律篇》云:"詩人綜韻,率多清切,《楚辭》辭楚,故訛韻實繁,及張華《論韻》。"

**嘉錫案**:此數書所稱之楚,雖名稱無異,而區域不同,則其語音亦當有别,未可一概而論也。宋高祖兄弟先世爲彭城綏里人,自其曾祖混始過江,居晉陵郡丹徒縣。彭城於春秋屬宋,戰國時屬楚。自項羽爲西楚霸王,以及前漢之楚元王交楚孝王囂,後漢之楚王英,並都彭城。《宋書》所謂"楚言"者,指彭城郡言之也。其地爲今江蘇銅山縣,以其越在江北,密邇胡虜,僑人雜處,號爲傖楚,故南朝人鄙夷之如此。王敦爲琅琊臨沂人,其地屬魯,當作齊、魯間語;陸機吴人,當操吴語,並不得忽用楚音。然戰國魯爲楚所滅,吴先滅於越,而越並於楚,故諸國之地,皆得蒙楚稱。《史記·貨殖傳》云:"自淮北沛、陳、汝南、南郡,此西楚也。彭城以東,東海、吴、廣陵,此東楚也。衡山、九江、江南、豫章、長沙,是南楚也。"臨沂於漢屬東海郡,吴縣屬吴郡,並是東楚。《世説》謂"王敦語音亦楚",張華《論韻》,謂"士衡多楚者",指戰國時楚地言之也,其爲楚雖同,而實非一地。琅琊之方音不與吴同,則其語言聲韻必不同,此乃西晉全盛之時,洛下士大夫,鄙視外郡,故用秦、漢舊名,概被以楚稱。至於陸倕所謂音革楚夏,則又别是一義,《梁書·儒林·盧廣傳》云:"時北來人儒學者有崔靈恩、孫詳、蔣顯,并聚徒講説,而音辭鄙拙;惟廣言論清雅,不類北人"云云。陸倕者,吴中舊族,本傳云:"晉太尉玩六世孫。"世事南朝,故以江左爲華夏,而又區别三吴以外,目之爲楚,此乃吴人鄉曲之見,猶之目中國人爲傖耳。孫詳、蔣顯來自北朝,並是傖父,倕謂其"音革楚、夏"者,言北方之音,非楚非夏,人所不解也。任昉作《王儉集序》云:"以本官領丹陽尹,公不謀聲訓,而楚、夏移情。"意與倕同;言丹陽居民,雜有楚、夏之人,而皆能服儉之教化也。李善引《史記·貨殖傳》"潁川、南陽、夏人之居"爲注,則與丹陽奚與焉。六朝人之所謂楚,因時因地,互有不同,而其立言之意,亦區以别矣。《顏氏家訓·音辭篇》云:"古今言語時俗不同,著述之人,楚、夏各異。"此以南爲楚,北爲夏與陸倕之語又異。蓋之推身處周、隋之間,其立言不得不如此爾。

《家訓》之論音辭也,其言又曰:"共以帝王都邑,參校方俗,考核古今,爲之折衷。榷而量之,獨金陵與洛下耳。"此可爲夏字注脚。由是觀之,自西晉以前之語言,必以洛陽爲準,南渡以後,更以建康爲歸。但中原士大夫,居吴已久,既未忘其土風,亦漸效爲吴語,如謝安之爲洛下書生詠,王道之以吴語爲劉惔所笑均見《世説》。是也。於是建武以後之建康,自成一種南北相參之音調,如後世之所謂官話然者。士人如不解此,則無以應對周旋。劉裕兄弟,身爲將相,而未改其方音,故謂之"雅道無聞"。大抵晉宋以後,凡南人而不能操建康語者,則皆目之爲楚云。

六朝南人,除傖楚之外,又有"楚子"之稱。《宋書·黄回傳》云:"回拳捷果勁,勇力兼人,在江西與諸楚子相結,屢爲劫盗。"《殷琰傳》亦云:"回即黄回。所領並淮南楚子,天下精兵。"《梁書·陳伯之傳》云:"幼有膂力,年十三四,伺鄰里稻熟,輒偷刈之。嘗爲田主所見,呵之云:'楚子莫動!'伯之因杖刀而進,將刺之,曰:'楚子定何如!'田主皆反走。”夫以南朝版圖，較其廣袤，所及除梁益以外，不出三楚之境，然則舉朝皆楚也。此所謂楚子者，何等人耶？陳伯之爲濟陰睢陵人（屬徐州），其鄰里田主，亦必濟陰人，何爲獨以楚子呼伯之耶？推尋事理，蓋南朝以三吴爲京畿，故自春秋時故吴地以外，皆謂之楚。及其用以稱人，則又有貴賤之分。凡士大夫之有田舍氣者，但笑其語音之楚而已。至於閭里小人，田夫牧豎，少年輕剽勇悍者，皆謂之楚子，乃甚賤之之詞。其富貴之家，衣冠之倫，率雍容華貴，自命風流，雖楚而不自以爲楚也。自吴人觀之，雖同是楚人，亦不以楚子呼之矣。

總之，無論爲傖、爲楚、爲楚子，或混而稱之爲“傖楚”，爲“雜楚”，要不外内外之分，門户之見而已。故凡三吴之人及中原高族之從龍過江者，皆不蒙此稱。此固分裂之朝，文人士夫之惡習，錮結而不可破者。然自古及今，時無論治亂，畛域之紛歧，統不能盡免。果欲一道德而同風俗，以臻於郅治，則於此等語言文字，不可以爲鄙物細故，而不加之意也。

# 寒食散考

## 述意第一

語云:“飲鴆止渴。”此譬況之言,非實事也。人非有大不得已,計無復之,或激於義憤,殺身成仁,固未有飲毒藥而甘之者。若夫明知其爲毒藥,而樂於嘗試以快一時之欲,幸其旦夕不至於死,卒之形神交敝。奄奄待盡而不悔,爲禍之烈,至於舉世之人,相率而爲溝中之瘠,蓋未有甚於近世之鴉片者。流行已百餘年,禁之終不能盡絶,而其他毒物類似鴉片者,且層出迭見而未有已,嗜之者甚於粱肉。無故飲鴆以殺其身,可謂至愚極惑,不近人情者矣。

雖然,未足怪也。考之於古,固亦有之。魏晉之間,有所謂寒食散者,服之往往致死,即或不死,亦必成爲痼疾,終身不愈,痛苦萬狀,殆非人所能堪。俞正燮《癸巳存稾》卷七,嘗持以比鴉片。愚以爲其殺人之烈,較鴉片尤爲過之。幸其所用藥物至爲貴重,非富貴人不能辦。雖賤苦之人亦或有服者,要不能如鴉片之普遍也。

夫人莫不樂生而惡死,而服毒藥者獨以自戕其生為樂,此不可解也。吾嘗推求其故,蓋叔季之世,農工交困,教育不興,舉世之人,羣焉不事其事,端居多暇,嗜慾中之,故其好尚之偏,古今如出一轍,而其國亦遂大亂不止。昔者儀狄作酒而美,進之禹。禹飲而甘之曰:“後世必有以酒亡其國者。”遂疏儀狄而絶旨酒。嗚呼!庸詎知後人乃以毒藥爲嗜好,其禍人家國,有千百於酒者乎?長民者奈何其不爲之所也。

鴉片之禍,人所知也。寒食散之爲害,史册紀之弗詳,學者亦罕言之。近代惟郝懿行、俞正燮兩家,曾偶一論及。然郝氏至不知五石爲何物,俞氏知之矣,考證亦略。余故舉其事之始末,考其藥之名品,從而推論其所以然,以爲讀史之助,且願世之飲鴆自甘者知所儆焉。

## 寒食散之所由起第二

寒食散之名,始見於《世説新語》。其《言語篇》載何平叔云:"服五石散非惟治病,亦覺神明開朗。"注引秦丞相《寒食散論》案:六朝時無姓秦之丞相,"丞相"當作"承祖",字之誤也。《醫心方》卷十九引有《秦承祖論》,即此書。《隋志》有秦承祖《樂方》四十卷,又偃《側人經》二卷,秦承祖撰。又云:"梁有秦承祖撰《脈經》十卷,秦承祖《本草》六卷,亡。"《御覽》卷七百二十二引《宋書》曰:"秦承祖性耿介,專好藝術,於方藥不問貴賤,皆治療之,多所全護,當時稱之爲工。手撰方二十卷,大行於世。"曰:"寒食散之方,雖出漢代,而用之者寡,靡有傳焉。魏尚書何晏,首獲神效,由是大行於世,服者相尋也。"案:平叔言服五石散,而注謂之寒食散者,孫思邈《千金翼方》卷二十二《解石及寒食散並下石》論曰:"凡是五石散,先名寒食散者,言此散宜寒食,冷水洗取寒,惟酒欲清熱飲之,不爾,即百病生焉。服寒食散,但冷將息,即是解藥熱。"《醫心方》卷十九引許孝崇論云:"凡諸寒食草石藥,皆有熱性,發動則令人熱,便冷飲食,冷將息,故稱寒食散。"二家之言如此。顧名思義,可以知其藥性之猛烈矣。

《世説》注謂寒食散方出於漢代,因何晏大行於世。考之傳記,此言不虚。魏晋以後,服者相尋,殺人如麻,晏實爲禍首。隋巢元方《諸病源候總論》卷六《寒食散發候篇》,引皇甫謐云:"寒食藥者,世莫知焉,或言華佗,或曰仲景。考之於實,佗之精微,方類單省,言華佗醫術精妙,用藥不多,而寒食散方藥品甚繁,故知不出於佗。而仲景經有侯氏黑散、紫石英方,皆數種相出入,言兩方之中,有數藥彼此相同。節度略同。謂皆宜冷飲食,冷將息。然則寒食草石二方,出自仲景,非佗也。且佗之爲治,或刳斷腸胃,滌洗五藏,不純任方也。仲景雖精不及佗,至於審方物之候,論草石之宜,亦妙絶衆醫。及寒食之療者,御之至難,將之甚苦。近世尚書何晏,耽好聲色,始服此藥,心加開朗,體力轉强。京師翕然,傳以相授,歷歲之困,皆不終朝而愈。衆人喜於近利者,不覩後患。湖北書局刻本《巢氏病源》脱"不"字,今以意補。晏死之後,服者彌繁,於時不輟。余亦豫焉。或暴發不常，夭害年命。是以族弟長互，舌縮入喉，東海王良夫，癰疽陷背，隴西辛長緒，脊肉爛潰，蜀郡趙公烈，中表六喪，悉寒食散之所爲也。遠者數十歲，近者五六歲。言服寒食散後，有至數十年而後死者，有五六年即死者。余雖視息，猶溺人之笑耳。而世人之患病者，由不能以斯爲戒。失節之人，謂服散而違其節度者。多來問余。乃喟然歎曰：今之醫官，精方不及華佗，審治莫如仲景，而兢服至難之藥，以招甚苦之患，其夭死者焉可勝計哉？案：《隋志》云："梁有皇甫謐《曹歙論寒食散方》二卷，亡。"巢氏所引，蓋出此書。凡《隋志》所謂梁有某書亡者，謂唐武德五年運隋煬帝東都所藏之書，泝河西上，行經砥柱，多被漂没，其書遂亡，非必隋時本無其書。況諸家寒食散論，《隋志》存者，尚有《寒食散論》二卷，釋道洪《寒食散對療》一卷，釋智斌《解寒食散方》二卷，《解寒食散論》三卷，《解散經論》並《增損寒食節度》一卷，宋尚太一護命《五石寒食散》二卷，縱謐書已亡，巢氏亦不妨從他家轉引也。《隋志》又別有皇甫士安《依諸方撰》一卷，在宋尚護命《寒食散方》之後，當是士安集解仲景、何晏諸家之方，非巢氏所引，別詳第五篇。謐以太康三年卒，年六十八，見本傳。以長歷推之，當生於後漢建安二十年。何晏以魏正始十年，是年四月改元，故《紀》書嘉平元年。爲司馬懿所殺，見《魏志·齊王芳紀》及《曹爽傳》。於時謐已三十五歲，與晏正同時之人，記所見聞，理無差誤。故知《世説》注謂寒食散方因何晏大行於世，非虚言也。唐孫思邈《千金要方》卷二十四《解五石毒論》曰："寒食原作"寒石"，蓋誤。五石更生散方，舊説此藥方上古無此，漢末有何侯者行用。自皇甫士安已降，有進餌者，無不發背解體而取顛覆。余自有識性已來，親見朝野士人，遭者不一。所以寧食野葛，不服五石，明其大大猛毒，不可不慎也。有識者遇此方即須焚之，勿久留也。今但録主對，主對之説，詳見本文第六篇。以防先服者。其方以從煙滅，以，當作"已"，古字通用。不須復存爲含生害也。"思邈所謂漢末何侯者，蓋即指何晏，然竟不能舉其名字。考思邈所著《千金翼方》卷十五《大補養篇》，録有張仲景《紫石寒食散方》，與《金匱要略》同，是其嘗見仲景方之證。其卷二十二有服寒食散違失節度發病療法四十五條，及六反七急八不可三無疑之説，昔與巢氏《病源》所引皇甫謐語略同，見本文第五篇。是其嘗見謐書之證。謐既明言方出仲景，何晏始服此藥,思邈不應熟視無覩,顧作此模棱之語也。蓋思邈因寒食散殺人至夥,深惡而痛絶之。仲景古今醫聖,何晏正始名士,不欲言其出於二人,使飲鴆自甘者有所藉口,故深没其文云耳。

士安謂"何晏耽情聲色,始服此藥"。蘇軾《志林》亦云:"世有食鍾乳烏喙而縱酒色以求長年者,蓋始於何晏。晏少而富貴,故服寒食散以濟其欲,無足怪者,彼其所爲足以殺身滅族者日相繼也。得死於寒食散,豈不幸哉! 而吾獨何爲效之。世之服寒食散疽背嘔血者相踵也。"見《志林》卷五《司馬遷二大罪》篇。其説即本之於謐。軾留心醫術,蓋嘗讀《病源》《千金方》等書而得之也。《魏志·曹爽傳》注引《魏略》曰:"太祖爲司空時,納晏母,並收養晏,見寵如公子。晏無所顧憚,服飾擬於太子。晏尚主,又好色,性自喜,動静粉白不去手,行步顧影。"此晏少而富貴耽情聲色之證也。注又引《魏末傳》曰:"晏婦金鄉公主,謂其母沛王太妃曰,晏爲惡日甚,將何保身。母笑曰,汝得無妬晏耶?"案:晏名士無雙,忠於魏室,何至爲惡不能保身? 公主之言,正因其好色多嬖幸,故開此妬口耳。張仲景制寒食散,本以治傷寒雜病,詳見本文第四篇。初非房中之藥。晏亦曰:"服五石散,非惟治病,亦覺神明開朗。"夫因病服藥,人之常情,士安謂之"耽情聲色",何也? 蓋晏非有他病,正坐酒色過度耳。故晏所服之五石更生散,醫家以治五勞七傷。見第四篇。勞傷之病,雖不盡關於酒色,而酒色可以致勞傷。觀張仲景所舉七傷中有房室傷。《金匱要略》卷上,《血痺虚勞病脈證並治篇》云:"五勞虚極羸瘦,腹滿不能飲食,食傷,憂傷,飲傷,房室傷,勞傷,經絡榮衛氣傷。"可以見矣。晏雖自覺神明開朗,然藥性酷熱,服者輒發背解體,晏亦幸而僅免耳。管輅曰:"何之視候,魂不守宅,血不華色,精爽煙浮,容若槁木,謂之鬼幽,鬼幽者爲火所燒。"見《魏志·管輅傳》注引《輅别傳》。據其所言,晏之形狀,乃與今之吸毒藥者等,豈非精華竭於内,故憔悴形於外歟? 郝懿行《晉宋書故》曰:"六朝貴游,動云散發,藴寒生熱,案:寒食散藥性至熱,安得藴寒? 此語不確。輒喪厥軀。假令何晏不誅,亦終夭殁。"諒哉斯言! 魏晉士大夫,慕晏之風流,從而傚顰,而醫家又增減其方以治百病,遂致死亡相繼,駢首接踵而不悟。古詩云:"服藥求神仙,多爲藥所誤。"悲夫!

## 魏晉南北朝人服散故事第三

寒食散方創於張仲景，自何晏增減其方服之，魏晉南北朝人，服者不絶，載於史傳者班班可考。唐以後寂焉無聞，故《四庫提要》以爲惟六朝人有散發之證。見《總目》卷一百三“巢氏諸病源候論”條下。考孫思邈《千金要方》，著於唐貞觀間，《要方》卷二十五《被打篇》，有貞觀五年語。謂“寒食更生散方已從灰滅”，似唐初人已無服此者。然思邈後作《千金翼方》，具載更生護命等方甚詳。《醫心方》引有許孝崇《寒食散論》。見前。孝崇，顯慶間人，嘗與李勣等同修《唐本草》。《大觀本草》卷一載唐本序，稱爲大中大夫行尚藥奉御臣許孝崇。王燾《外臺秘要》作於天寶十一載，見自序。其卷十七有更生散療虚勞百病方，卷三十七有餌寒食五石諸雜石解散論。然則直至盛唐之時，服者猶夥，未嘗竟絶也。夫自魏正始至唐天寶，凡五百餘年，其服寒食藥者，一歲之間不知凡幾。姑以數千人計之，亦且數百萬人。皇甫謐作《寒食散論》，記其數十年中目所親見，死於此散者已得八九人。謐不過偶舉此八九人者以爲例，若枚數所知，常猶不止此。至於謐所不知，又不可以數計也。以此推之，則五百年間以散發致死者，無慮數十百萬人矣。然郝懿行舉晉宋史中寒食散事，才得五條。余遍搜羣書，上起三國，下迄周隋，亦僅五十餘條而已，何其少也。蓋書傳所載，必其人有可紀，或以他事牽連得書。庸常之人，薄物細故，何可勝記？世間萬事，多不見於史。以一區區寒食散，而采摭所及，遂至數十條，豈不既多矣乎？寒食散本以治病，藥當其病，未必不可奏功，故於凡言服散得效者亦並書之。然此數十事中，得效者常少而發病且死者常多，是其功不補患，已大彰明較著，不必抹殺事實而後見散之爲害也。凡一代之中，以正史居前，雜書居後，並略附鄙見，疏於下方。匆匆檢閲，漏略良多，補闕拾遺，期諸異日。

## 魏

何晏事已見前。

案：皇甫謐言："晏死之後，服者彌繁。"因歷舉其族弟長互東海王良夫等服散致死事。謐書著於晉咸寧四年，則長互等當有死於魏時者。既不能確定其年月，姑附識之於此。

## 晉

《晉書·裴秀傳》："服寒食散，當飲熱酒而飲冷酒，泰始七年薨，年四十八。"

案：秀之病乃因服藥失度，飲冷酒，即是違失節度。寒熱累月，張口大呼，眼視高，精候不與人相當，左右以冷水洗之，用水數百石，命絶於水中。詳見本文第五篇引皇甫謐論。

又《王戎傳》曰："河間王顒遣使就説成都王穎，將誅齊王冏。檄書至，冏謂戎曰：'卿其善爲我籌之。'戎曰：'若以王就第，不失故爵，推權崇讓，此求安之計也。'冏謀臣葛旟怒曰：'議者可斬。'於是百官震悚。戎僞藥發墮厠，得不及禍。"

又《皇甫謐傳》："武帝頻下詔敦逼不已，謐上疏自稱草莽臣曰：'臣以尫弊，迷於道趣，因疾抽簪，散發林皐。而小人無良，致災速禍，久嬰篤疾，軀半不仁，右脚偏小，十有九載。又服寒食散違錯節度，辛苦荼毒，於今七年。隆冬裸袒食冰，當暑煩煩，加以咳逆，或苦溫瘧，或類傷寒，浮氣流腫，四肢酸重，於今困劣，救命呼噏。父兄見出，妻息長訣。仰迫天威，扶輿就道，所苦加焉。不任進路，委身待罪，伏枕歎息。竊聞同命之士，咸以畢到，唯臣疾疢，抱釁牀蓐，雖貪明時，懼斃命路隅。設臣不疾，已遭堯舜之世，執志箕山，猶當容之。'謐辭切言至，遂見聽許。歲餘,又舉賢良方正,並不起。初服寒食散,而性與之忤,每委頓不倫。嘗悲恚叩刃欲自殺,叔母諫之而止。"

案:謐自言軀半不仁,右脚偏小,則謐所患者,中風之疾也。《金匱要略》卷上《中風歷節病》論曰:"夫風之爲病,當半身不遂。或但臂不遂者,此爲痺,脈微而數,中風使然。"寒食更生散,本以治五勞七傷,而謐服之以治風疾者,更生散乃合張仲景侯氏黑散及紫石英方爲之。侯氏黑散,本以治大風,又《金匱要略》治中風方有風引湯,除熱癱癇,其藥有乾姜、桂枝、赤石脂、白石脂、紫石脂,寒食散、白紫皆用石英。皆與寒食散同,故謐遂服散以祛風耳。寒食散於此三石外,有鍾乳石、硫黄,詳後第四篇。謂之五石散。風引湯無此兩味而有寒水石、滑石,故亦謂之五石湯。謐作《甲乙經》序,稱"仲景謂王仲宣曰,君有病,四十當眉落,服五石湯可免"。《御覺》卷七百二十二引《何顒别傳》同。《金匱》本不言風引湯一名"五石湯",余以意考之如此。眉落亦是風病,巢氏《病源》卷二,有惡風鬚眉墮落候。可以爲證。然仲景紫石寒食散,本無硫黄,且用以治傷寒而不治風。其風引湯中並鍾乳亦無,而有大黄、龍骨、石膏、寒水石、滑石,皆寒涼之品,以與其他辛熱之藥相制,故可無患。謐乃服何晏之五石更生散,欲以治半身不遂,藥熱太過,又復違錯節度,固宜其委頓不倫矣。《晉書》謂謐性與之忤者非也。謐以武帝泰始受禪後被召,本傳載謐《釋勸論》曰:"泰始登禪,同命之士,莫不畢至,唯余疾困,不及國寵。"當與上疏是一時事。傳敍上疏於作《釋勸論》之後,非是。《本紀》不書。《傳》言上疏後歲餘,又舉賢良方正。案:《武帝紀》"泰始四年十一月,詔王公卿尹及郡國守相,舉賢良方正直言之士",則此疏當上於三年夏秋之間。《御覽》卷七百四十三引《玄晏春秋》曰:"夏四月,予瘧於河南,歸於新安,不瘳",與疏中"扶輿就道不任進路"之語合。謐是年五十三歲,而言"久嬰篤疾,十有九載,服藥辛苦,於今七年",是謐以三十五歲得病,魏嘉平元年,即何晏被殺之年。四十七歲服寒食散藥發也。魏景元二年。謐雖壽至六十八,然其病竟終身不愈,亦可悲矣。餘詳第五第六篇。

又《賀循傳》:"及陳敏之亂,詐稱詔書,以循爲丹楊内史。循辭以脚疾,手不制筆,又服寒食散,露髮袒身,示不可用。敏竟不敢逼。"

案:謐之隆冬裸袒食冰,循之露髮袒身,皆散發後之節度,所謂冷將息也。

又《殷顗傳》:"少與從弟仲堪俱知名。太元中,以中書郎擢爲南蠻校尉。及仲堪得王恭書,將興兵内伐,告顗欲同舉。顗不平之。仲堪邀之轉切。顗怒曰:'吾進不敢同,退不敢異。'仲堪甚以爲恨。猶密諫仲堪,辭甚切至。仲堪既貴,素情亦殊,而志望無厭,謂顗言爲非。顗知仲堪當逐異己,樹置所親,因出行散,托疾不還。仲堪聞其病,出省之,謂顗曰:'兄病殊爲可憂。'顗曰:'我病不過身死,但汝病在滅門,幸熟爲慮,勿以我爲念也。'仲堪不從,卒與楊佺期、桓玄同下,顗遂以憂卒。"

案:服散之後,忌安坐不動,當强起行以調其關節,不能行者扶起行之,謂之行散,又謂之行藥。《世説·德行篇》曰:"初,桓南郡楊廣共説殷荆州,宜奪殷,覬即殷顗。南蠻以自樹,顗亦即曉其旨,嘗因行散,率爾去下舍,便不復還,内外無預知者。"又《規箴篇》曰:"殷顗病困,看人政見半面。殷荆州興晉陽之甲,往與覬别,涕零,屬以消息所患。覬答曰,'我病自當差,正憂汝患耳。'"可與《晉書》互證。仲堪屬覬以消息所患。"消息"云者,散發後將息之詞也。看人政見半面者,即皇甫謐所謂"服藥失節度,則目瞑無所見"。《醫心方》卷二十引釋慧義云:"散發後熱氣冲目,漠漠無所見。"覬病正如此。蓋目光已散,故止見半面也。然則覬雖以憂卒,而其得病正坐服散耳。《世説·文學篇》有王孝伯即王恭。在京行散至其弟王覩户前,問古詩何句最佳事。《賞譽篇》有王恭行散至京口射堂見新柳事。以其無大關係,不復詳録,附識於此。

《晉書·良吏鄧攸傳》:"勒每東西置攸車營中,勒夜禁火,犯之者死。攸與胡鄰轂。胡夜失火,燒車。吏按問,胡乃誣攸,攸度不可與爭,遂對以弟婦散發溫酒爲辭。勒殺之。"

又《姚興載記》:"興藥動,姚弼興子廣平公。稱疾不朝,集兵於第。興聞之怒甚,收其黨殿中侍御史唐盛孫玄等殺之。弼黨兇懼。興慮其爲變，乃收弼將殺之。泓太子泓也。流涕固請之，乃止。興如華陰，以泓監國，入居西宫，因疾篤還長安。尹冲等欲隨興入殿中作亂，復未知興之存亡，疑而未發。興命泓録尚書事，使姚紹、胡翼度典兵禁中，防制内外，遣歛曼嵬收弼第中甲杖，内之武庫。興疾轉篤，興妹僞南安長公主問疾，不應。興少子耕兒出告其兄愔南陽公愔。曰：'上已崩矣，宜速決計。'於是愔與其屬率甲士攻端門。殿中上將軍歛曼嵬勒兵距戰。愔等既不得進，遂燒端門。興力疾臨前殿，賜弼死。禁兵見興喜躍，貫甲赴賊。愔等奔潰。義熙十二年，興死，年五十一。"

案：晉宋人謂寒食散爲寒食藥，或直稱之曰藥。皇甫謐論中屢言"藥動"，即藥發也。興與後魏道武帝，皆以帝王服寒食散發病，釀成家國之禍。所異者，道武遂爲其子所弑，興猶得自死，相去有閒耳。

《抱朴子内篇·仙藥篇》："玉，屑服之與水餌之，俱令人不死。所以爲不及金者，令人數數發熱，似寒食散狀也。若服玉屑者，宜十日輒一服雄黄、丹沙各一刀圭，散髮洗沐寒水，迎風而行，則不發熱也。"

案：據《千金要方》卷二十四、《外臺秘要》卷三十七，凡服鍾乳及諸石藥者，其消息節度，皆與寒食散同。玉石同類，皆能發熱，故亦須散髮洗沐寒水迎風也。夫單服玉石，其熱尚如此，況聚五石而爲散乎？

《抱朴子外篇·譏惑篇》："上國衆事所以勝江表者多，然亦有可否者。君子行禮，不求變俗，謂違本邦之他國，不改其桑梓之法也。況其在於父母之邦，亦何爲當事棄俗而更强學乎？聞貴人在大哀，或有疾病，服石散，謂服寒食五石散也。以數食宣藥勢，皇甫謐言：服散當數冷食，一日可六七食。失食饑，令人寒。以飲酒爲性命，謐言：服散之人當常飲酒，令體中醺醺不絶。其失節度發病者，救之之法，以熱酒爲性命之本。疾患危篤，不堪風冷，幃帳茵褥，任其所安。於是凡瑣小人之有財力者了不復居於喪位，常在别房，高床重褥，美酒大飲，曰此京洛之法也，不亦惜哉。"

案：據《抱朴》之言觀之，蓋自何晏服寒食散之後，京洛之間浸以成俗，至《抱朴》之時，而此風被於江左矣，至使常人傚尤。不服散無疾病者，亦美酒大飲，不復行居喪之禮。

《高僧傳》卷六《晉廬山釋慧遠傳》："桓玄征殷仲堪，軍經廬山，要遠出虎溪，遠稱疾不堪，玄自入山。晉安帝自江陵旋於京師，輔國何無忌勸遠候迎，遠稱疾不行，帝遣使勞問。遠修書曰：貧道先嬰重疾，年衰益甚，猥蒙慈詔，曲垂光慰，感懼之深，實百於懷。自遠卜居廬阜，三十餘年，影不出山，跡不入俗。每送客游履，常以虎溪爲界焉。以晉義熙十二年八月初動散，至六日困篤。大德耆年皆稽顙請飲豉酒，不許。又請飲米汁，不許。又請以蜜和水爲漿，乃命律師，令披卷尋文，得飲與否。卷未半而終，春秋八十三矣。"

案：動散，宋本《廬山記》卷三《遠法師傳》作"感疾散動"。據《吉石盦叢書》影印本。"散動"即藥動，亦即所謂散發也。遠公於桓玄之召、何無忌之勸皆稱疾不行，送客不過虎溪，雖其平生高致，迹不涉俗，然觀其以寒食散療病，至於發動以死，知其答安帝之言非虛。蓋身抱羸疾，不堪遠涉耳。豉酒所以療散發不解，見後王羲之"雜帖"條。遠守戒不肯飲酒，故不許。蓮社《高賢傳》敍此事云："師將終，耆德請以豉酒治病，師曰：律無通文。請飲米汁，師曰：日過中矣。"較《高僧傳》尤爲明白。律無通文者，言律藏中無因僧徒抱病而許其通融飲酒之文也，然竟不言遠所得何病。蓋《高賢傳》乃宋僧懷悟所修，不解散動爲何事，遂毅然删去之耳。遠以出世高僧，豈尚不能了生死，外形骸，乃竟服此至毒之藥以喪其身，足見寒食散之盛行，舉世以爲常餌，雖古德高賢有所不悟者矣。

《世説》卷下《任誕篇》："桓南郡被召作太子洗馬，船泊荻渚，王大服散後已小醉，往看桓，桓爲設酒，不能冷飲，頻語左右，令温酒來，桓乃嗚咽流涕。"

案：王大者，王忱。服散後須飲熱酒。南郡，謂桓玄，聞其父諱故流涕。

《文選》卷十六潘安仁《閑居賦》:“太夫人乃御板輿,升輕軒,遠覽王畿,近周家園,體以行和,藥以勞宣,嘗膳載加,舊痾有痊。”李善注:“杜預《左傳》注曰:宣,散也。”

安仁此賦,余初稿未及引用,丁君聲樹讀余文後,自昆明來書見告云:“潘岳《閑居賦》有云體以行和,藥以勞宣,由先生之説考之,疑亦行藥行散之義,與皇甫謐所言服藥之後宜煩勞正相會。”其説是也。桂馥《札樸》卷三嘗引此賦以解鮑明遠《行藥至城東橋詩》,但亦不知藥即寒食散。

《真誥》卷十七《握真輔》篇:“羲頓首,奉反告承服散三旦,宣通心中,此是得力,深慰馳情,願善將和,無復感動。羲頃公私匆匆,是故替覲,小闋奉展。楊羲頓首頓首。”

案:楊羲事見《真誥·翼真檢第二》,言其仙去,此是其與入書。由此觀之,是修道之人亦服散矣。

《藝文類聚》卷七十五晉嵇含《寒食散賦》:“余晚有男兒,既生十朔,得吐下積日,羸困危殆,決意與寒食散,未至三旬,幾於平復。按以上是序。何孺子之坎軻,在孩抱而嬰疾。既正方之備陳,亦旁求於衆術。窮萬道以弗損,漸丁寧而積日。爾乃酌醴操散,商量部分,進不訪舊,旁無顧問。偉斯藥之入神,建殊功於今世,起孩孺於重困,不精爽於既繼。”

《法書要録》卷十《右軍書記》:“知道長不孤得散力疾重,而邇進退,甚令人憂念。言不能獨得寒食散之力,因疾重,且時有增減,故以爲念。遲信還,信謂所使之人。知問。”

又“十一月十三日告期等,案:別有兩帖稱延期官奴云云,“官奴”是獻之小字,則“延期”亦必是凝之輩小字,但不知屬何人耳。得所高此字疑誤。餘姚並吴興二十八日二疏,知並平安慰。吾平平。比服寒食酒,服寒食散後必飲酒。如似爲佳。力因王會稽,不一一。阿耶告知。”“耶”即“爺”字,對其子自稱也。

又:“安復後問不想必停,此句不可解。君諸舍疾若差也,晉人帖中舍字皆指子弟言之。便疾綿篤,了不欲食,轉側須人,憂懷深。小妹亦故進退不孤，得散力，煩不得眠，食至少，服寒食散違節度，則晝夜不得寐，食不得下。疾患經日。兼燋勞不可言。”

又：“服食故不可乃將冷藥。僕即復是中之者，言服寒食散後，不可便服將冷之藥，已即因此中寒得病。腸胃中一冷，不可如何，是以春秋輒大起，似謂逢春秋時，散便大發。多腹中不調適。君宜深以爲意。”

又：“吾遂沈滯，兼下，如近數日，分無復理。昨來增服陟釐丸得下，不知遂斷不。散發後犯熱，故服藥下之，然不知能愈否。了無所噉而藥得停，不知當復見弟理不。獨下便長歎，小蘇息，更知問。”

又：“想得此涼日佳，服散發熱，故遇涼日當覺佳。患散乃委煩，耿耿，且以佳興消息。”

又：“追尋傷悼，但有痛心，當奈何奈何，得吾慰之。吾昨頻哀感，便欲不自勝舉。且服散行之，益頓乏。”言昨因過哀，幾不能舉步，而早來服寒食散後，强自起行，故更覺頓乏。

又：“得昨示知弟下不斷。昨紫石散寒食散中有紫石英，故一名紫石散。未佳，卿先羸甚羸甚，好消息。”

又：“一日多恨，知足下散動，耿耿護護。吾至不佳，劣劣不一一。”

又：“袁妹極得石散力，然故不善佳，疾久，尚憂之。”

又：“民以頃情事不可不勤，思自補節，勤以食噉爲意，此帖蓋致州將，故自稱民。言已不能不力疾治事，故思補養調節，服寒食散後不可令饑，然復不宜多食，無論日夜，須數數進飯，故曰勤以食噉爲意也。乃勝前者，而氣力所堪不如。言飲食雖較勝前時，而氣力更不如前。自喪初不哭，服散忌哭泣，故雖遭喪不哭。不能不有時惻愴，然便非所堪。服散忌憂愁，故惻愴便非所堪。哀事損人故最深，益知不可不豁之。”

又：“又獲示，知足下發動脅腫，發動者，散發也。卿此疾苦甚，似期一一，想消息當轉佳，爲何治也。”

又：“念君勞心，賢妹大都轉差，此帖當是與妻兄郗方回，賢妹，右軍自謂其妻也。然以故有時嘔食不已，是老年衰疾，更亦可倉卒，大都轉差，爲慰以大。言能大體就愈，便大以爲慰。近不復服散，觀此，則右軍夫人，亦常服散矣。當將陟釐也。此藥爲益如君告。”

又：“知德孝故平平，想當轉得散力。每耿耿不忘懷。足下大小佳否。”

又：“昨見無奕謝奕，字無奕。十九日書，二十六日西也。云仁祖服石散一齊，仁祖，謝尚也。一齊者，一劑也。不覺佳，酷羸至可憂。力知問。”

《淳化閣帖》卷六王羲之書：“知足下散勢小差，此慰無以爲喻。雲氣力故爾，復以胡怛。言知其散發之病小愈，爲之喜慰，而又云氣力不佳如故，復爲驚怛也。想散患得差，餘當以漸消息耳。”

又卷八：“頃還，少噉脯，《醫心方》卷二十《服丹宜食法》云：“凡服丹人得食鹿獐雉兎少犢等煮及脯，唯得作脯食，不得作羹食也。”及時噉麪，亦不以爲佳，亦自勞弊。散係轉久，此亦難以求泰。言爲散所苦已久，難於速愈。不去人閒而欲求分外，此或速弊，右軍好服食養性，故言不能去人間，入山修道，而餌金石之藥，欲求羽化登仙，作非分之想，恐自速其弊耳。皆如君言。”

《全晉文》卷二十七王羲之雜帖：“又焦囗，小服豉酒至佳，數用有驗。直以純酒漬豉，令汁濃便有，多少任意。”此條《全晉文》失注出處，不知在何家帖中。《醫心方》引秦承祖療散豉酒方：“散發不解，或噤寒，或心痛心噤，皆宜服之，方用美豉二升，以清酒三升一沸，爐取溫服。”承祖，劉宋時人。觀右軍此帖，知係古方，非承祖所創也。

《法書要録》卷十《大令書語》：“獻之白，兄靜息應佳，何以復小惡耶。復想比消息，理盡轉勝耳。礜石深是可疑事。兄熹患散發癰，熱積乃不易。願復更思，唯賴消息。”

黃伯思《東觀餘論》卷上《法帖刊誤》曰：“《靜息帖》云：‘礜石深是可疑事，兄熹患散發癰。’散者寒食散之類，散中蓋用礜石，是性極熱有毒，故云深可疑也。”今案：五石更生護命等散方中，並無礜石，見本文第四篇。然《千金要方》卷二十四《解五石毒》篇，所録寒食散主對，有云：“礜石無所偏對，其主治胃，發則令人心急口噤，骨節疼强，或節節生瘡，始覺發，即服葱白豉湯。”是古人固有於寒食散中加入礜石者矣。子敬非不服散者，但因服散已能發癰，又加礜石，則其熱益甚，故以爲可疑耳。

又：“獻之白，奉承問，近雪寒，患面疼腫，脚中更急痛，兼少下，稍患泄利也。甚馳情。轉和佳，言天氣已轉和暖。不審尊體復何如。得此諸患小差不,復思何如幸能復。散故鎮益久藥,何以不更將之。言服散必久而後發,何以不留神將息。遲尋復旨。遲,待也,待其復書,尋思其意。若獻之弊於淡飦飲,皇甫謐云:"或患冷食不可下,坐久冷食,口中不知味也,可作白酒糜,益着蘇,熱食一兩過。"獻之云,"弊於淡飦飲",即謂口中不知味也。得春風氣惛亂言,故欲熱復食酒,爲腹可耳。獻之白。"

《淳化閣帖》卷九王獻之書:"承姑比日復小進退,其爾不得一極和,憂悚猶深。不審以服散,未必得力耳。"獻之此姑疑即右軍帖中所言"袁妹極得石散力"者。

又:"操之故平平,操之,據右軍《與郗家論婚書》,是羲之子,獻之兄。已再服散,冀得力。獻之亦忘憒,匆謹,拜疏不具,操之等再拜。"

又:"承服腎氣丸,故以爲佳。五石三石腎氣丸兩方,均見《千金翼方》卷二十二,亦寒食散之類也。獻之比服黃耆甚勤,平平耳。亦欲至十齊,當可知。"

又卷十:"僕近動散委頓。動散,謂散發也。雖轉折猶惙然,發止尚以未定。"

又:"嫂等承更惡,不審頃痓復不。必須散時,終得力耶?此藥甚佳,想姊舉體不能行履,服遂差。"

右録王右軍及大令帖,共二十三條。晉人書帖語,率多不可解,甚者至不可句讀,固緣當時文體不同,亦由臨摹失真,加以草書難辨,釋者不能無誤故也。凡王氏父子帖中所言諸病狀,多與寒食藥發動證候合,今亦不敢概加穿鑿,第擇其語意明白者删節存之。從來考閣帖者不知寒食散爲何物,故於其語氣不甚了了。余以皇甫謐論證之,乃稍可解,遂略加注釋以曉觀者。王氏舉家奉五斗米道,右軍又從道士許邁游,採藥石不遠千里,雅好服食養性,均見本傳。自言"不去人間而欲求分外",則其常餌金石之藥可知。況寒食散本非神仙服食之方,爲人所常用者乎?今就諸帖觀之,不獨右軍父子兄弟及其親戚交遊之間,動輒散發,乃至妻女諸姑姊妹,亦無不服散者。可以覘當時之風氣矣。

## 宋

《宋書・王微傳》:"微與從弟僧綽書曰:'吾亦自揆疾疹重侵,難復支振,民生安樂之事,心死久矣。所以視日偷存,盡於大布糲粟,半夕安寢,便以自度,血氣盈虛,闕。復稍道,長以大散爲和羹,弟爲不見之耶?足不能行,自不得出户。頭不耐風,故不可扶曳。家本貧餒,至於惡衣蔬食。設使盜跖居此,亦不能兩展其足,妄意珍藏也。'"盧江何偃與書,微報之曰:"'生平好服上藥,起年十二時病虛耳。所撰服食方中,粗言之矣。自此始信攝養有征。故門冬昌朮,隨時參進,寒溫相補,欲以扶護危羸,見冀白首。家貧乏役,至於春秋令節,輒自將兩三門生,入草採之。吾實倦遊醫部,頗曉和藥,尤信《本草》,欲其必行,是以躬親,意在取精。世人便言希仙好異,矯慕不羈,不同家頗有罵之者。五六日來,復苦心痛引喉,狀如匈中悉腫。甚自憂。力作此答,無復條貫。'弟僧謙亦有才譽,爲太子舍人,遇疾,微躬自處治,而僧謙服藥失度,遂卒。微深自咎恨,發病不復自治,哀痛謙不能已,以書告靈曰:'憶往年散發,極目流涕,吾不舍日夜。又恆慮吾羸病。豈圖奄忽,先歸冥冥,反覆萬慮,無復一期,音顏髣髴,觸事歷然。弟今何在,令吾悲窮。念茲有何罪戾,見此夭酷,没於吾手,觸事痛恨。吾素好醫術,不使弟子得全。又尋思不精,致有枉過。念此一條,特復痛酷。痛酷奈何,吾罪奈何。'元嘉二十年卒,時年二十九,僧謙卒後四旬而微終。"

案:微自言:"以大散爲和羹。"大散者,寒食散也。巢氏《病源》引小品方云"大散由來是難將之藥",是也。又言"生平好服上藥",上藥者,神仙服餌金石之藥也。而寒食散亦謂之上藥,《醫心方》,引釋慧義論云:"五石散者上藥之流",是也。微素好醫術,尤信《本草》,而以散發致羸病,醫治其弟而弟死。史言僧謙服藥失度,則僧謙所服者亦是寒食散之類。蓋惟服五石或鐘乳諸石丹藥等,須得消息節度。見《千金方》及《醫心方》。若草木之藥,無所謂失度也。微過信服食,以爲攝養有徵,遂致兄弟相繼夭殁。

張融嘗言:"王微學醫而不能。"見《南史·張邵傳》。然則微實以醫術自誤。古諺有之曰:"有病不治,常得中醫。"見《漢書·藝文志》。信夫。

又《吴喜傳》:"會上有疾,宋明帝也。爲身後之慮,以喜素得人情,疑其將來不能事幼主,乃賜死。喜未死一日,上與劉勔張興世齊王詔曰,'凡置官養士,本在利國。當其爲利,愛之如赤子。及其爲害,畏之如仇讎。豈暇遠尋初功,而應忍受終敝耳。將之爲用,譬猶餌藥,當人羸冷,資散石以全身,及熱勢發動,去堅積以止患。豈憶始時之益,不計後日之損,存前者之賞,抑當今之罰。非忘其功,勢不獲已耳。喜罪釁山積,志意難容,雖有功效,不足自補,交爲國患,焉得不除。'"

《淳化閣帖》卷三王曇首書:"昨服散差可,然不過佳,請示所宜,如更增劇,恐難爲力耳。未能合遣俗,有餘念故耳。王曇首和南。"

又孔琳之書:"孤子並疾患,歎具悒悒,脚中轉劇。近服散未覺益。惙頓何賴。扶力迷甚,不次。"

《高僧傳》卷九《齊瑯琊攝山釋法度傳》:"宋末隱居瑯琊之攝山棲霞精舍。先有道士欲以寺地爲館,居者輒死。自度居之,羣妖皆息。俄見一人持紙名通度曰靳尚,度嘗動散寢於地,見尚從外來,以手摩頭足而去。頃之,復來,持一瑠璃甌,甌中如水以奉度,味甘而冷,度所病即閒。其徵感若此。"

案:動散寢於地者,服寒食散後藥動病發,必坐臥極寒之處以消息之,故寢於地也。當時僧徒服散者甚多,慧遠之外又得此人矣。

《文選》卷二十二,鮑明遠《行藥至城東橋詩》一首。詩不録。

案:行藥即行散也。李善無注,蓋以其爲當時人所悉知耳。五臣注云"服藥行而宣道之",不言爲寒食散,失之不考。

## 齊

《南齊書·江斆傳》:"隆昌元年爲侍中,領國子祭酒。鬱林廢,羣臣皆被召入宫,斆至雲龍門,托藥醉吐車中而去。"

案:藥醉者,因服寒食散而飲酒至醉也。

《南史·張邵傳》:"徐嗣伯,字叔紹。時直閣將軍房伯玉,服五石散十許劑,無益,更患冷,夏日常複衣。嗣伯爲診之曰,'卿伏熱,應須以水發之,非冬月不可。至十一月,冰雪大盛。令二人夾捉伯玉,解衣坐石,取冷水從頭澆之,盡二十斛。伯玉口噤氣絶。家人啼哭請止。嗣伯遣人執杖防閤,敢有諫者撾之。又盡水百斛,伯玉始能動,而見背上彭彭有氣。俄而起坐曰:"熱不可忍,乞冷飲。"嗣伯以水與之,一飲一升,病都差。自爾恆發熱,冬月猶單褌衫,體更肥壯。'"

案:裴秀散發,用水數百石,命絶於水中,皇甫謐譬以"十石焦炭,二百石水沃之,則炭滅,藥熱雖甚,寒足殺人",其説似有理。嗣伯之治伯玉與裴秀同,而生死異者,秀患寒熱,伯玉患冷,病狀有殊耳。固知醫術未可以一概論也。使伯玉不遇嗣伯,一旦熱發,必死矣。嗣伯,《南齊書》附見《褚澄傳》,作徐嗣,云:"時東陽徐嗣妙醫術,有一傖父,冷病積年,重茵累褥,牀下設爐火,猶不差。嗣爲作治,盛冬月,令傖父髁身坐石上,以百瓶水從頭自灌。初與數十瓶,寒戰垂死,其子弟相守垂泣。嗣令滿數。得七八十瓶後,舉體出氣如雲蒸。嗣令徹牀去被,明日立能起行。云,此大熱病也。"與此即一事而傳聞有異。

## 梁

《梁書·處士傳》:"張孝秀,字文逸,南陽宛人也。性通率,不好浮華。常冠穀皮巾,躡蒲履,手執並櫚皮麈尾。服寒食散,盛冬能臥於石。"

《太平御覽》卷七百五十七器物部鐺類引梁王筠《以服散鎗贈殷鈞别詩》曰:"玉鉉布交文,金丹焕仙説,九沸翻成緩,七輔良爲切,執以代疏麻,長貽故人别。"

案:《御覽》於"鐺"字下注云"與鎗同"。又引《通俗文》曰"鬴有足曰鐺"。《藝文類聚》卷七十三鎗類引作梁吴筠,非是。七輔,作"七轉",當從之。

## 陳

《藝文類聚》卷三十二人部閨情類引陳江總《姬人怨服散詩》有云:"妾家邯鄲好輕薄,特忿仙童一丸藥。自悲行處緑苔生,何悟啼多紅粉落。"

案:寒食散本以治病,其後常人亦服之,然未聞有言其爲仙藥者。今此篇所詠乃皆神仙之事,蓋以大散皆金石之品,與神仙服餌相近,遂張大言之耳。詩人之詞,往往如此,未可疑其所賦非寒食散也。

## 北魏

《魏書·太祖紀》:"六年,天賜六年也。夏,帝不豫。初,帝服寒食散,自太醫令陰羌死後,藥數動發,至此逾甚。而災變屢見,憂懣不安,或數日不食,或不寢達旦。歸咎羣下,喜怒乖常,謂百寮左右,人不可信,慮如天文之占,或有肘腋之虞。追思既往成敗得失,終日竟夜,獨語不止,若傍有鬼物對揚者。朝臣至前,追其舊惡,皆見殺害。其餘或以顔色變動,或以喘息不調,或以行步乖節,或以言辭失措,帝皆以爲懷惡在心，變見於外，乃手自毆擊。死者皆陳天安殿前。於是朝野人情，各懷危懼。有司懈怠，莫相督攝。百工偷劫，盗賊公行。巷里之間，人爲希少。帝亦聞之，曰：'朕縱之使然，待過災年，當更清治之耳。'冬十月戊辰，帝崩於天安殿，時年三十九。"

案：魏道武之死，爲其子所弑也。《清河王紹傳》曰："紹母賀夫人有譴，太祖幽之於宫，將殺之，會日暮未決。賀氏密告紹曰：'汝將何以救吾？'紹乃夜與帳下及宦者數人，踰宫犯禁，左右侍御呼曰：'賊至。'太祖驚起，求弓刀不獲，遂暴崩。"是其事也。皇甫謐言："服散失節度，或食不復下，晝夜不得寐，愁憂恚怒，自驚跳悸恐，恍惚忘誤。"又言："凡有寒食散藥者，雖素聰明，發皆頑嚚。"道武之發病，正與之同。至於手殺朝臣，陳屍狼藉，雖曰殘暴出於天性，然非藥熱燒其肺腑，則其躁怒或不至是也。卒之神怒人怨，假手所生之子，剚刃於其腹中。將天意乎，豈人事乎？

又《太宗紀》："泰常七年，初帝素服寒食散，頻年發動，不堪萬機，五月詔皇太子臨朝聽政。"

又《邢巒傳》："高祖因行藥至司空府南，見巒宅。遣使謂巒曰：'朝行藥至此，見卿宅乃住。東望德館，情有依然。'"

案：行藥，即行散也。

《太平廣記》卷二百四十七引《啓顔録》："後魏孝文帝諸王及貴臣多服石藥，皆稱石發乃有熱者。非富貴者亦云服石發熱，時人多嫌其詐作富貴體。有一人於市門前卧，宛轉稱熱，因衆人競看，同伴怪之，報曰：我石發。同伴曰：君何時服石，今得石發。曰：我昨在市得米，米中有石，食之，乃今發。衆人大笑。自後少有稱石發者。"

《北史·長孫道生傳》："子彦道生之孫。本名儁，末年石發，舉體生瘡，雖親戚兄弟，以爲惡疾。子彦曰：'惡疾如此，難以自明。世無良醫，吾其死矣。嘗聞惡疾，蝮蚰螫之不痛，試爲求之，當令兄弟知我。'乃於南山得蚰，以股觸之，痛楚號叫。俄而腫死。文帝宇文泰。聞之，慟哭曰：'失我良將。'"

案：今《魏書·子彦傳》殘闕，不載此事。《御覽》卷七百四十二引《後魏書》，與《北史》同。

又《乙弗朗傳》："初，朗患積冷，周文賜三石更生散，令朗法服之，使人問疾，朝夕相繼。見重如此。"

案：更生散，殿本《北史》作"東生散"，誤也。三石更生散方，見後第四篇。

## 北周

《周書·藝術·姚僧垣傳》："大將軍襄樂公賀蘭隆，先有氣疾，加以水腫，喘息奔急，坐臥不安。或有勸其服決命大散者。其家疑未能決，乃問僧垣。僧垣曰：'意謂此患不與大散相當。若欲自服，不煩賜問。'因而委去。其子殷勤拜請曰：'多時屈抑，今日始來，竟不可治，意實未盡。'僧垣知其可差，即爲處方，勸使急服。便即氣通。更服一劑，諸患悉愈。"

案：凡五石散皆謂之大散，決命大散，蓋即五石護命散也。

## 隋

《隋書·循吏·梁彦光傳》："彦光少岐疑，有至性。七歲時，父遇篤疾，醫云餌五石可愈。時求紫石英不得，彦光憂悴不知所爲。忽於園中見一物，彦光所不識，怪而持歸，即紫石英也。親屬咸異之，以爲至孝所感。"

案：本傳此下有"魏大統末入太學"云云，則彦光此事，尚在西魏時。以其人入《隋書》，故次於此。

## 唐

《續高僧傳》卷十五唐東都天宫寺《釋法護傳》:"護善外書,好道術。先服石散,大發,數日悶亂,門人慞惶,夜投餅滓,詭言他藥。後聞正色曰:吾之見欺,當自責耳,然陷師於非道,是何理耶?遂不與言。其確固例如此也。"

案:法護散發,門人夜投餅滓而護責之者,亦猶慧遠因日已過中不肯飲米汁也。唐初人仍喜服散,如此類事當尚多,以書籍稍繁,未暇遍檢,姑識於此。

## 藥方名品加減第四

郝懿行《晉宋書故》,謂"寒石散一名五石散。五石之名,未之前聞,要不越丹沙、雄黄、雲母、石英、鐘乳之屬"。此郝氏意擬之辭,其實五石散中並無丹沙、雄黄、雲母也。俞正燮《癸巳存稿》卷七云:"寒食散方,漢張機製,在《金匱要略》中,本避傷寒卒病法也。"今案:俞氏知方在《金匱》中者,據《病源》載皇甫謐言"仲景經有侯氏黑散紫石英方"也。然侯氏黑散,本不治傷寒,俞氏亦誤。《金匱要略》卷上,《中風歷節脈证並治第五》云:

侯氏黑散,治大風,四肢煩重,心中惡寒不足者。

菊花四十分　白术十分　細辛三分　茯苓三分　牡蠣三分　桔梗三分　防風十分　人参三分　礬石三分　黄芩五分　當歸三分　乾薑三分　芎窮三分　桂枝三分

右十四味,杵爲散,酒服方寸七,日一服。初服二十日溫酒調服,禁一切魚肉大蒜,常宜冷食,六十日止,即藥積在腹中不下也。熱食即下矣,冷食曰能助藥力。

又卷下雜療方云:

治傷寒令愈不復,案:不復,謂病愈後不復發也。紫石寒食散方:

紫石英　白石英　赤石脂　鐘乳碓鍊　栝蔞根　防風　桔梗　文蛤　鬼臼各十分　太一餘糧十分燒　乾薑　附子炮去皮　桂枝去皮各四分

右十三味,杵爲散,酒服方寸匕。

皇甫士安言:"《寒食》《草石》二方,出自仲景。"今案:侯氏黑散,初不名寒食散,因仲景言其服藥節度,常宜冷食,而其藥多用草木,故士安謂之寒食草方。至於紫石英方,本名寒食散,其當冷食,不言可知,以其藥多用石,故士安謂之寒食石方也。《千金翼方》卷十五,録仲景紫石寒食散方,與《金匱》同,惟多人參一味,桂枝作桂心而已。其分量則太一餘糧以上用二兩,桂心以上用一兩,與《金匱》不同。又有損益草散及草寒食散二方,方不録。則就仲景之侯氏黑散而加減之者也。仲景以侯氏黑散療中風,以紫石英方療傷寒,本非治勞傷之方,《金匱》卷上别有血痺虚勞方九首。亦非補氣血之劑。且兩方所主治非一病,自無合爲一劑同時並服之理。然其中所用藥品,如紫石英、白石英、赤石脂、鐘乳、茯苓、牡蠣、人參等,本治虚勞。見《本草》序列。《本草》於鐘乳、石英、石脂,輒云:"益精益氣,補不足,令人有子,久服輕身延年。"見《類證本草》卷三。故古人相傳,有飛鍊服餌乳石之法。《千金要方》卷二十四《解五石毒論》曰:"人不服石,庶事不佳,石在身中,萬事休泰,要不可服五石也。"又曰:"所以常須服石,令人手足温暖,骨髓充實,能消生冷,舉措輕便,復耐寒暑,不著諸病,是以大須服。"思邈方痛斥寒食五石更生散爲含生之害,而復極口稱服石之益,猶不脱六朝人風氣。特鑒於寒食散之流弊,乃言不可服五石耳。當何晏之時,固不知五石之不可服也。晏蓋因荒恣於色,體爲之弊,自覺精神委頓,妄以爲服石既可補精益氣,則並五石服之,當更有力,於是取仲景紫石散及侯氏黑散兩方,以意加減,並爲一劑。既而體力轉强,遂以爲大獲神效。此譬猶以硫黄烘唐花,非不應時開放,不知適速其萎耳。夫飲鴆止渴,渴未嘗不止,謂之神效可乎?魏晉士大夫,靡然效之,遂至流毒無窮。思邈雖勸人遇更生散方即須焚之,然其所著《千金翼方》卷二十二,仍載其方云:

五石更生散，治男子五勞七傷，虚羸著床，醫不能治，服此無不愈，惟久病者服之。其年少不識事，不可妄服之。明於治理，能得藥適，可服之。年三十勿服。或腎冷脱肛陰腫，服之尤妙。

紫石英　白石英　赤石脂　鐘乳　石硫黄　海蛤並研　防風　栝樓各二兩半　白术七分　人參三兩　桔梗　細辛　乾薑　桂心各五分　附子炮三分去皮

右一十五味，擣篩爲散，酒服方寸匕，日二。中閒節量，以意裁之。萬無不起。熱煩悶，可冷水洗面及手足，身體亦可渾身洗。若熱欲去石硫黄、赤石脂，即名三石更生散。一方言是寒食散，方出何侯，一兩分作三薄，日移一丈再服，二丈又服。

《要方》所痛斥之寒石五石更生散，亦云漢末何侯行用，與此同爲一方無疑，其以日移爲服藥之候，亦皇甫謐《論寒食散》語也。見後。以此方與仲景寒食草石兩方較，蓋以紫石英方爲主，而以桂心易桂枝，加石硫黄，減太一餘糧及鬼臼，又參用侯氏散方之白术、細辛、人參，而去其菊花、茯苓、牡蠣、礬石、黄芩、當歸、芎藭七味，其桔梗、防風、乾薑、附子、桂枝，則仲景兩方所同有也。夫古人制方，具有深意。稍有加減，即主治不同。一味之差，半銖之微，用之失當，皆足殺人。今何晏取仲景方加減之如此，是直晏之寒食散方，而非復仲景方矣。況仲景本不以治五勞七傷，亦未嘗令無病不識事之年少妄服。然則此方雖復神效，仲景固不任受德，即殺人如麻，亦不任受咎也。考《醫心方》卷十九，引皇甫謐《節度論》云："今人利草憚石，有服草散七兩，原本"七兩"二字誤倒。十年不除者，有服石八兩，終身不發者。"則晉初人猶有單服仲景之侯氏黑散或紫石英方者，不盡用何晏之更生散也。《翼方》又云：

五石護命散，治虚勞百病、羸瘦、欬逆、短氣、骨閒有熱、四肢煩疼，或腸鳴、腹中絞痛、大小便不利、尿色黄赤、積時繞臍切痛急、眼眩、冒悶、惡寒、風痹、食飲不消、消渴、嘔逆、胸中脅下滿、氣不得息、周體浮腫痹重、不得屈伸、脣口青、手足逆、齒牙疼、産婦中風，及大腸寒、年老目暗、惡風、頭著巾帽、厚衣對火、腰脊痛，百病皆治，不可悉記，甚良。久服則氣力强壯，延年益壽。方不録。

此方用藥一十五味，全與更生散同，惟分兩輕重有異耳。防風、桂心，減爲三分，白术、乾薑，加爲一兩半，人參減爲五分。後附服藥節度，亦皇甫謐之説，見後。故皆不録。考《隋志》有"《太一護命五原脱五字，以意補之。石寒食散散下當有方字。》二卷，宋尚撰"，然則此方尚所製也。尚不知何人，觀皇甫謐《論寒食散》無一語及尚，而護命散後所附節度乃直録謐語，知其在謐以後。《醫心方》卷十九引曹歙論云："今舉世之人，見藥本方號曰護命神散。"是曹歙之時，已有此方。歙爲魏東平王徽之子，以正始三年嗣立，入晉封廩邱公，其年僅略小於皇甫謐。《醫心方》又引葛稚川云："凡服五石護命更生及鍾乳寒食諸散，失將和節度，皆致發動。"此引葛洪《肘後救卒方》語，亦見今本《肘後備急方》卷三。葛洪卒時年八十一，《御覽》卷三百廿八引《抱朴子外篇》云："晉太安影宋本誤作"康"，以下文言石冰寇揚州實太安二年事，故從嚴可均《全晉文》改定。二年余年二十一。"以此推之，當生於晉武帝太康五年，卒於哀帝興寧元年，錢大昕《疑年録》謂洪卒於咸和時，大誤，余别有考證。洪年又小於曹歙。以此參互考之，則宋尚必西晉初年人也。其所以改更生散爲護命散者，蓋更生散以治勞傷虚羸，醫所不治，其病已無生理，用此藥之可愈，故號更生。至宋尚更就其方加減之以治百病，謂服此則性命可保，故改名護命散也。夫何晏雖復虚羸，未必至於著床不起，遽服此至熱之藥，已爲功不補患。而當時士大夫翕然從之，宋尚更推廣之以治一切之病。由是自西晉至南北朝，争相服餌，幾成風俗。豈皆有勞傷之疾哉，以爲護命散無病不治，且久服可以長生故也。是不惟非復仲景紫石寒食散之舊，蓋並何晏之所加減以治羸疾者，亦寖假而失其初意矣。庸醫殺人，可勝嘆哉？思邈勸人遇此方即須焚棄，而自著之《翼方》之中，不免矛盾。然此方所以殺人之多，爲禍之烈，非讀《翼方》不能知也。

《太平御覽》卷七百二十二引《晉書》曰："靳邵創制五石散方，晉朝士大夫，無不服餌，皆獲異效。"此事不見於唐修《晉書》，蓋臧榮緒《晉書》之文。張聰咸《經史質疑録·與阮侍郎論晉逸史例》云："梁陳以下至唐初，凡引史者單稱《晉書》，皆臧氏書也。"其説至確。《太平御覽》沿襲修文殿《御覽》等書之舊，故不出臧氏姓名。邵不知何時人。考《千金要方》卷一云：

"凡欲爲大醫,必須諳張仲景、王叔和、阮河南、范東陽、張苗、靳邵諸部經方。"范東陽者,范汪也,以晉穆帝時爲東陽太守,見本傳。思邈序邵於汪之後,必東晉末人也。邵所制方,亦在《翼方》中,録之於左云:

更生散,治男子女人宿疾虚羸、胸脅逆滿、手足煩熱、四肢不仁、飲食損少、身體疾病、乍寒乍熱,極者著床四五十年,服衆藥不差,此治萬病,無不愈者,無字疑衍。悉主之方:

鐘乳　白石英　海蛤各研　赤石脂　防風　栝樓各二兩半　乾薑　白术各一兩半　桔梗　細辛各五分　人參　附子炮去皮　桂心各三分

右一十三味,皆須新好州土者,擣篩爲散,囊盛,四兩爲八薄。溫酒和服一薄,須臾起行,隨力所往。還欲坐臥,隨意著衣乃臥,適體中所便。食時乃冷,不得熱食,只得大冷。忌食猪肉羹臛湯麫。不得房室。諸禁忌之物,皆不得食,服藥後二十日復飲,熱食及房室,可漸隨意,惟服藥時不得耳。若頭面中憒憒者,散髮風中,梳百餘遍,一日三飲五合酒訖,日下晡,渴便飲酒噉脯飯,常令體中薰薰有酒勢。手足煩熱,可冷水洗之。加硫黄,即靳邵散也。靳邵,原作"邵靳",蓋誤倒。

《翼方》於五石更生散下云:"若熱欲去石硫黄、赤石脂,即名三石更生。"此方蓋是也,惟不去赤石脂而去紫石英爲異耳。據《北史·乙弗朗傳》,周文賜朗以三石更生散,是亦六朝時古方矣。唐王燾《外臺秘要》卷十七引《經心録》,尚有更生散,療虚勞百病,亦即此方。但分兩較輕,多者不過十分,"白石英"作"白石脂"。當出後人所減。靳邵之方,又加硫黄,較之何晏本方,僅去紫石英一味,且略加減其分兩。《御覽》所引《晉書》,便云靳邵創制寒食散方,蓋邵阿時所好,以此誑人,不肯認爲本出何晏。然云晉朝士大夫無不服餌者,則其害人亦烈矣。晏方用藥極爲酷烈,靳邵覺其太熱,稍稍減之。《翼方》及《外臺》所載,又遞減焉。要亦五十步之與百步耳。《翼方》别有三石散方,有紫石英而無赤石脂,又加仲景侯氏黑散中之牡蠣、茯苓,外加蜀椒、杜仲,則又取何晏原方斟酌損益之者也。《翼方》又有五石腎氣丸,三石腎氣丸,五石烏頭丸,皆以更生散爲本,增至三十餘味。《外臺》又有五石黄耆丸,亦廿四味,用藥尤爲雜亂。而腎氣丸之名,見於王獻之帖,則晉時已有之。自何晏作俑,而寒食散方之紛紛者如此。歷魏晉至隋唐未熄,習俗陷溺之深,不亦甚哉。

《千金翼方》,醫書也,莫知其可以考史者。案:宋葉夢得《避暑録話》卷下云:“魏晉間尚服寒食散,通謂之服散,此有數方,孫真人並載之《千金方》中。”胡三省注《通鑑》亦云:“晉人多服寒食散,今《千金方》中有數方。”見卷一百九,及一百十五。《癸巳存稿》引《通鑑》注言:“寒食散,鍊鐘乳朱砂爲之,言可避火食,故曰寒食散。”是胡氏尚不知寒食散之名義,何從知在《千金方》中,蓋祖述夢得言之云爾。然俞氏所引,不知在《通鑑》何卷,徧檢未得,俟考。是則寒食散方之出處,宋元人已明言之矣。而後之考據家尚不知其爲何藥,豈非不察之過哉。俞理初知其方出於張機,而不知魏晉人所服,已屢經加減,非復仲景之舊。然所引《金匱要略》及《諸病源候論》,亦從來讀史者所未知。余之能爲此文,實由葉氏俞氏有以發之也。

## 散發後病狀及其將息節度之法第五

兩晉、南北朝時人服寒食散者衆矣,雖散見紀傳,而史官所記不能甚詳。余嘗讀史,見有所謂藥動或藥發者,又有所謂行散至某處者,輒不能解,以爲奇。及讀《裴秀、皇甫謐傳》,則又私怪服寒食散縱不宜飲冷酒及違錯節度,亦何至爲害若是。退而考之近代史學家之書,無能言其故者。獨俞理初謂寒食散發解制度,備見《諸病源候》卷六所載皇甫謐語。遂取病源讀之,則裴秀及謐之事具在其中。且其所言藥性之激烈,將息之繁難,病狀之痛苦,委曲周悉,多史所未詳。向之所積疑,始得涣然以解。既思《醫心方》多引古書,或當有皇甫謐語,又求而得之,以與病源相校讀,果有出於其外者。於是歎讀書之不可不博,而史學之難治如此。謐書臚舉病狀,至數千言,文義繁碎,讀之易使人厭,因撮取其大要著於篇,學者可以覽觀焉。誠欲窮究其事者,有原書在。至於散發之後治療方藥,則《肘後百一方》卷三,《千金要方》卷二十四,《千金翼方》卷十五、卷二十二,《外臺祕要方》卷三十七,《醫心方》卷十九、卷二十,言之劇詳。今寒食散既已不行,不足復爲人患。此等方藥。無所復用,故皆置之不録云。

《病源》引皇甫謐云:"咸寧四年,平陽太守劉泰,亦沈斯病,"沈"字疑誤,或當作"染"。使使問余救解之宜。先時有姜子者,以藥困絶,余實生之,是以聞焉。然身自荷毒,雖才士不能書,辨者不能説也。苟思所不逮,暴至不旋踵,敢以教人乎?乃退而惟之,求諸《本草》,考以《素問》,尋故事之所更,參氣物之相使,並列四方之本,注釋其下,集而與之。案:據此則士安嘗集注諸家寒食散方。《隋志》有皇甫士安《依諸方撰》一卷,蓋即集以與劉泰者。疑本在《寒食散論》中,修《隋志》時,論亡而方存耳。匪曰我能也,蓋三折臂者爲醫,非生而知之,試驗亦其次也。服寒食散,二兩爲劑,分作三貼,清旦醋酒服一貼,移日一丈,復服一貼,移日二丈,復服一貼。如此三貼盡,須臾,以寒水洗手足。藥氣兩行者當小痺,便因脱衣,以冷水極浴。藥勢益行,周體涼了,心意開朗,所患即瘥。雖羸困著床,皆不終朝而愈。人有强弱,有耐藥。若人羸弱者,可先小食乃服,若人强者不須食也。有至三劑藥不行者。病人有宿癖者,不可便服也,當先服消石大丸下去,乃可服之。服藥之後,宜煩勞。若羸著床不能行者,扶起行之。常當寒衣寒食寒臥,極寒益善。若藥未散者,不可浴,浴之則矜寒,使藥噤不發,令人戰掉,當更溫酒飲食,起跳踴舂磨出力,令溫乃浴,解則止,勿過多也。又當數冷食,無晝夜也。一日可六七食,若失食饑,亦令人寒,但食則溫矣。若老小不耐藥者,可減二兩,强者過二兩。少小氣盛及産婦臥不起,頭不去巾帽,厚衣對火者,服散之後,便去衣巾,將冷如法,勿疑也。虚人易治,易,湖北局本《病源》誤作"亦",據《千金翼方》卷二十校改。以後凡改字皆據《千金翼方》,不復注。又與此藥相宜,實人勿服也。藥雖良,令人氣力兼倍,然甚難將適。"適"上原有"息"字,今删。大要在能善消息節度,不可失意,唯久病著牀,原脱"久"字。醫所不能治,醫原誤"虚",無"治"字。患厭病,患,原誤"言","病"下衍"者"字。精意能盡藥意者,乃可服耳。小病不能自勞者,必廢失節度,慎勿服也。凡服藥者服食皆冷,惟酒冷熱自從。或一日而解,一日,疑當作"一月"。或二十餘日而解。常飲酒,令體中醺醺不絶。當飲醇酒,勿飲薄白酒也。體内重,令人變亂。若不發者,要當先下乃服之也。寒石散得節度者,一月輒解,輒,原誤"轉",據《醫心方》卷十九引改。或二十日解。堪溫不堪寒,即已解之候也。"

《病源》引皇甫言失節度者所發諸病甚詳,數之得五十一條,而《醫心方》卷十九引皇甫謐薛侍郎薛曜也。寒食散發動证候四十二變並消息救解法,自注云:"今檢有五十一變",則與《病源》所引者數目適合。然《病源》重出二條,腰疼一條,臂腳偏急苦痛一條。脱去二條,脈洪實一條,夢驚悸不自製一條,並見《醫心方》。《醫心方》亦脱一條。苦頭眩目疼。必以兩書互相補苴,其文乃得完具。《千金翼方》卷二十二,亦有服石將息節度四十五條,文字與兩書所引多異,蓋孫氏自有所潤色,本非引皇甫氏書也。今第採其足與本文前後相證明者數條於此,餘姑置之。其略曰:"其失節度者,或心痛如錐刺,原脱錐字,據《醫心方》補。以後凡據《醫心方》校改者不復注。坐當食而不食,當洗而不洗,寒熱相絞,絞原作"結",《千金翼方》作"擊"。氣結不通,結在心中,下"結"字《千金翼方》作"聚"。口噤不得息,原脱"噤"字。當橛口,橛,原誤"校",《醫心方》同,以意改。但與熱酒,任本性多少,其令酒氣兩得行。氣自通,得噫。因以冷水澆淹手巾,著所苦處,溫復易之,自解。解便速冷食,能多益善。於諸痛之内,心痛最急,救之若赴湯火,乃可濟耳。或有氣絶不知人者,橛口不得開,橛,原誤"蹶"。病者不自知,當須傍人救之。要以熱酒爲性命之本,不得下者,當斷齒以酒灌咽中。二字《醫心方》作"唅"字。咽中塞逆,原作"穴逆"。酒入腹還出者,但與勿止也,出復内之。如此或半日,酒下氣通,乃蘇。原無"氣通乃"三字。不下者便殺人也。案:讀此兩條,知服散之人,可以猝發急病,所以王戎僞作藥發墮廁也。或手足偏痛,諸節欲解,"欲"字原脱。身體發癰瘡堅結,原作"鞭",下同。坐寢處久不自移徙,原誤"從"。暴熱偏並,聚在一處,或堅結核痛,甚者發癰,始覺,原誤作"發如癰覺"。便以冷水洗,案:此即下文六反之中,所謂癰瘡水洗也。冷石熨。微者食頃散也,劇者數日水不絶,乃差。洗之無限,要瘥爲期。若大不瘥,即取磨刀石火燒令熱赤,以石投苦酒中,石入苦酒皆破裂,因擣,以汁和塗癰上,二即瘥。取糞中大蠐螬,擣令熟,以塗癰上,亦不過三再即瘥,尤良。案:北魏長生子彦,石發舉體生瘡,則不止發癰矣。或飲酒不解,食不復下,乍寒乍熱,不洗便熱,洗復寒,甚者數十日,輕者數日,晝夜不得寐,愁憂恚怒,自驚跳悸恐,恍惚忘誤者,坐犯溫積久,寢處失節,食熱作澼,内實,使熱與藥並行,寒熱交爭。雖以法救之,終不可解也。吾嘗如此,對食垂涕,援刀欲自刺,未及得施,賴家親見迫奪,案:家親,謂其叔母也。《晉書》本傳云:"出後叔父,嘗得瓜果,輒進所後母任氏",又云:"嘗悲恚叩刀欲自殺,叔母諫之而止",是也。《千金翼方》及《醫心方》均作"叔親"。餘詳第三篇。故事不行。退而自惟,原誤"佳"。乃强食,《醫心方》"强食"上有"却刀"二字。飲冷水,原作"冷飲水"。遂止,禍不成若絲髮矣。凡有寒食散藥者,雖素聰明,發皆頑嚚,告喻難曉也。原誤作"告舍難遇也"。以此死者不可勝計,急飲三黄湯下之。當吾之困也,舉家知親,皆以見分刺。《千金翼方》作"莫能救解"。賴亡兄士元,披方得三黄湯,合使吾服,大下即瘥,自此常以救急也。或寒熱累月,張口大呼,眼視高,精候不與人相當,言人已病困,則當疲倦,而其精神證候,乃極剛强狂躁,故曰不與人相當。日用水百餘石澆不解者,坐不能自勞,又飲冷酒,案:《晉書·裴秀傳》,謂秀之死,因服散飲冷酒,即本於此。復食溫食故也。原無"故也"二字。譬如暍人心下更寒,以冷救之愈劇者,氣結成冰,得熱熨飲,則冰銷氣通,暍人乃解。令藥熱聚心,乃更寒戰,亦如暍人之類也,速與熱酒,寒解氣通。酒兩行於四肢,周體悉溫,然後以冷水三斗洗之,儘然了了矣。河東裴季彦,《晉書》:"裴秀,字季彦,河東聞喜人也。"服藥失度,而處三公之尊,人不敢强所欲,已錯之後,已不能自知,"已"原誤"其"。左右人不解救之。救之法,但飲冷酒,冷水洗之,冷水,原作"以水"。用水數百石,寒遂甚,命絶於水中,良可痛也。夫以十石焦炭,二百石水沃之,則炭滅矣。藥熱雖甚,未如十石之火也。沃之不已,寒足殺人,何怨於藥乎?不可不曉此意。世人失救者例多如此,欲服此藥者,不惟己自知也,家人皆宜習之,使熟解其法,乃可用相救也。吾每一發氣絶不知人,雖復自知有方,力不復施也。如此之弊,歲有八九。幸家人大小以法救之,猶時有小違錯,況都不知者哉?或大便稠數,坐久失節度,將死候也。如此難治矣,爲可與湯下之,儻十得一生耳。不與湯必死,莫畏不與也。下已致死,令不恨也。或人已困而脈不絶,已困,原作"困已"。坐藥氣盛行於百脈之中,原無"之中"二字。人之真氣已盡,唯有藥氣尚自獨行,故不絶,非生氣也。或死之後,體故溫如人肌,腹中雷鳴,顏色不變,一兩日乃似死人耳。或灸之尋死,或不死,坐藥氣有輕重,故有死生,此句《醫心方》作"重故有死者,輕故有生者"。雖灸得生,原重一"生"字。非已疾之法,終當作禍,宜慎之,大有此比故也。原脱"比"字,案:讀此數條,知寒食散殺人之多,無萬全之治法也。或瞑無所見,坐飲食居處溫故也。脱衣自洗,須臾自明瞭。案:此蓋指目瞑初起者耳,若如殷覬病困之後,看人政見半面,恐非所能治也。凡治寒食藥者,雖治得瘥,"瘥"下原衍"師"字。終不可以治者爲恩。"者"字原脱。非得治人後忘得效也,皆如文摯治齊王病,先使王怒而後病已,《醫心方》作"而後治病",下多"已王不思其愈而思其怒"一句。文摯以是雖愈王病,而終爲王所殺。今救寒食藥者,原無"藥"字。要當逆常理,反正性,犯怒以治之。原誤作"成犯怒之"。自非達者,得瘥之後,心念犯怒之怨,必忘得治之恩,"必忘"原作"不必"。猶齊王之殺文摯也,原無"之"字。後與太子尚不能救,原無"尚"字。況於凡人哉。然死生,大事也,如知可生而殺之,非仁者也。唯仁者心不已,必冒犯怒而治之,爲親戚之故,不但其一人而已。原無"一"字,案:親戚,指病者之父母妻子也。凡此諸救,皆吾所親更也,已試之驗,原無"已"字"驗"字。不借問於他人也。要當違人理,反常性。重衣更寒,一反也。《外臺秘要》卷三十七注云:"凡人寒,重衣即暖。服石人宜薄衣,若重衣更寒。經云,熱極生寒。"饑則生臭,二反也。《外臺》注云:"平人飽,則食不消化,作生食氣。服石人忍饑失食節,即有生臭氣,與常人不同。"極則自勞,《外臺》注云:"平人有所疲極,即須消息恬養。服石人久坐久臥疲極,唯須自勞,適散食氣,即得暢。"溫則滯利,四反也。《外臺》注云:"凡人因冷乃利,得暖全愈。服石人溫則泄利,冷即差。"飲食欲寒,五反也。癰瘡水洗,六反也。當洗勿失時,一急也。當食勿忍饑,二急也。酒必醇清令溫,三急也。衣溫便脱,四急也。食必極冷,五急也。臥必衣薄,六急也。食不厭多,七急也。冬寒欲火,一不可也。飲食欲熱,二不可也,當疹自疑,三不可也。當,原誤"常",據《千金翼方》及《外臺》改。《外臺》注云:"凡服石人常須消息節度,覺小不安,將息須依法,不得自生孤疑。"畏避風涼,《千金翼方》《外臺方》《醫心方》均作"風濕"。四不可也。極不欲行,五不可也。飲食畏多,六不可也。居貪厚席,貪原誤貧。七不可也。所欲從意,八不可也。務違常理,一無疑也。

委心棄本，二無疑也。寢處必寒，三無疑也。”《醫心方》此下附一條云：“若能順六反，從七急，審八不可，定三無疑，雖不能終蠲此疾，没齒無患，庶可以釋朝夕之暴矣。”蓋亦皇甫謐語。

《醫心方》卷十九引皇甫謐《節度論》云：“吾觀諸服寒食藥者，咸言石藥沈滯，凝着五藏，故積歲不除。草藥輕淺，浮在皮膚，故解散不久。其違錯草石正等。今之失度者，石尚遲緩，草多急疾，而今人利草憚石者，良有以也。石必三旬，草以日決，如其不便，草可悔止，石不得休故也。然有人服草散七兩，十年不除者。有服石八兩，終身不發者。雖人性有能否，論藥緩急，無以異也。”

又引《發動解散法》云：“人將藥但知純寒用水，藥得大益。不知純寒益動，所以困不解者，由是失和故也。寒太過致藥動者，以煴解之，熱太過致藥動者，以冷解之，常識所由也，無不得解。”

又引皇甫《救解法》云：“春發逆冷，夏發短氣，秋發搔癢，冬發寒戰，此四時發動，變易無常。諸所爲病，乃至萬端。”

又引皇甫謐云：“凡諸石有十忌：第一忌瞋怒，第二忌愁憂，第三忌哭泣，第四忌忍大小便，第五忌忍饑，第六忌忍渴，第七忌忍熱，第八忌忍寒，第九忌忍過用力，第十忌安坐不動。若犯前件忌，藥勢不行，偏有聚結，常自安穩調和四體，亦不得苦讀念慮，但能如是，終不發動，一切即愈。”以上同卷《服石禁忌篇》引。

皇甫士安之論服石節度及散發後救解之法，可謂詳矣。《諸病源候論》及《醫心方》所引，雖非其全篇，要亦十得八九，持以讀六朝人書，然後知所謂散發者，其情狀乃如此，豈非考古之一助也哉？觀其六反七急八不可三無疑十忌之説，則服寒食散者，真可謂逆常理，反正性者矣。服之必病，甚者至死，幸而不死，其苦亦非人理所堪。不知當時士大夫何苦服此也。

士安所言服藥節度，如謂寒食散宜溫酒冷食，本仲景之舊説。至用冷水洗浴，亦是古法。裴秀散發，命絶於水中。陶弘景謂昔有人服寒食散，檢古法以冷水淋身，滿二百罐，登時僵斃是也。《小品論》引陶貞白説，見《外臺》卷三十七。又《服石論》亦引之，見《醫心方》卷十九。其他節度，當亦仿此。特至士安始著爲專書，論説詳盡耳。若其發動以後救解之法,將和消息,輕重適宜,及服三黄湯、梔子湯等方藥,則實自士安發之。所謂"求諸《本草》,考以《素問》,已試之驗,不借問於他人"者也。宋尚五石護命散方後所附節度,全用士安之法。然曹歙以下諸家,乃頗不然之。歙之言曰:"凡服寒食散發者,皆宜隨所服之人以施方治。人體氣之不同者,若土風之殊異也。雖言爲常飲酒,人性本有能不。雖言爲當將冷,人體本有耐寒與不耐寒。雖言爲當多食飲,食飲本有多少。雖言爲當勞役,人筋幹本有强弱。又肥充與消瘦,長老與少壯,體中挾他疹與不挾疹,耐藥與不耐藥,本體多熱與多冷,凡此不可同法而療也。藥發多,多變成百病。苟不精其曲折,如以蠡意投雷,句有誤字。亦曲暗歷危險,其趣顛沛,往往是也。"又曰:"今舉世之人,見藥本方號曰護命神散,登服日便當解脱衣被,向風,將冷水自澆灌。夫人體性自有堪冷與不堪冷者,不可以槩平也。譬猶萬物,匪陽不晞,而染與玄水,反當以寒濕爲乾,義豈可謂不然乎?"歙意蓋恐人用士安及宋尚之法,奉行太過,故有此説。然士安嘗云:"人將藥但知純寒用水,藥得大益,不知純寒益動,所以困不解者,由是失和故也。寒太過致藥動者以熅解之,熱太過致藥動者,以冷解之。"則士安並不偏主將冷,與曹歙之意正同。二人之論,適足相輔耳。曹歙封廪丘公,《隋志》有《廪丘公論》一卷,即歙之寒食散論也。歙意本在寒煖適宜,而秦承祖論乃云:"玄晏雅材將冷,廪丘溫臑爲先,藥性本一而二論碩反也。"此節所引諸家論,均見《醫心方》卷十九。愚謂士安與曹歙之論,未嘗相反,承祖之論非也。其他諸家之論,大抵出入皇甫及曹歙二家之間,具見《諸病源候論》《外臺秘要》《千金方》《醫心方》中,讀者自求之。余考寒食散,遂至二萬許言,頗類秦延君之説《堯典》。故於方論不暇盡録也。

## 寒食散藥所以發病第六

皇甫謐曰:"寒食藥得節度者一月輒解,或二十日解。堪溫不堪寒,即已解之候也。"《外臺秘要》卷三十七曰:"寒食諸法,服之須明節度。明節度則愈疾,失節度則生疾。愚者不可强,强必失身。智者詳而服之,審而理之,曉然若秋月而入碧潭,豁然若春韶而泮冰積,實謂美矣。”據《醫心方》卷十九所引《服石論》,此乃中書侍郎薛曜之説,《外臺》採用之。依此二説,則服寒食散所以發病者,皆坐失節度耳。若其將適不失節度,則一月之後,藥性自解,而歷歲之困,皆不終朝而愈,豈非人生之一大快也哉! 然考之事實,決不如此。凡服寒食藥未有不發者,不發則爲藥不得力。故《醫心方》引潘師房《救解法》云:“凡石一度發,即一倍得力,如不發者此名無益。若一發後更無諸病,必是石發也。”夫所謂發者何哉,服散之後,藥氣行則發熱也。蓋五石更生護命諸散,皆所以治虚勞。《諸病源候論》卷三云:“虚勞之人,血氣虚竭,陰陽不守,藏府俱衰,故内生寒冷。”又云:“經脈所行,皆起於手足,虚勞則血氣衰損,不能溫其四大,故四肢逆冷也。”然則虚勞之病,無不患冷者,故以草石辛熱之品治之。許孝崇論云:“凡諸寒食草石藥,皆有熱性,發動則令人熱,便須冷飲食,冷將息。”陳延之論云:“石之爲性,其精華之氣,則合五行,乃益五藏。其濁穢便同灰土。但病家血氣少,不能宣適,更相陳瘀,相字原闕,據《病源》補。便成堅積。若其精華氣不發,則冷如冰,而病者服之,望其入腹即熱。既見未熱,服之彌多,既見石不即效,便謂不得其力,至後發動之日,都不自疑是石,不肯作石消息便作異治者,多致其害。”以上所引,均見《醫心方》卷十九。陳延之論,即《小品方》也。由是觀之,則五石散之治病,必須發熱,方爲有效。故曰:凡服寒食藥未有不發者也。夫散發斯病發矣,而猥曰節度明則愈疾而不致生疾,有是理乎?

何以知散發即病發也?皇甫謐言:“服藥之後,有身有痺處者,有憒憒不了快者,有因藥偏在一處,偏痛偏冷偏熱,痺及眩煩腹滿者,有膈上大滿欲吐者,有溫溫欲吐者。”此皆甫經服藥時之情狀。節度得宜,則一月或二十日可解,不在失節度後四十二變之内者也。實五十一變,説見前。凡此諸狀,是病乎?非病乎?及其百病叢生,備諸惡证,無以名之,統名之曰散發。魏晉諸醫家,不肯言藥熱致病,輒歸罪於節度失宜。其實即令精意伺候,消息節度,不失尺寸,亦未有不發,發未有不病者也。但明節度者其病可愈,不致轉生他病耳。

據魏晉人之説，散發是藥已得力，虚勞之疾可愈，不發是藥不效也。然亦有暫時不發者。《諸病源候論》云："人有服散兩三劑不發者，此人脈沈難發，發不令人覺，藥勢行已，藥但於内發，不出形於外。欲候知其得力，人進食多，是一候，氣下顔色和悦，是二候，頭面身瘙癢，是三候，《醫心方》引無"瘙"字。策策惡風，是四候，厭厭欲寐，是五候也。諸有此证候者，皆藥内發五藏，不形出於外。但知方法，服散勿疑。但數下之，則内虚自當發也。"夫曰數下之自當發，是雖暫時不發者，亦終必下之使發，發則又病矣。且其所謂藥已得力之五候，進食多，顔色和，固是佳徵，至於頭面身癢，策策惡風，厭厭欲寐，豈非病耶？安在必節度失宜而後發動諸病耶？蓋服寒食散之後，有自然必發之病，消息之可愈，有因失節度而發之病，則或愈或不愈矣。然藥性至熱，鮮有不生他病者。魏晉人深信寒食散可以治虚勞百病，不肯勸人焚絶其方，故不言五石之不可服，第曰此服藥失節度云耳。俞理初嘗比寒食散於鴉片，實則寒食散所發諸病，鴉片未嘗盡有也。夫鴉片有癮，至時不吸則病，吸之即已。寒食散所以治病也，服者多不過數劑，至一月或二十日而後解，未嘗每日必服，是無所謂癮也。散發之後，如其將息不失節度，則藥解而病已除，固不當續服。即或因失節度而發他病，治之即愈，雖愚人亦必不復服也。顧何以六朝人因散發致病且死者如彼其多也乎？余嘗思之，其故蓋有三焉。

一則服之過多以至於死也。服散之後，必望其發，不發則以爲不效，又續服之，不病不止。見上所引陳延之論。蘊毒既重，遂不可救矣。案：《千金要方》云："人不服石庶事不佳，要不可服五石。人年三十已上可服石藥。若素充肥，亦勿妄服。四十已上必須服之。五十已上，三年可服一劑。六十已上，二年可服一劑。七十已上，一年可服一劑。"思邈所謂石者，鍾乳也，《要方》云："余年三十八九，嘗服五六兩鍾乳。"尚須七十以上，始可年服一劑。五石之毒，數倍於單服鍾乳。寒食散二兩爲一劑，法當以一劑爲度，皇甫云："老小不耐藥者可減二兩，强者過二兩。"而皇甫謐言有服至三劑藥不行者，有服石八兩不發者。此猶蘊車薪之火於腸胃之間，發則潰爛耳，豈區區冷食冷浴及三黄湯之所能救也哉。《南史》載房伯玉服散十餘劑而猶患冷，得徐嗣伯以冷水百斛澆之乃愈，是其证也。

一則不當服而妄服以致死也。金石之藥，本有大毒。張仲景製紫石寒食散方用乳石諸藥者，欲以去病耳。非其病而服之，鮮不致死。《雲笈七籤》卷六十四《辨金石藥並去毒訣》曰："九霄君謂劉泓曰：夫學鍊金液還丹，並服丹砂硫黄並諸乳石等藥，世人苦求得之，將爲便成至藥，不得深淺，竟學服餌，皆覓長生不死者也，並不悟金丹並諸石藥各有本性，懷大毒在其中，道士服之，從羲軒已來，萬不存一，未有不死者。"此雖神仙家言，出於依託，然其言則可謂深切著明矣。更生散方本戒年少不識事人不可妄服，皇甫謐亦言小病者愼勿服也。而魏晉間人，謬以爲更生護命等散能治百病，久服且延年益壽，於是動輒服用。服之之後，幸而不死，及遇他病，又輒服之，不死不止。皇甫謐所謂"衆人喜於近利，不覩後患，服者彌繁，暴發不常，夭害年命"。秦承祖所謂"散所以護命，亦所以絶命。浮薄偏任之士，面墻輕信之。苟見一候之宜言據護命散方所言諸證候，有一證相似，便輕服之也。不復量其夷險，故禍成不測，斃不旋踵也"。見《醫心方》。可不大哀乎？

一則服散之後，熱毒淪於骨體，成爲終身痼疾也。《千金翼方》卷二十二及《醫心方》卷二十引《小品方》，皆有華佗薺苨湯，治石毒，或十年、二十年、三十年而發者。《小品方》又有葱白湯，治藥沈體中數年更發者，胡荽葉湯，治散熱氣結滯，經年數發者。皇甫謐亦言服散暴發不常，夭害年命，遠者數十歲，近者五六歲。然則散發之後，治之雖愈，猶數數發動，至於數十年不止，不似他病醫藥奏效，便霍然病已也。即以皇甫謐事證之，謐久嬰篤疾，軀半不仁，右脚偏小，十有九載，此真更生散方所謂久病著床，醫不能治者也。謐服寒食散以治之，不可謂之輕信。乃服散之後，委頓不倫，愁憂恚怒，對食垂涕，至欲自殺，賴其兄士元爲合三黄湯服之乃瘥。謐《上武帝疏》曰："服寒食藥違錯節度，辛苦荼毒，於今七年。"又作《寒食散論》曰："余雖視息，猶溺人之笑耳。"又曰："身自荷毒，雖才士不能書，辨者不能説也。苟思所不逮，暴至不旋踵，言己之起居飲食，偶然大意，未及思索，則立時發病。敢以教人乎？"又曰："吾每一發，氣絶不知人，如此之弊，歲有八九。"然則謐雖得三黄湯救之不死，而其病仍隨時發動，迄不能斷其根原。案：謐《上武帝疏》,當在泰始三年,說見第三篇。此論則作於咸寧四年,上距上疏時已十一年,其後四年太康三年。即卒,是終其身竟未愈也。以謐之深通醫術,自治其病尚如此,況他人之病乎?謐自以爲有救人之經驗,故作《寒食散論》,而其言曰:"若能順六反,從七急,審八不可,定三無疑,雖不能終蠲此疾,沒齒無患,庶可釋朝夕之暴矣。"然則散發之後,雖用謐消息救解之法以治之,亦僅能收旦夕之效,而不能令其永不復發,强健如常。惟有抱羸牀蓐,苟延視息,如謐而已。惟曹歙著論,自稱"服此藥幾四十載,所治者亦有百數"。其論大要謂當審寒溫調適之宜,隨所服之人以施方治。觀其言,蓋自以爲遠勝皇甫也。然歙之方論既行於世,後之著書論寒食散者又數十家,而史册所載,以散發致死者踵相接,固知治散終無善法,歙等之術,亦非萬全矣。寒食散之爲害,綿延曆數百載,而以兩晉爲尤盛。有病者恃以護命,無病者冀幸延年。詎刀圭入口,困頓終身。舉天下之壯夫,化而爲疲癃殘疾。求國無危,不可得也。由是積弱不振,神州陸沉,覆亡喪亂相隨屬。嗚呼!典午之禍,豈徒清談之罪也哉?

《諸病源候論》載有江左道弘道人解散對治方,略謂:"寒食散方,藥與藥自相對,某藥動則發爲某病,如鍾乳對術,術動鍾乳,胸塞短氣,鍾乳動術,頭痛目疼"之類。《千金要方》《外臺秘要》皆有此說,並載解救方藥,較《病源》加詳,但《千金方》不言出於道弘。據其所言,知服寒食散者無不病之理。但其說已爲《小品方》所駁,謂"《神農本草經》,草石性味,無對治之和,無的指發動之說"。亦見《病源》引。《外臺祕要》亦云:"神農桐君,深達藥性,所以相返畏惡,備於《本草》。道洪所傳,何所依據。"今案:道洪之說,果不見於《本草》,余性不解醫,無以斷其是非。偶讀宋沈括《夢溪筆談》卷十八云:"醫之爲術,苟非得之於心而恃書以爲用者,未見能臻其妙。如術能動鍾乳,案:《乳石論》曰:"服鍾乳當終身忌術",五石諸散用鍾乳爲主,復用術,理極相反,不知何謂。予以問老醫,莫能言其意。案:《乳石論》云:"石性雖溫而體本沈重,必待其相蒸薄然後發。"如此,則服石多者石自能相蒸,若更以藥觸之,其發必甚。五石散雜以衆藥,用石殊少,勢不能蒸,須借外物激之令發耳。如火少必因風氣所鼓而後發,火盛則鼓之反爲害,此自然之理也。

故孫思邈云:“五石散大猛毒,寧食野葛,不服五石,遇此方即須焚之,勿爲含生之害。”又曰:“人不服石,庶事不佳,石在身中,萬事休泰,唯不可服五石散。”以五石散聚其所惡,激而用之,其發暴故也。”其説正與道洪相發明。括深於醫術,所言又極有理致。乃知《小品方》之駁道洪,特欲爲寒食散作護符耳,非篤論也。由括之言觀之,則寒食散方,聚互相畏惡之藥於腹中,使之相激相搏,其發而爲百病,積而爲痼疾,不亦宜乎?故復引之以結吾論云。

# 《疑年錄》稽疑

## 自序

紀事之法，莫備於《春秋》。孔子據魯史筆削為書，凡天子諸侯之崩薨，內大夫之卒，必書其年月日於策，然未嘗紀生年也。獨桓公六年，九月丁卯，書"子同生"。《左氏傳》曰："以大子生之禮舉之。"《公羊傳》曰："喜有正也。"《穀梁傳》曰："疑故志之。"三說不同，其為特筆，而非紀事之常例，固已甚明，然而生卒並紀自此始。《公》《穀》二傳，於襄公二十一年，十月庚子，書"孔子生"。今本《公羊傳》，作"十有一月庚子"。《經典釋文》，以庚子屬十月，與《穀梁傳》同。左氏續經，於哀公十六年，夏四月己丑，書"孔丘卒"。孔子之生卒年月日，乃得備見於書。其後司馬遷作《孔子世家》，雖以為襄公二十二年生，較《公》《穀》差誤一年。然每紀一事，輒曰是時孔子年若干歲，使孔子一生之言行，皆有年月可紀，讀者識其時之先後，因以考知其本末，法至善也。其作列傳，往往言某年卒，年若干歲，而其生年可得而推。自是學者著書，乃頗紀生卒年月矣。《北堂書鈔》卷九十四。引《楊雄家錄》曰："子雲以甘露元年二月戊寅鷄鳴生，天鳳五年四月癸丑晡卒。"《文選·王文憲集序》注引《七略》曰："子雲家牒言甘露元年生也。"《藝文類聚》卷四十引《楊雄家牒》曰："子雲以天鳳五年卒。"並與此合，而無月日時，蓋引者略之，實即一書。於年月日之外，並紀時辰，法乃愈密。以《家錄》證之《漢書》，則雄之仕莽無疑。而明焦竑謂"成帝建始初，雄年四十餘，下逮天鳳，已近百年"，欲為莽大夫翻案。持此以折之，其說不攻自破。使人懔然於大節苟虧，不能以浮詞他說解。生卒年月之有關於考證，顧不重哉。然諸史列傳，多不言年壽，甚者並不言卒於何時。至《儒林》《文苑》諸傳，事蹟寥落，或無年月可紀，讀之終篇，茫不知為何時之人，無以知人論世，學者病焉。錢竹汀先生，始取古今文章著作之儒，考其生平，撰為

《疑年錄》,顧未及雕板。先生卒後,其弟子吴修始刻之,序以為未定之書。謹案:先生《自撰年譜》曰:"乾隆五十二年丁未,年六十歲。秋,復到婁東。歲暮歸里。撰次古今文人生卒年壽可考者,始鄭康成,終戴東原,先生曾孫慶曾注曰:"今海鹽吴氏刋本,東原先生後,有蔣心餘至邵二雲六人,則是後所續錄也。"凡四卷。取《左氏》'有與疑年,使之年'語,名之曰《疑年錄》。"既鎮重書之於譜,似非漫爾為之者。故後人有所考證,輒援以為據,而續其書者且至三四作不止。余近治《世說新語》,偶檢是錄王逸少、韓康伯二條,頗疑其失實。及詳考之,果皆大誤。因念錄中不著出處者十之八九,此二條既誤,安保他條不誤耶?遂發憤盡出藏書,逐條考證,則牴牾乖異者往往而有。有沿襲前人之誤者,有記憶偶疏者,有懸斷不合事實者,然後信其誠未定之書也。蓋先生讀書之時,随筆記錄,或取諸史傳,或摭之誌狀,或以已意約略推定之,聊以便檢閱,備遺忘而已。其後乃撰次為書。《年譜》謂成於歲暮歸里之後,意其用力不過十許日耳。故除已見《潛研堂文集》《廿二史考異》《養新錄》者,考證稍詳外,其他或注或不注,體例不能畫一,知其匆遽命筆,取辦臨時,未嘗細考也。成書之後,置不覆檢,雖有譌謬,莫由自覺。門弟子尊其師說,私相傳錄,雖知為未定之本,而不能有所匡正。吴氏偶附案語,謬又甚焉。嘗試論之,古今大儒著書,雖經學如許、鄭,史學如馬、班,亦不能無失。蓋學問之關涉無窮,而一人之精神有限,有所通則有所蔽,詳於此或忽於彼,稍形率爾,疏漏随之。書之美惡,不過三四分與八九分之别耳。若曰每着一語,必檢盡羣書,沈思博考而後下筆,務令毫髮無憾,一字莫能增損,必不可得之數也。故讀前人之書,不可惟其說之從。雖眼前經史,亦必覆檢原書,審其是否。又當知其所引據之外,尚有他書。如折獄然,必具兩造,甲以為如此者,安知乙之言不如彼,比而證之,而後曲直乃見,所謂實事求是也。讀書之道類然,況此未定之書乎?世之學子,或不明此義,嬾於考索,以耳代目,輒曰"某先生之言,安得有誤",不惟貿然援用,且從而推演之。譬如欲考昔人之行事及其著述,按之《疑年錄》,歲月不合,遂為之說數百言,斥為附會依託,而不知其實不然,致為識者所笑。使先生代人受過,終無已時,豈不重可歎哉!余服膺先生之學,徧讀其遺書,愛是錄之有用，而惜其未盡善也，遂忘其固陋，為之彌縫其闕失。書凡四卷，今所為稽疑僅前二卷，起自後漢，終於有元。至於明清兩代，時彌近則書彌多，嘗試檢閱，望洋興歎。余方注《世說》，且將繕治《提要辨證》，故未暇以為。頗擬他日賡續成書，而不可必也。當代鴻博，儻鄙其闕略，別加撰定，則是編雖覆醬瓿，所不敢辭。一九四一年武陵余嘉錫書。

## 凡例

• 是書刊本甚夥，海鹽吳氏刊於嘉慶十八年者為最初刻，余求之未獲。所見者有常熟顧氏小石山房本、南海伍氏粵雅堂本、福山王氏天壤閣本、長沙龍氏重刻《潛研堂全書》本。以各本互校，凡伍本數目干支小誤者，顧本往往不誤，王本亦同。以意推之，蓋伍氏第依吳本重刻，顧本則頗有所校改，而王氏從之。今亦逕用顧本，不以竄亂原書為嫌。然有原書本誤，改之而愈誤者，則仍存其真而附鄙說於後，如獨孤至之條是也。至龍氏本，即用粵雅本重刻而改其行款，削去吳氏案語，校讎不精，轉益訛謬，劉道原條小注九字，竄入上條沈存中注內，即因粵雅本注附下方，兩條首尾相連致誤。今無取焉。

• 錢氏原注，各本皆作小字雙行，今悉改為大字，以便觀覽。

• 原錄自漢至元，凡二百二十九人，今之所考，纔一百有四人。因此編本為讀錢氏書竊誌所疑而作，故凡取材本傳，及已注明出處，無可考證者皆不錄。讀者如欲窺其全，有原書在。

• 凡錢氏於史傳之外，別據他書，失注出處者，悉為補出以備覆考。惟一人之碑誌傳狀，散見羣書，今之所補，未必即錢氏之所據。故除明知其出處者間為指出外，餘只云見某書某卷某篇。

• 此編雖僅成前二卷，然自漢至元，歷時既久，所涉至廣。鄙人儉腹，復鮮藏書，故雖盡力考索，尚有數人未得其出處，謹存之卷內，注以未詳。大雅君子，幸匡其不逮，是所望也。

## 卷一

徐偉長四十八　幹　生建寧四年辛亥　卒建安二十三年戊戌

案:《魏志·王粲傳》曰:"粲建安二十二年春病卒,瑀以十七年卒,幹、琳、瑒、楨二十二年卒。文帝《與元城令吴質書》曰:'昔年疾疫,親故多離其災,徐、陳、應、劉,一時俱逝。'"《文選》卷四十二魏文《與吴質書》注,引《典略》曰:"初,徐幹、劉楨、應瑒、阮瑀、陳琳、王粲與質,並見友於太子。二十二年,魏大疫,諸人多死,阮瑀死在前,此以敘太子之友,牽連及之。故太子與質書。"是魚豢、作《典略》。陳壽,皆謂偉長卒於建安二十二年也。獨無名氏《中論》序曰:"年四十八,建安二十三年春二月遭厲疾,大命隕頹。"錢氏此條,蓋本於此。考《後漢書·獻帝紀》曰:"二十二年,是歲大疫。"《後漢紀》卷三十同。《續漢書·五行志》亦曰:"獻帝建安二十二年,大疫。"《御覽》卷七百四十二引曹植《說疫氣》曰:"建安二十二年,厲氣流行,家家有僵尸之痛,室室有號泣之哀,或闔門而殪,或覆族而喪。"偉長既以疫卒,必在是年無疑。《中論》序傳寫誤耳。錢氏之為此書,皆據正史本傳,必其史有闕誤,始别據他書,注明出處。今此條忽棄《三國志》不用,又不言其所出,皆非也。當改作生建寧三年庚戌,卒建安二十二年丁酉。

葛稚川八十一　洪　卒晉咸和

案:《晉書》本傳,不言卒於何時。錢氏以為咸和閒卒,則大誤。考咸和紀元凡九年。《抱朴子外篇·吴失篇》曰:"余生於晉世。"若如錢氏之說,姑以咸和九年起算,上推八十一年,是為吴大帝五鳳元年,至吴亡之時,稚川二十有七矣,尚得云生於晉世乎?不合一也。又《自敘篇》云:"今齒近不惑,素志衰頹。"又云:"洪年二十餘,乃草創子書,會遭兵亂,流離播越,有所亡失,連在道路,不復投筆十餘年,至建武中乃定。"若如錢氏之說,姑以咸和九年卒年八十一推之,則當元帝建武紀元之歲,建武只一年,即改元大興。稚川已六十有四,尚得云齒近不惑乎?不合二也。考《御覽》卷三百二十八引《抱朴子外篇》曰:"晉太康二年,京邑始亂。三國舉兵攻長沙王乂。小民張昌反於荆州,奉劉尼為漢主,乃遣石冰擊定揚州,屯於建業。宋道衡說冰,求為丹陽太守,到郡發兵攻冰,召余為將兵都尉。余年二十一,見軍旅不得已而就之。"案:《晉書·惠帝紀》:"太安二年秋七月,張昌陷江南諸郡,别率石冰,寇揚州諸郡盡没。"《御覽》太康二年,乃"太安二年"之誤也。以此上推二十一年,是為武帝太康五年,距吴亡四年矣,故曰:"生於晉世。"更由此下推至元帝建武元年,稚川年三十有五,故曰:"齒近不惑。"彼此互證,無不脗合。本傳云:"年八十一",則當卒於哀帝興寧元年,去咸和之時遠矣。傳云:"咸和初,司徒導召補州主簿,轉司徒掾,遷諮議參軍,選為散騎常侍,領大著作,固辭不就。以年老,欲錬丹以祈遐壽,求為勾屚令,至廣州刺史鄧嶽留不聽去,乃止羅浮山錬丹。在山積年卒。"錢氏以傳言其年老,必是七十許歲人。其後留廣州不過數年,遂斷為卒於咸和中。其實洪求為勾屚令,本傳並不著年月,安知其不在咸康以後?五六十歲人自可稱老,不必定至古稀也。

王逸少五十九　羲之　生大興四年辛巳　卒太元四年己卯

《東觀餘論》謂逸少以惠帝太安二年癸亥歲生,至穆帝昇平五年辛酉歲卒,誤也。此錢氏原注,今改作大字,後皆仿此。

案:《晉書》本傳,但云"五十九卒",不著年月。陶弘景《真誥》卷十六《闡幽微》注云:"逸少為會稽太守,永和十一年去郡,告靈不復仕。至昇平五年辛酉歲亡,年五十九。"當隱居之時,何法盛、臧榮緒諸家書具存,其言必有所據,固可深信不疑。張懷瓘《書斷》卷中亦云:"昇平五年卒,年五十九。"與《真誥》若合符契。是則六朝唐人所見皆同,别無異說。其後黄伯思《東觀餘論》卷下《跋瘞鶴銘》,桑世昌《蘭亭考》卷八載李兼《跋蘭亭序》,所敍右軍生卒年歲,大抵依《書斷》為說耳。今錢氏乃以《餘論》為誤,而不明著其說，取右軍之生卒，移下十八年，而不言其何所本。徧檢錢氏所著諸書，亦無一言及之，殊為可異。第以其說推之，則永和九年癸丑蘭亭之會，右軍年三十有三。《太平廣記》卷二百七引羊欣《筆陣圖》曰："王羲之三十三書《蘭亭序》，三十七書《黄庭經》。"錢氏之說，疑出於此。李兼云，"右軍蘭亭之遊，時年五十有一。"考《世說新語·汰侈篇》曰："王右軍少時，在周侯末坐，割牛心炙噉之，於此改觀。"本傳亦曰："年十三，嘗謁周顗，顗察而異之。時重牛心炙，坐客來噉，顗先割啗羲之，由是始知名。"案：元帝大興紀元盡四年，改元永昌，周顗即於是年四月，為王敦所害。若右軍果生於大興四年，則當顗死時，尚在襁褓之中，安能與其末坐，噉牛心炙耶？又考右軍娶郗鑒之女。《晉書·郗愔傳》稱姊夫王羲之。愔以太元九年卒，年七十二，蓋生於愍帝建興元年癸酉。若右軍果生於大興四年辛巳，則愔長於右軍八歲，郗夫人又為其姊，《世說·賢媛篇》"郗夫人謂二弟司空中郎"云云，司空即愔也。較之右軍不啻十年以長矣。士族之婚姻，似不應如此。由此觀之，所謂羊欣《筆陣圖》者，蓋出於後人僞造，絕不可信。錢氏於此，殆未暇深考也。由升平五年辛酉，上推五十九年，蓋生於太安二年癸亥。

韓康伯四十九　伯休

史不注其卒年，大約在孝武時，傳亦不載注《繫辭》。

案：注《繫辭》之韓康伯，名伯，不名伯休。後漢有賣藥之韓康，字伯休，見范書《逸民傳》。錢氏誤合二人為一耳。《建康實錄》卷九，《烈宗孝武皇帝紀》曰："太元五年，歲次庚辰。八月，太常韓伯卒。伯字伯康，潁川人，好學清潔，注《周易》下繫，累遷位至吏部尚書，改授太常，卒，時四十九。"《建康實錄》，乃抄撮前人著述而成，吴事用陳壽《吴志》，宋事用裴子野《宋略》，惟記晉事者不可考。然其必出於十八家《晉書》，則可斷言。康伯之注《繫辭》，及其卒官之年月，既已明見於此，足補唐修《晉書》之闕略矣。《北堂書鈔》卷六十四引《晉起居注》曰："武帝太始四年，詔曰，尚書韓伯，陳疾解職，領軍閑，無上直之勞，可從容養疾，更以伯為領軍、進丹陽尹。”武帝太始四年，乃孝武帝太元四年之誤。《太平御覽》卷二百三十九，引《晉陽秋》案：當是檀道鸞《續晉陽秋》。曰：“韓伯年四十九，拜領軍，疾病。占候者云，‘不宜此官’，固請徙之。”蓋康伯以太元四年為吏部尚書，得疾請解職，詔徙為領軍將軍丹陽尹，次年始拜官。旋因疾病，改授太常，遂卒。《建康實錄》不言徙領軍者，略之也。彼此互證，情事瞭然。由太元五年庚辰，上推四十九年，蓋生於成帝咸和七年壬辰。

徐野民七十四　廣　生晉永和八年壬子　卒宋元嘉二年乙丑

案：徐廣，《晉書》《宋書》《南史》皆有傳，此云七十四，從晉宋《書》也。孫志祖《讀書脞錄》卷三，以《南史》有“年過八十”語，疑其不止七十四。考《建康實錄》卷十亦云：“卒年七十四。”而卷十二則曰：“元嘉二年，冬十月乙卯，中散大夫徐廣卒。廣世篤學，為時儒所宗，年過八十，猶歲讀五經一遍。”此裴子野《宋略》語也，而《南史》采之，故與晉宋《書》不同。今亦無以定其是非。錢氏據晉宋《書》載其生卒，固無可議。但須於題下兼著《南史》之說，以示存疑，始與全書體例一律耳。

裴世期八十　松之　生晉咸安二年壬申　卒宋元嘉二十八年辛卯

案：此據《宋書》本傳也。《南史》不載其壽算及卒年。考《建康實錄》卷十四曰：“子野祖宋中大夫，案：當作“太中大夫”。西鄉侯世期封西鄉侯，僅見上《三國志》注表末署銜，及《經典釋文敍錄》。以文帝十三年受詔撰起居注。十六年，重被詔續成何承天《宋書》，其年終於位，書則未遑述作。”本傳敍在十四年致仕之後，亦云“未及撰述”。此裴子野《宋略》總論之詞也。子野一代良史，敍其先世之事，必無舛誤。然則世期不卒於二十八年亦明矣。《史通·古今正史篇》曰：“元嘉中，命裴松之續成國史，松之尋卒。”尤為佳證。惡有自受詔至終，年盈一紀，而可謂之尋卒者乎？世期所注《三國志》，淵博絕倫，而以元嘉三年奉詔，見本傳。六年表上，見表。首尾不過四年。及其續修國史，歷時十二年，竟不能有所撰述。《史通》謂"徐爰因何承天、孫冲之、山謙之、蘇實山所述,勒為一書",殊不及松之,是始終未嘗命筆也。一人之身,先後懸絕如此,有是理乎?蓋世期實以元嘉十六年己卯卒,若享年八十,則生於晉升平四年庚申矣。

沈休文七十三　約　生宋元嘉十八年辛巳　卒梁天監十二年癸巳

案:癸巳,誤,當作"癸未"。

陶通明八十五　弘景　生宋元嘉二十九年　卒梁大同二年丙辰

邵陵王綸撰碑云:"大同二年,歲次丙辰,三月壬寅,朔日癸丑,告別年儀,案:《文苑英華》作"化"。春秋八十一。"今從《梁書》本傳。[景定]《建康志》云:"孝建三年丙申歲,夏至日生,大同二年卒,時年八十五。"自丙申至丙辰,恰八十一歲,與碑合,卻非八十五歲矣。王質撰年譜,謂生孝建丙申,卒大同六年庚申,年八十五。

案:弘景以大同二年卒,年八十五,《梁書》《南史》皆同。但《梁書》不載生年。《南史》增益之云:"以宋孝建三年景申歲夏至日生",則下距大同二年,當云八十一,而仍作八十五,遂致牴牾不合。其為李延壽誤仍《梁書》舊文,抑係校者據《梁書》妄改,皆不可知。吴承仕曰:"《御覽》五百五引《南史》作'大同初卒,年八十五',疑《南史》本作'大同初',不作'大同二年'也。後人據《梁書》改從大同二年耳。"嘉錫案:《御覽》此條題為《梁書》,而其文則《南史》也,吴氏逕指為《南史》,亦非。要之不始於[景定]《建康志》也。《建康志》卷四十九《弘景傳》,通篇迻錄《南史》,有刪無改。錢氏《南史考異》卷三,嘗摘弘景生卒,指為自相矛盾。及作此錄,乃獨歸罪於《建康志》,一字不及《南史》,不知何意,豈蒼猝命筆,偶忘檢閱耶?考《雲笈七籤》卷一百七,有《華陽隱居先生本起錄》,題從子翊字木羽撰,亦云:"以孝建三年太歲丙申,四月三十日甲戌夜半,先生誕焉,是年閏三月,明日朔旦便是夏至。"陳援庵曰:"垣案:是年五月乙卯朔,正是夏至,其言甚確。"其言與《南史》合。然所敘支干差謬,似出後人依託,據《通鑑目錄》卷十三引劉羲叟《長曆》,及吾友陳援庵《二十史朔閏表》，孝建三年四月乙酉朔，則三十日是甲寅，非甲戌。且篇首便云："永明十年，太歲乙卯，先生已辭世入山"，既誤以壬申為己卯，其後又云："五月拜表解職，是歲永明十一年壬申歲也"，前後自相矛盾。然文筆古質，敍事甚詳，似亦頗有據依。未足深信。延壽當別有所本耳。凡碑誌出同時人之手，其間年月仕履自較史傳為可信。今邵陵王綸碑文既云："春秋八十有一"，而《南史》所記生卒年月，又與之合，是當就碑中所敍之事跡，與其年齒參互考證，以驗其是否八十一，抑為八十五，不當因《南史》一字之牴牾，遂謂其必不得生於孝建三年也。綸所撰《隱居貞白先生碑》，見《文苑英華》卷八百七十三。故友吴承仕作《經籍舊音序錄》，曾節錄其文，加以箋注，以證其可信，今寫出於後云。碑曰："年二十七，為宜都王侍讀。"吴氏曰："宋孝建三年，至齊建元四年，計二十七年。"《梁書》及《南史》並云："未弱冠，齊高帝作相，引為諸王侍讀。"案：弘景十八九歲時，當宋元徽初，高帝尚未作相，又不得有諸王侍讀也。所述並不如綸碑之諦。"碑又曰："除奉朝請。乃與親友書曰：'今三十六矣，無為自苦。'明年，遂拜表解職。"吴氏曰："弘景年三十六，當永明九年。明年解職，則永明十年也。《梁書》及《南史》，並云永明十年，上表辭祿，與碑說符。又《道藏》尊字號，載《肘後百一方》序曰：'太歲庚辰。隱居曰，余宅身幽嶺，迄將十載。'永明十年壬申，訖永元二年庚辰，首尾九年。故自序云：'迄將十載'與綸碑所述相應。"碑又曰："以大同二年，案：明刻《英華》誤作"三年"。歲次丙辰，三月壬寅朔，十二日癸丑，告別年化，春秋八十有一。"吴氏曰："尋綸碑所述，與弘景本集《致親友書》及《肘後方自序》悉相應，且綸卒於大寶二年，距弘景卒僅十五年，身所聞見，彌足據信矣。"吴氏之言如此，可謂詳核。足見錢氏從《梁書》而不從碑，未為得也。至如王質《紹陶錄》所撰年譜，既定為考建丙申生，又欲遷就八十五之數，遂移下四年，以為大同六年卒，與碑文及《梁書》《南史》皆不合。憑虛臆決，無足深詰矣。

劉孝標六十　峻　生宋大明六年壬寅　卒梁普通二年辛丑

案：此據《梁書》本傳也。《南史》作"普通三年卒，年六十"。

庾子山六十九　信　生梁天監十二年癸巳　卒周大定元年辛丑

案:《周書》本傳云:"大象初,以疾去職,卒。隋文帝深悼之。"《北史》本傳云:"大象初,以疾去職。隋開皇元年卒。"並不言其年若干。倪璠作《庾子山年譜》。見倪氏《庾集注釋》卷首。據《文苑英華》卷六百九十九,所載宇文逌北周滕王。撰《庾信集序》云:"自梁朝筮仕,周世馳驅,至今歲在屠維,龍居淵獻,春秋六十有七。"時為周大象元年己亥,因以推知子山生於梁天監十二年癸巳,卒於周大定元年,即隋開皇元年辛丑,年六十九,錢氏此條全用之,而不著其所出。且隋文帝以大定元年二月即位改元。《年譜》據集中卷十四《普屯威神道碑》,有"開皇元年七月某日,反葬河州"之語,知子山之歿,當在秋冬。錢氏仍題作"大定元年",亦非也。

顧希馮六十三　野王　生梁天監十八年己亥　卒陳太建十三年辛丑

案:此據《陳書》本傳也。《建康實錄》卷二十云:"太建十二年,庚子六月,黄門侍郎顧野王卒,年六十二。"與史不同。

歐陽信本八十五　詢　生陳永定元年丁巳　卒唐貞觀十五年辛丑

史無卒年,今據《絳帖平》引《法書苑》。

案:張懷瓘《書斷》卷中云:"歐陽詢以貞觀十五年卒,年八十五。"是唐人著述中,自有明文。《法書苑》乃宋周越所撰,見《書錄解題》卷十四。遠在其後,況又已佚,不當引以為據也。

房喬松七十一　玄齡　生周宣政元年戊戌　卒唐貞觀二十二年戊申

案:《金石錄》卷二十四《跋房玄齡碑》曰:"《舊唐史》云:'玄齡名喬,字玄齡。'而《新史》乃云:'名玄齡,字喬。'今碑所書,與《新史》合。惟《宰相世系表》又云'玄齡字喬松'者,不知何所據也。"是《世系表》之誤,已為趙明誠所譏。錢氏於兩《傳》皆不從,而獨從《表》,深所未喻。《舊傳》云:"二十三年,玄齡舊疾發,尋薨,年七十。"《新傳》云:"薨年七十一",不具年月。然兩史《太宗紀》,均書於二十二年,則《舊傳》為誤,此從《新史》是也。當如他條之例,附注其異同以備考。

李明允三十四　賢　生永徽二年辛亥卒光宅元年甲申

案:章懷之死,《舊書·武后紀》在嗣聖元年,《新書紀》在光宅元年。《舊傳》又云:"文明元年,則天臨朝,逼令自殺。年三十二。"《新傳》云:"武后得政,迫令自殺,年三十四。"考中宗初即位元年正月,改元嗣聖。二月,武后廢帝,立豫王旦,改元文明,后臨朝稱制。九月,改元光宅。一年三改元,而兩史紀傳書法不同,遂致此紛紛耳。章懷實卒於文明改元之後,《新紀》在二月,《舊紀》在三月。此從《新史》紀傳而不以《舊史》注明,亦為自亂其例。

徐元固七十一　堅　生顯慶四年己未　卒開元十七年己巳

《新傳》云:"七十餘。"據張九齡撰《神道碑》云:"十四而孤。"以是推得之。

案:《舊書·高宗紀》:"開元十七年五月,癸巳,右散騎常侍徐堅卒。"本傳亦同。《新史》無卒年,此從《舊史》也。但兩史皆云,年七十餘,而錢氏作七十一,自云據碑"十四而孤"推得之。考堅為齊聃之子,《舊史·齊聃傳》云:"咸亨中卒,年四十餘。"《新傳》但云:"年四十四",不言何時卒。《神道碑》見《曲江文集》卷十九,《文苑英華》卷八百九十三。亦無明文,是堅喪父之年且不可考,不識何從推得其年為七十一也。今姑從顯慶四年下推,則十四歲為咸亨三年壬申,而咸亨紀元只四年,疑錢氏第因《舊史》言齊聃以咸亨中卒,斟酌折衷而置之是年,因以得其年為七十一。然則亦不足據矣。且《新傳》亦云"十四而孤",今置之不言,而必別援《神道碑》以為據,其義安在耶?

張道濟六十四　說　生乾封二年丁卯　卒開元十八年庚午

據《新史》。

案:《舊書》本傳曰:"十八年遇疾,十二月薨,時六十四。"然則《舊史》與《新史》同。原注"據《新史》"三字。不知何意。吴修附注曰:"修案:張九齡撰《墓誌》云:'開元十九年,薨於東都匡俗里,年六十四。'若據此,則當生總章元年戊辰。"嘉錫案:《墓誌》見《曲江文集》卷十八、《文苑英華》卷九百三十六。其文落筆即大書曰:"大唐有天下一百一十三年,開元十有八載,龍集庚午,冬十有二月戊申,開府儀同三司行尚書左丞相燕國公薨於位,享年六十四,"不知何以熟視無覩,竟以篇末所敍燕國夫人元氏卒年,為燕公卒年,亦可哂矣。

孟襄陽五十二　浩然　生載初元年己丑　卒開元二十八年庚辰

案:《新書·文藝傳》及王士源所撰《集序》皆云:"孟浩然,字浩然。"此條不書其字而稱孟襄陽,於全書中實為創例。兩史皆不載其卒年及壽算,《新傳》云:"開元末卒。"此全用王士源序,應於題下注明。

顔清臣七十七　真卿　生景龍三年己酉　卒貞元元年乙丑

案:魯公之死,《新書·德宗紀》在貞元元年八月丙戌,本傳無年月,第云興元後。興元只一年,即改貞元。《舊書》本傳則在興元元年八月三日,而於《德宗紀》書"貞元元年正月癸丑,始聞太子太師魯郡公原作"王"。顔真卿,為希烈所害"。其年齡則《新傳》云"七十六",《舊傳》云"七十七",兩史之不同如此。《通鑑》二百三十一,興元元年書曰:"李希烈聞李希倩伏誅,忿怒。八月壬寅,遣中使至蔡州殺顔真卿。"《考異》曰:"顔氏行狀,其年八月二十四日,又使辛景臻等害公於龍興寺。《實錄》及《舊傳》云三日,今從之。"是此事久經温公論定矣。余因以考之《二十史朔閏表》,貞元元年八月癸亥朔,則二十四日為丙戌。蓋《新紀》用顔氏行狀之月日,而誤以興元為貞元耳。若行狀作貞元元年,《考異》不得無一言辨論。《舊傳》本之《實錄》,最為可信。錢氏於魯公卒年仍從《新紀》,非也。當改作生景龍二年戊申,卒興元元年甲子。

獨孤至之五十三　及　生天寶三載甲申　卒貞元十二年丙子此據粵雅堂本作“貞元”。小石山房天壤閣兩本則作“大曆”。

案:《新書》本傳不載卒年。《舊書》無傳。《英華》卷九百二十四,《文粹》卷五十八,崔祐甫《常州刺史獨孤公神道碑》曰:“奄忽捐館,其時也,大曆十二年夏四月二十九日。其壽也,五十三年。”《英華》卷九百七十二《梁肅獨孤公行狀》曰:“大曆十二年四月壬寅晦,陳援庵曰:“四月二十九日庚戌,行狀作壬寅晦,不合。”暴疾薨於位。”又卷九百八十二《梁肅祭獨孤常州文》,題“大曆十二年,歲次丁巳”。故此錄作貞元丙子者固非,即改作大曆丙子,亦仍未是也。考常州之必卒於大曆時,有三證焉。《新書》本傳附其子郁事云:“郁始生而孤。元和九年,以疾辭禁近,徙秘書少監,屏居鄠卒,年四十。”《舊書》郁傳不言年若干,但云:“元和九年十一月,改秘書少監,卒。”《元氏長慶集》卷七有《遣病詩》,注云,“通州時作。”其詩云,“今年京城內,死者老少并,獨孤纔四十,仕宦方榮榮。”注云,“秘書少監郁”。考元稹到通州司馬任,在元和十年閏六月,見本集卷十二《酬樂天東南行詩》自注。由元和十年上推至大曆丁巳,凡三十九年。常州卒時,郁不滿兩歲,故曰:“始生而孤。”《神道碑》亦曰:“有子朗郁等,年未齠亂。”若常州卒於貞元十二年丙子,則郁年二十有一矣,與碑傳皆不合,一也。《文粹》卷四十一及《毘陵集》附錄,均有權德輿所撰《獨孤及謚議》,首題將仕郎守太常博士權德輿。案:《舊書·德輿傳》,其為太常博士,轉左補闕,皆在貞元八年以前,至十年,已遷起居舍人。若常州卒於貞元十二年,德輿去太常久矣,二也。《毗陵集》附錄《神道碑》,署銜為中書舍人賜紫金魚袋博陵崔祐甫。考之兩唐書《德宗紀》:“大曆十四年,代宗崩,德宗即位,以祐甫為同中書門下平章事。”“建中元年六月,祐甫卒。”若常州卒於貞元十二年,則祐甫已先死十七年矣,尚得為之撰碑乎?三也。可見此錄作貞元十二年丙子者,毫無所據矣。雖然,粵雅堂本固誤,尚與生天寶三載年五十三相應。至小石山房本改“貞元”為“大曆”,而其餘悉仍其舊,則舛錯彌甚。蓋大曆十二年,歲次丁巳而非丙子,且上溯天寶三載,得年僅三十有四，數行之内，自相牴牾，無一合者。當改生開元十三年乙丑，卒大曆十二年丁巳，方得其實。

孟東野六十四　郊　生天寶十載辛卯　卒元和九年甲午

案：兩史皆不載卒年，此據《昌黎集》卷二十九《貞曜先生墓誌》，失未注明。

劉夢得七十二　禹錫　生大曆七年壬子　卒會昌二年壬戌

據《唐詩紀事》，夢得與樂天俱生壬子，劉以會昌二年卒，當為七十一也。白樂天詩："何事同生壬子歲，老於崔相及劉郎。"自注："予與蘇州劉郎中，同生壬子歲。"

案：《新書》傳云："會昌時卒，年七十二。"《舊書》傳云："會昌二年七月卒，時年七十一。"此條卒年既從《舊書》，又據《唐詩紀事》及白樂天詩考得其生於壬子，則竟從《舊書》，定為七十一可也。乃復牽就《新書》，題作七十二，一條之内，自相差互，無乃進退失據乎。

李長吉二十七　賀　生貞元六年庚午　卒元和十一年丙申

杜牧序，李商隱撰小傳，皆云二十四。

案：金刻本《李賀歌詩編》卷首、元刻本《唐文粹》卷九十三、明刻本《樊川集》卷十、以上均據《四部叢刊》影印本。《文苑英華》卷七百十四載杜牧序，均作"賀生二十七年死矣"，此云"二十四"，當是所見本誤耳。然錢氏作《唐書考異》卷十六云："李賀卒年二十七。"據杜牧所撰《詩集序》也。同引一書，或誤或不誤，又何故耶？《舊書》本傳云："年二十四。"列傳第八十七。《新書・傳》文藝云："年二十七。"錢氏原注不及《舊書》，亦失考也。兩史皆不言卒年，此蓋因杜牧太和五年作序，言賀卒後十五年推得之。《唐文粹》卷九十九《李賀小傳》云："長吉生二十四年。"《唐詩紀事》卷四十三，引作"二十六年"，又引杜牧序，亦作"二十七"。

杜牧之五十　牧　生貞元十九年癸未　卒大中六年壬申

《唐詩紀事》："牧之會昌末，自齊安移守秋浦，時年四十四。"牧之自撰墓誌,不書某年。以意推之。俟更考。

案:兩《唐書》本傳均只云年五十,而不言其卒於何年,且并不詳其拜官年月。錢氏所以能推定之者,以《唐詩紀事》言其會昌末年四十四,見《紀事》卷六十五杜荀鶴條。益以大中六年,適得年五十也。《樊川文集》卷首,有其甥裴延翰序云:"上五年冬,仲舅自吴興守拜考功郎中,知制誥,明年冬,遷中書舍人。"此所謂五年明年,即大中五六年也。《紀事》卷五十六杜牧條云:"自湖州拜中書舍人,題汴河云:'自憐流落西歸疾,不見春風二月時。'至京果卒。或曰:'舍人未為流落而遽及之,魄已喪矣。'"此所言自湖州拜舍人,及至京便卒,雖皆非事實,然似遷舍人後,不久即卒矣。牧之自撰墓銘,見《文集》卷十。大略謂"去歲在吴興夢人告曰"云云,"今歲又夢",自知其不祥,乃曰:"年五十斯壽矣。"似牧之實卒於六年,與錢氏所考相合者。及核之他篇,乃大不然。其集卷十七有《崔璪除刑部尚書蘇滌除左丞崔璵除兵部侍郎制》,亦見《英華》卷三百八十四。《歸融贈左僕射制》。據《舊書·宣宗紀》,其事皆在大中七年。《舊書》崔璪及璵傳,附《崔洪傳》後。《新書·歸融傳》,附《歸崇敬傳》後。所載亦同。卷十八有《李訥除浙東觀察使兼御史大夫制》,亦見《英華》卷四百八。紀在大中十年。然則牧之必不卒於六年,亦以明矣。疑墓銘雖撰成而未用,其後得年亦不止五十,新舊史不考而誤襲之耳。延翰序言(牧之)遷中書舍人,始少得恙,盡搜文章,閱千百紙擲焚之,纔屬留者十二三。延翰久藏蓄者,比校焚外,十多七八,離為二十編,合為四百五十首。蓋墓銘即撰於大中六年有恙之時,其後病愈,未及追改。至其集則編於牧之身後,故有大中七年以後之作。特延翰作序,未能分析言之耳。

陸魯望　龜蒙

史不詳其年壽,據《唐詩紀事》,蓋卒於中和初。

案:《潛研堂文集》卷三十一《跋笠澤叢書》曰:"魯望《松陵唱和》詩,作於咸通己丑庚寅間,此書則乾符己亥所作也。《唐史》

本傳云:'李蔚盧攜素與善,及當國,召拜左拾遺。詔方下,龜蒙卒。'考宰相表,攜以乾符元年十月拜相,次年六月,蔚亦入相,五年五月,攜罷,九月,蔚亦罷,六年十二月,攜復相,廣明元年十二月,又罷。魯望以拾遺召,在二人當國之日,必是乾符二年以後,五年以前。其卒亦當在此時矣。今據叢書,則乾符六年己亥。魯望尚無恙。計敏夫《唐詩紀事》云:'卒於中和初。'中和改元,又在己亥後二年,蔚與攜皆已先死。然則史所云,殆未可信也。"讀此跋,然後知錢氏考魯望卒年,所以用《唐詩紀事》而不從《新史》之意,故錄之於此,以備參考焉。

李義山四十六　商隱　生元和八年癸巳　卒大中十二年戊寅

史不載年壽,又無卒年。今據馮浩所編年譜。程夢星以為生於貞元己卯,卒咸通己丑,年七十二歲,案:當作七十一歲。朱鶴齡亦云:"生於貞元十一二年間。"俱無明證。姑存俟考。

案:吾友張孟劬爾田。作《玉溪生年譜會箋》,以為義山生於元和七年壬辰,卒於大中十二年戊寅,年四十七,與馮氏譜雖無大異,而引證加詳。說具本書,文繁不錄。

## 卷二

王齊物六十一　溥　生梁龍德二年壬午　卒宋太平興國七年壬午

案:溥年六十一,見《東都事略》卷十八,卒於太平興國七年八月,見《續通鑑長編》卷二十三,據四庫館重編本。《宋史》本傳因之,似可無疑。然《容齋三筆》卷九引《三朝史》本傳,載溥《自問詩》序云:"予年二十有五,舉進士甲科,在廊廟凡十有一年。去春恩制改太子太保。今行年四十三歲。"《石林詩話》卷下云:"五代王仁裕知貢舉,王丞相溥為狀元,時年二十六。後六年,遂相周世宗。猶及本朝,以太子太保罷歸班,年纔四十二。"兩書所載,惟登科之年不同,其餘皆合。徐松《登科記考》卷二十六據《廣卓異記》引《五代史》,定溥為漢乾祐元年戊申狀元。所引《廣卓異記》,見《詩話總龜》卷十四,但不云出《五代史》,徐氏當别有所本。考溥以乾德二年罷為太子太保,見本傳及《長編》卷五,其年歲次甲子,溥年四十二,則乾祐戊申登第時,年當二十六,《容齋》作"二十五"者,傳寫誤耳。以此考之,溥蓋生於後唐同光元年癸未,年六十。《宋史》及《事略》云六十一者,非也。《石林燕語》卷一,謂太祖受禪時,溥年四十二,則又誤以其罷相之年,為入宋之年,遂與《詩話》牴牾不合矣。

樂子正七十八　史　生唐長興元年庚寅　卒宋景德四年丁未

案:樂史,《宋史》附見其子《黄目傳》,但言:"咸平初遷職方,五年出掌西京磨勘司,改判留司御史臺。車駕幸洛,召對,賜金紫。史久在洛,因卜居,有亭榭竹樹之勝,優游自得。未幾卒,年七十八。"《東都事略》卷一百十五有傳,《隆平集》卷十四亦附《黄目傳》,皆不言卒年。《續通鑑長編》景德四年四庫館重編本卷六十五至六十七。亦不書。此不知何所本。疑因《真宗紀》言景德四年二月幸西京,而《傳》言幸洛召對後未幾卒,遂附之是年耳。

楊大年四十七　億　生開寶七年甲戌　卒天禧四年庚申

《道山清話》,謂楊大年未五十而卒,晁公武謂大年卒年四十七。《宋史》本傳作"五十七",誤。《長編》:"雍熙元年十一月,以建州進士楊億為秘書省正字,時年十一。"自開寶七年甲戌,至雍禧元年甲申,恰十一歲。

案:元至正刊本《宋史》,涵芬樓影印。億本傳,實作"四十七"。汲古閣本、武英殿本譌作"五十七",故錢氏云爾。然考《隆平集》卷十三、《東都事略》卷十七、朱子《五朝名臣言行錄》卷四,皆作"年四十七"。是則大年之年壽,宋人史傳中自有明文,即欲訂《宋史》之誤,亦不必取證於他書。若必徵引雜説,則《玉壺野史》卷四云:"楊大年二十一為光禄丞,賜及第,四十七卒。"猶較詳於《道山清話》矣。《宋史考異》卷十一云:"《楊億傳》,卒年五十七,《東都事略》作四十七"。

范希文六十四　仲淹　生端拱二年己丑　卒皇祐四年壬辰

案:本傳無卒年,《仁宗紀》亦不載其卒。此據歐陽修撰神道碑,見《居士集》卷二十,當注明。

孫明復六十六　復　生淳化三年壬辰　卒嘉祐二年丁酉

案:本傳無卒年,此據歐陽修撰墓誌,見《居士集》卷二十七。

胡翼之六十七　瑗　生淳化四年癸巳　卒嘉祐四年己亥

案:本傳無年壽及卒年,此據歐陽修撰墓表,見《居士集》卷二十五。

石曼卿四十八　延年　生淳化五年甲午　卒康定二年辛巳

案:本傳無年壽及卒年,此據歐陽修撰墓表,見《居士集》卷二十四。

宋子京六十四　祁　生咸平元年戊戌　卒嘉祐六年辛丑

不言卒於何年。今據薛應旂《續通鑑》。

案:《名臣碑傳琬琰集》上編卷七,范鎮《宋景文公祁神道碑》云:"嘉祐五年秋,常山宋公自鄭州移疾還京師,明年五月丁酉,公薨,享年六十四。"《續通鑑長編》卷一百九十三:四庫館重編本。"嘉祐六年,五月丁酉,翰林學士承旨兼端明殿學士、翰林侍讀學士、工部尚書、知制誥、集賢殿修撰宋祁卒。"是景文之卒年,宋人書中儘有明文。且錢氏於孫奭楊億條下已兩引《長編》,不知此條何忽采及明人之《續通鑑》也。

尹師魯四十六　洙　生咸平四年辛丑　卒慶曆六年丙戌

本傳作"四十七"。今據歐陽修撰墓誌。

吴修附注曰:"修案:韓琦撰墓誌,案韓公所撰是墓表,非墓誌,見《安陽集》卷四十七。亦云卒時年四十七,慶曆七年四月十日也。"嘉錫案:本傳、墓誌,《居士集》卷二十八。及《東都事略》卷四十六。均無卒年。《續通鑑長編》並不載洙卒。錢氏此條,蓋因墓誌云:"君有兄源,字子漸,先一年卒。"而尹子漸墓誌見《居士集》卷三十一。云:"以慶曆五年三月卒。"由此推得師魯卒於六年。然與墓表不合,未知孰是。《東都事略》亦云"年四十七",《名臣言行錄》卷九則云"四十六"。

梅聖俞五十九　堯臣　生咸平五年壬寅　卒嘉祐五年庚子

案:本傳不載其年壽及卒年,此據歐陽修撰墓誌,見《居士集》卷三十三。

蘇子美四十一　舜欽　生大中祥符元年戊申　卒慶曆八年戊子

案:本傳不載其年壽及卒年,此據歐陽修撰墓誌,見《居士集》卷三十一。

蘇明允五十八　洵　生大中祥符二年己酉　卒治平三年丙午

案:本傳不載其年壽及卒年,此據歐陽修撰墓誌,見《居士集》卷三十四。

周茂叔五十七　敦頤　生天禧元年丁巳　卒熙寧六年癸丑

案:本傳無卒年,見《宋文鑑》卷一百四十四,潘興嗣《周茂叔墓誌銘》,及朱子《晦菴集》卷九十八《濂溪先生事實記》。

司馬君實六十八　光　生天禧三年己未　卒元祐元年丙寅

東坡撰行狀、神道碑,俱云六十八。《揮麈錄》謂"國朝名公多厄於六十六",并及司馬温公王荆公,然荆公年六十六,固有徵矣。温公年六十八,行狀、墓誌,並與史同,非六十六也。

案:《揮麈前錄》卷二云:"本朝名公,多厄於六十六,韓忠獻,歐陽文忠,王荆公,蘇翰林,而秦師垣復獲預其數,呂正惠呂文穆亦然。"其文如此而已。津逮秘書本、學津討源本及近時涵芬樓影印景宋鈔本,皆同,并無涉及司馬温公之語。考錢氏所著《養新錄》卷十四云:"王明清《揮麈錄》,世所傳者常熟毛氏津逮秘書本。予嘗見宋刻殘本,僅《後錄》首兩卷及《第三錄》三卷耳。"然則錢氏所見《前錄》,實即津逮本,不知此條何以誤引而誤辯之,殊不可解也。

曾子固六十五　鞏　生天禧三年己未　卒元豐六年癸亥

案:本傳無卒年,見《宋文鑑》百四十六,韓維《曾子固神道碑銘》,及《名臣碑傳琬琰集》中編卷四十九,曾肇《曾舍人鞏行狀》。

張子厚五十八　載　生天禧四年庚申　卒熙寧十年丁巳

案:本傳不載其年壽及卒年,見《張子全》書附錄,呂大臨所撰行狀。

劉貢父六十七　攽　生乾興元年壬戌　卒元祐三年戊辰

案:本傳及《東都事略》卷六十七,皆無卒年。《續通鑑長編》卷四百十八,於元祐三年十二月辛卯,書曰:"朝議大夫試中書舍人劉攽為中大夫,守中書舍人。"至卷四百二十三,元祐四年三月乙亥,始書"中大夫中書舍人劉攽卒",據此當生於天聖元年癸亥。

沈存中六十五　括　生天聖八年庚午　卒紹聖元年甲戌

史不言卒於何年,今據朱彧《可談》,以為紹聖初。

案:《宋史》本傳云:"括以夏人襲綏德,先往救之,不能援永樂,坐謫均州團練副史。元祐初,徙秀州,繼以光禄少卿分司居潤。八年卒,年六十五。"《京口耆舊傳》卷一云:"括嘗夢至一處,登一小山,花如覆錦,而喬木蔽其上。山之下有水澄澈,後道京口,至所買之地,恍然乃夢中所游,因號夢溪,遂奠居焉。居八年卒。"今欲考其卒年,當先考其始居潤之年。《續通鑑長編》卷四百十三云:"元祐三年八月丙子,秀州團練副使本州安置不得簽書公事沈括,賜絹百疋,仍從便居止,以括上編修天下州縣圖也。"又卷四百四十九云:"元祐五年十月戊戌,秀州團練副使沈括為左朝承郎,守光禄少卿,分司南京,任便居住。"《沈氏三先生集》卷四,有括《進守令圖表》曰:"出守封疆者再閏,流落江湖者七年。"又《謝進守令圖賜絹表》曰:"伏蒙聖恩,以臣投進守令圖了畢,特支賜絹一百疋,仍許任便居住者。百口相隨,七年念舊,敢上希於寬詔,已絕望於生還。"又《謝分司南京表》云:"今月十九日,潤州差人送到官告一道。伏蒙聖恩,授臣左朝散郎,守光禄少卿,分司南京,許於外州軍任便居住。"所言與《續長編》並合。蓋存中貶官後七年,因進守令圖,得旨,許其從便居止,因先已得夢溪之地,即以其年至潤州。故光禄卿官告,由潤州送到也。考括之得罪,在元豐五年十月,見《宋史·神宗紀》及《續長編》卷三百三十。自元豐五年,下數至第七年,為元祐三年,與《續長編》亦合。由是奠居京口凡八年:則其卒當在紹聖二三年間矣。元祐紀元盡八年改紹聖。《萍州可談》卷三曰:"沈存中晚娶張氏,悍虐。存中投閒十餘年,紹聖初復官領宮祠,張氏忽病死,而存中恍惚不安,未幾不禄。"觀其所敍,未嘗確指為紹聖元年。且自復官至不禄,不必即在一年間也。

劉道原四十七　恕　生明道元年壬申　卒元豐元年戊午

《郡齋讀書志》作四十九。

案:本傳無卒年,見黄庭堅《豫章文集》卷二十三《劉道原墓誌銘》,及《温國文正公集》卷六十五《十國紀年序》,范祖禹《太史集》卷三十八秘書丞劉君墓碣。

程伯淳五十四　顥　生明道元年壬申　卒元豐八年乙丑

薛應旂《續通鑑》云:"卒於七年。"誤也,今據韓維撰墓誌。

案:《續通鑑長編》卷三百五十七:"元豐八年,六月丁丑,承議郎新除宗正寺丞程顥卒。"然則宋人之《續通鑑》自不誤也。

程正叔七十五　頤　生明道二年癸酉　卒大觀元年丁亥

案:本傳無卒年,見朱子《晦菴集》卷九十八,《伊川先生年譜》。

范淳夫五十八　祖禹　生康定二年辛巳　卒元符元年戊寅

案:本傳無卒年,見《名臣碑傳琬琰集》下編卷十九引《實錄》,及《續通鑑長編》卷五百三。

朱伯原六十　長文　生康定二年辛巳　卒元符三年庚辰

案:《寶晉英光集》卷七,《樂圃先生墓》表云:"元符元年歲次戊寅。二月丙申,遘疾不禄,享年六十。"《樂圃餘稾》所附墓誌銘不著撰人。亦同。《宋史》本傳全采之墓表，故亦云元符初卒。《吴郡志》卷二十六，則明引《米芾墓表》云："元符元年卒。"但均不載其年壽耳。錢氏以為卒於元符三年，豈别有所據耶？其生當在寶元二年己卯。

游定夫七十一　酢　生慶曆五年乙酉　卒宣和五年乙未

見楊時所作墓誌。

小石山房刻本載毛翠庭校云："案：宣和五年非乙未，與七十一數亦不符，宣和當係政和之訛。"嘉錫案：明正德本《龜山先生集》卷三十一，《御史游公墓誌銘》云："宣和五年，五月乙亥，以疾終於正寢，享年七十有一。"則作"宣和"本不誤。誤乃在以政和五年之干支上推其生年耳。當改作生皇祐五年癸巳，卒宣和五年癸卯。

黄魯直六十一　庭堅　生慶曆五年乙酉　卒崇寧四年乙酉

案：本傳云："崇寧三年徙永州，未聞命而卒。"誤也。此蓋據黄㽦所撰《山谷年譜》。

秦少游五十二　觀　生皇祐元年己丑　卒元符三年庚辰

《揮麈餘話》云："案：本傳及志銘云'建中靖國元年卒，年五十三'，而《龍井題名》，'元豐五年，三十六。'"今案：年譜引先生文集《題王氏齋壁》云："皇祐元年予先大父赴官南康，道出九江，余實生焉。"定為皇祐元年己丑生，而卒以元符三年，則壽止五十二矣。若據《龍井題名》則當以慶曆丁亥生，而壽亦不止五十三。今題名已不存，恐不可信。

案：《揮麈餘話》卷二所引本傳，謂宋國史也。今《宋史》本傳，但云"徙雷州，徽宗立，復宣德郎，放還，至藤州卒"，不言何時。年譜據《蘇東坡集》，定為元符庚辰八月十二日卒，錢氏從之是也。《龍井題名》，見《淮海集》卷三十八道光時高郵刻本在卷十七，此據涵芬樓影印明刻本。《東坡續集》卷十二，東城有跋。《宋文鑑》卷百三十一、[咸淳]《臨安志》卷三十七，其文皆曰"元豐二年中秋後一日，余自吴興道一作"過"。杭，東還會稽，龍井辨才大師，以書邀余入山"云云，實不作元豐五年，亦無年三十六之語。《餘話》所引，非王仲言記憶之疏,則所見之本有誤耳。然錢氏謂《題名》今已不存,則非也。

米元章五十七　芾　生皇祐三年辛卯　卒大觀元年丁亥

《東都事略》云:"大觀二年卒,年四十九。"《宋史》本傳云:"年四十九。"不著卒年,皆誤。程北山《題米元章墓》云:"生於皇祐之辛卯,卒於大觀之庚寅。"若然,則年六十矣,與墓誌亦未合。今據蔡天啟所撰墓誌。

案:程俱《題米元章墓》,見《北山小集》卷十六。蔡肇所撰《故南宮舍人米公墓誌》,在《寶晉山林集拾遺》卷首,其書為元章孫憲所輯,有影寫宋嘉泰刻本,見陸心源《儀顧堂題跋》卷十一,丁丙《善本書室藏書志》卷二十八。錢氏蓋嘗見之也。《宋史考異》卷十五曰:"《文苑傳》'米芾卒,年四十九。'案:芾《跋晉謝安真蹟帖》云:'余生年辛卯',是芾生於皇祐三年矣。《寶晉英光集》有《紹聖二年八月十八日浙江亭觀詩》,注云:'時年四十五',案:今別下齋刻本《英光集》卷四無此注。正與辛卯生年相合。崇寧四年,除禮部員外郎,是年歲次乙酉,芾年五十有五。蔡肇撰墓誌云:'年五十七,卒於淮陽郡齋',可證《宋史》之誤。"《考異》之言如此,可與此條互證,故錄之。又考《京口耆舊傳》卷二有《米黻傳》云:"知淮陽軍,彌年,瘍生其首,卒,年五十七。"與墓誌合。

張文潛六十一　耒　生皇祐四年壬辰　卒政和二年壬辰

《東都事略》作六十。據《秦少遊年譜》,文潛與子由,俱以壬辰歲卒。

案:《少游年譜》,乃秦小峴瀛。所重編,刻成後以示錢氏者。錢氏有跋一首,附刻譜後,《潛研堂文集》未收。今未見原刻本。道光十七年,高郵王敬之等重刻《淮海集》,取《年譜》附入卷首,刪節甚多。錢氏所引文潛與子由同歲卒一條,已削去,不知其說云何。考《宋史》本傳雖不載卒年,然嘗云:"時二蘇及黃庭堅晁補之輩相繼歿,耒獨存,士人就學者衆,分日載酒肴飲食之。"衢本《郡齋讀書志》卷十九,亦曰:"元祐中,蘇氏兄弟以文章倡天下,號長公少公,其門人號四學士。文潛,少公客也,諸人多早歿,文潛獨後亡,故詩文傳於世者尤多。"夫曰獨存,曰後亡,則文潛必不與子由俱歿先後數月之閒亦明矣。《少游年譜》不足為據。檢《張右史集》卷二十六,有詩題云:"余元豐戊午歲,自楚至宋,由柘城至福昌,年二十有五。後十年,當元祐二年。再過宋都,追感存歿,悵然有懷。"以此推之,當生於至和元年甲午,卒於政和四年甲午,後於子由之歿二年,與《宋史》正合。

晁無咎五十八　補之　生皇祐五年癸巳　卒大觀四年庚寅
本傳不載卒年,今據《郡齋讀書志》。

案:《名臣碑傳琬琰集》中編卷三十四,有《晁太史墓誌銘》,題直閣張耒撰,其文又見《蘇門六君子文粹》中《宛丘文粹》卷二十二,而《宛丘集》《柯山集》《右史集》皆《文潛集》名。皆未收。略云:"大觀四年,用近制詣部,授知達州,擢知泗州。到官無幾何,以疾卒,年五十八。"《讀書志》卷十九《鷄肋編》條下,所引張耒之說,全出於此志,錢氏未之見耳。

陳無己四十九　師道　生皇祐五年癸巳　卒建中靖國元年辛巳

案:本傳無卒年,見《後山集》後附門人魏衍撰《彭城陳先生集記》。

楊中立八十三　時　生皇祐五年癸巳 卒紹興五年乙卯

案:本傳無卒年,見《後山集》卷首,胡安國撰墓誌銘,呂本中撰行狀,黃去疾撰年譜,及《建炎以來繫年要錄》卷八十八。

張謙中　有
六十而成《復古編》,見程瑀序,時政和三年癸巳。宣和中年七十餘,見《夷堅志》。

案:《復古編序》,乃程俱所撰,見《北山小集》卷十五。

蘇叔黨五十二　過　生熙寧五年壬子　卒宣和五年癸卯

案:本傳無卒年,見晁說之《嵩山集》卷二十,《蘇叔黨墓誌銘》。

胡康侯六十五　安國　生熙寧七年甲寅　卒紹興八年戊午

據薛應旂《續通鑑》。

案:本傳云:"卒年六十五。"《繫年要錄》卷一百十八云:"紹興八年,五月辛丑,徽猷閣待制提舉江州太平觀胡安國上遺表。"不書卒而書上遺表,蓋不得其卒之月日。是其年壽生卒,皆有可考,無取明人之書也。

葉少蘊七十二　夢得　生熙寧十年丁巳　卒紹興十八年戊辰

史不載其年壽。考石林以紹聖四年登第,三十一歲掌外制,蓋在大觀初,計其壽當在七十以外。以大觀元年掌外制約計之。

案:石林之卒於紹興十八年,見《宋史·文苑傳》及《中興小曆》即《中興小紀》。卷三十三、《繫年要錄》卷一百五十八、《朝野雜記》甲集卷十八,然則不須以掌外制之年約計之矣。此條末小注十一字,當在生年之下,傳寫誤置於卒年之下。蓋史雖載其卒年,而不言年若干,則無從得其生年,乃假定為大觀元年掌外制,由此上推三十一年而得熙寧十年,故曰"約計之"也。又案既云"七十二",復云"當在七十歲以外"者,蓋因本傳不載其年壽,并不言其嘗掌外制。《書錄解題》卷十八,雖云:"崇觀間驟貴顯,三十一歲掌外制,次年遂入翰林",亦未嘗確指其時。錢氏以本傳言大觀二年遷翰林學士,推知其掌外制當在大觀初,因以得其生年,然究無明文可據,故疑而不敢定也。葉調生《吹綱錄》卷六曰:"《避暑錄話》著於紹興五年乙卯。見《錄話》自序。書中有云,'吾明年六十歲',見《錄話》卷下之末。與生於丁巳相符。"嘉錫案:不但此也,本傳云:"紹聖四年登第。"而嘉泰《吴興志》十七《夢得傳》云:"年二十一,中進士第。"由紹聖四年丁丑,上推二十一歲,正得熙寧十年丁巳。又李幼武《名臣言行錄别集》卷四云:"夢得大觀初為中書舍人,兼寶錄院修撰,兼直學士院。二年,為翰學。"是石林之掌外制,確在大觀元年,其壽確為七十二,可以釋錢氏之疑矣。

程致道六十七　俱　生元豐元年戊午　卒紹興十四年甲子

案：本傳無卒年，見《北山小集》卷首門人鄭作肅序，及卷末程瑀所撰行狀。

劉行簡八十二　一止　生元豐二年己未　卒紹興三十年庚辰

案：本傳云："年八十三。"不載其卒年。《繫年要錄》卷一百八十七，於紹興三十年十二月戊申，書"敷文閣直學士致仕劉一止卒，年八十二。"《書錄解題》卷十八亦云："一止以次對致仕，進雜學士而終，年八十二，實紹興庚辰。"蓋皆錢氏此條所本。然考韓元吉《南澗甲乙稿》卷二十二《敷文閣直學士劉公行狀》云："紹興三十年十二月初四日，以疾終於家，享年八十有三。"然則《要錄》及《解題》皆非也。其生當在元豐元年戊午。

趙德甫四十九　明誠　生元豐四年辛酉　卒建炎三年己酉

案：《宋史》無傳，此據《金石錄》李易安後序。知其年四十九者，以序言建中辛巳侯年二十一推得之也。

龔熙仲九十餘　明之　生元豐五年壬戌
至淳熙元年序《中吳紀聞》，已九十有三矣，《舊志》未詳其卒年。

案：此就淳熙元年年九十三上推得其生年也。《中吳紀聞》刻本甚多，余所見者有汲古閣本，知不足齋本，及近刻《太倉舊志五種》中校定本，其自序均作今年九十有二，末題"淳熙九年中和日，宣教郎賜緋魚袋致仕龔明之期頤堂書"。又有《學海類編》本、《墨海金壺》本、《守山閣珠叢别錄》本，即金壺本。及近時武進董氏誦芬室覆元至正本，皆題"淳熙元年"，而序中仍作"九十有二"，然至正本盧熊題記云："淳熙九年，距今纔二百年，而書僅存於世"云云，則自序中"元年"字，乃以形近致誤耳。錢氏此條謂淳熙元年已九十有三，又不知據何刻本矣。考《吴郡志》卷二十七云："龔明之，字希仲，淳熙五年乞致仕，鄉人又請之朝，遷宣教郎致仕，賜五品服。居崑山黄姑别墅，作期頤堂，日飲其間。一日，感微疾，遺令毋設仙釋像，於柩前供一水一花，誦《論語》《孝經》足矣。年九十二。"是則明之於淳熙五年始因致仕遷官，安得於元年便自稱宣教郎致仕？其卒時年九十二，安得著書之時已九十有三？錢氏所據，為刻本之誤明矣。《分類夷堅志》有龔明之孝感一條，余未見分類本，此據涵芬樓本《夷堅志補》卷一轉引。云："龔明之，字熙仲，崑山人。淳熙五年丐致仕，得旨遷宣教郎，賜服緋。又四年乃卒。"然則明之實卒於淳熙九年壬寅，即《中吴紀聞》書成之歲，年九十二。以此推之，生於元祐五年庚午。

曾吉甫八十三　幾　生元豐七年甲子　卒乾道二年丙戌

案：本傳作"八十二"，此據陸游《渭南集》卷三十二，《曾文清公墓誌》。

張子韶六十八　九成　生元祐七年壬申　卒紹興二十九年己卯

案：本傳無年壽及卒年，見《繫年要錄》卷一百八十五。

鄭漁仲五十九　樵　生崇寧三年甲申　卒紹興三十二年壬午

梁玉繩《瞥記》引汪應辰《薦鄭樵狀》，稱"年踰七十，篤學不倦"，與史不合。據周益公《辛巳親征錄》。

案：本傳云："高宗幸建康，命以《通志》進，會病卒，年五十九。"周必大《親征錄》云："紹興三十二年，三月癸卯，樞密院編修官鄭樵卒，樵字愚仲，興化軍人，力學著書。二十八年，講筵官王綸薦對，特補右迪功郎，給札歸抄所撰《通志》。三十一年，攜其書來，得樞密院編修官。至是欲進《通志》而病，病數日而卒，年五十九。"所記皆與史合，然則樵未嘗年踰七十也。惟是本傳言樵以紹興十九年上所著書，其時纔四十六歲。而《夾漈遺稿》卷二《獻皇帝書》，乃有"不圖晚景復見太平"，及"秋先蒲柳，景迫桑榆"之語，似是六七十歲老翁，頗為可疑。然《遺稿》卷三，又有《與景韋兄投宇文樞密書》，則云："厚樵兄名。生天地間，藜藿二十有八年矣，樵生二十有四矣。"考紹興以前，姓宇文而官樞密者，惟有宇文虛中，以靖康元年二月癸卯簽樞密院事，三月庚午，罷知青州。見《欽宗紀》。書中有"今天子蒙塵，蒼生鼎沸，典午興亡，卜在深源一人"之語,其為與虛中無疑。虛中任樞密,不及一月,此稱其舊官耳。書又云:"閣下出入三朝,為時元老。"虛中為徽宗大觀三年進士。見《虛中傳》。而云"出入三朝",則必作於高宗即位以後矣。先是虛中之兄粹中,以靖康元年二月,自尚書右丞罷知江寧府,見《欽宗紀》。五月到任,見《景定建康志》卷十三。而虛中甫至青州,即罷職奉宮祠,據《三朝北盟會編》卷四十四,在三月二十五日辛卯。遂往江寧依其兄。據《北盟會編》卷二百十四引《虛中行狀》。明年四月庚申朔,江寧軍亂,執粹中囚之,見《繫年要錄》卷四。虛中不知流落何所。考《繫年要錄》卷五十八,王倫歸自金,言虛中奉使日久,守節不屈。時虛中子右朝奉郎師瑗,奉其母居閩中,乃添差師瑗福建路轉運通判官。事在紹興二年九月。疑虛中自江寧亂後,即攜家入閩,故漁仲得與之相識。而有"一見閣下,便開懷許可"之語。又云:"機宜學士,精神滿腹,真名家駒。"蓋謂師瑗也。高宗以五月庚寅朔即位,改元建炎,十一日庚子,責虛中韶州安置。漁仲致書,當在此後數月之間。閩中道遠,未見朝報,意謂虛中故大臣,天子新即位,必當起用,故書中高自稱道,且曰:"推論短長,於閣下有望焉。"不知其已得罪遠貶也。漁仲是年二十有四,由此下推至紹興三十二年壬午卒時,正得年五十有九。其《獻皇帝書》之力陳衰老,不過急於自效耳。汪應辰《文定集》卷六,言其年踰七十,必是傳寫之誤。因錢氏於此,疑不能定,故詳考焉。

李仁甫七十　燾　生政和四年甲午　卒淳熙十一年甲辰

案:仁甫卒年及壽算,均見《宋史》本傳。由淳熙十一年甲辰,上推七十年,當生於政和五年乙未。此計算偶差耳。

洪景盧八十　邁　生宣和五年癸卯　卒嘉泰二年壬戌

案:《宋史》本傳曰:"淳熙改元,進煥章閣學士,知紹興府。"錢氏《宋史考異》卷十三曰:"淳熙當為紹熙之譌。《容齋隨筆》云'紹熙元年。予自當塗徙會稽,過闕'者是也。"傳又曰:"明年再上章告老,進龍圖閣學士,尋以端明殿學士致仕,是歲卒,年八十。"《考異》曰:"据傳文似淳熙二年告老,即以其年卒,今考之,不特'淳熙'字誤,即謂卒於紹熙二年,亦誤也。《容齋三筆》,成於慶元二年六月,其序云:'予從會稽解組還里,於今六年。年齡之運,踰七望八。'則是慶元二年丙辰,邁年尚未盈八十也。據《續筆》云:'乾道乙丑,年四十七。'邁既壽至八十,其卒當在嘉泰二年壬戌矣。"錢氏又撰《洪文敏公年譜》曰:"公致仕及卒年月,俱無可考。本傳於進龍圖閣學士後,即云'尋以端明殿學士致仕,未幾卒',似卒於淳熙二三年間。王圻《續文獻通考》,謂淳熙中謚文敏,亦承《宋史》之誤。據《三筆》《四筆》自序,則慶元中公尚無恙也。公年八十,見於本傳。以《續筆》考之,乾道己丑年四十七,則其卒當在嘉泰二年壬戌也。"此錄載景盧生卒年月,不從《宋史》,與《考異》及《年譜》同而無其說,故具錄之,俾相參證焉。

楊廷秀八十三　萬里　生宣和六年甲辰　卒開禧二年丙寅

周益公《題三老圖詩》自注:"乘成兄生於乙巳,而予丙午,誠齋丁未。"見《示兒編》。今從《宋史》。

案:《三老圖詩》不見於《周益公大全集》,然《詩人玉屑》卷十九引《趙威伯詩餘話》已載其全篇。孫奕《履齋示兒編》卷十引其二句云:"前後顧瞻羞倚玉,支干引從偶聯珠。"并引公自注云云。所謂"支干聯珠"者,謂三人之干支乙巳丙午丁未,前後相次也。益公與誠齋,交誼至篤,不應誤記其生年。奕自言丁巳二月,侍宴春華樓,聞益公論詩,因面誦其所作,則亦必不至譌誤。今以《誠齋集》考之,其卷十有感秋詩,乃戊戌年所作,云:"今年五十二,豈為少年人。"卷六十七《答虞祖禹兄弟書》云:"某自乾道庚寅,為邑於洪之奉新,是時年四十四矣。"卷六十八《上陳勉之丞相書》云:"歲在壬子,年六十有六,以移病而去官,歲在丙辰,年至七十,以引年而納祿。"卷七十三浩齋記,末題"淳熙乙酉",有云:"某今也年六十三矣。"卷百三十二《劉隱君墓誌銘云》:"嘉泰壬戌,予年七十有六。"凡此諸文所紀年,自建炎丁未下推,無不密合,其他似此要尚多,不勝枚舉。夫數人之年齒,豈可不信其自言,而信後世之史官乎?《宋史》之誤,灼然無疑,當改為年八十,生建炎元年丁未，方合。

徐商老八十二　夢莘　生宣和六年甲辰　卒開禧元年乙丑

案：此據《宋史·儒林傳》也。考樓鑰《攻媿集》一百八，《直秘閣徐公墓誌銘》云："慶元二年，有旨朝散大夫徐夢莘聚珍本作"事華"，然云"字商老，著《三朝北盟集編》"，知是"夢莘"之誤，今改正。除直秘閣。始公生於靖康之初元，歲在丙午。建炎二年，當作"三年"，始與下文生纔四年相合。寇蹂江右，公之生纔四年，母氏襁負，僅免於難。"又云："開禧元年，親黨為八十之慶，宴笑數日乃罷。中嬰小疾，精明如故，猶能課諸孫誦習。三年八月，浴出，瞑目危坐而化，二十一日也。"作《宋史》者誤讀墓誌銘，遂云："開禧元年八月卒。"錢氏又承其誤。當改作生靖康元年丙午，卒開禧三年丁卯。

范至能六十八　成大　生靖康元年丙午　卒紹熙四年癸丑

案：本傳不載其年壽，見周必大《平園續稾》卷二十二，《資政殿大學士贈銀青光祿大夫范公神道碑》。

王仲言　明清

《宋史》無傳。據《揮麈前錄》云："紹興丙辰，明清甫十歲。"則是生於建炎元年丁未也。《揮麈後錄餘話》，刻於慶元庚午，其時仲言尚無恙。慶元無庚午，恐是庚申，年七十有四矣。

案：學津討源本及今涵芬樓印影宋鈔本《揮麈餘話》後趙不譾跋，均題"慶元庚申"，不作"庚午"，錢氏所見，當是誤本耳。《攻媿集》卷一百六，《參議方君墓誌銘》云："嘉泰二年，叔恭等既葬君，以書來求銘。新浙西參議官王明清仲言，實余所敬，娶君之女弟，又助之請。"案：嘉泰二年，歲次壬申，仲言年已七十有六。而《揮麈前錄》有王知府自跋，《餘話》目錄後，又有龍山堂牌子云："今得王知府宅真本全帙。"仲言之官知府，又當在浙西參議官之後，不知其卒年若干歲也。

婁彥發七十九　機　生紹興三年癸丑　卒嘉定四年辛未

本傳無年壽及卒年,今據樓鑰撰墓誌。

案:此文在《攻媿集》卷九十七,乃神道碑,非墓誌也。

薛士隆四十　季宣　生紹興四年甲寅　卒乾道九年癸巳

史不載卒年,今據《夷堅丁志》。

案:季宣之字,《宋史·儒林》本傳、陳傅良《止齋文集》卷五十一《薛公行狀》、呂祖謙《東萊集》卷十薛公誌銘,皆作"士龍"。《夷堅丁志》卷十二、《范石湖詩集》卷十三、《攻媿集》卷七十,則作"士隆"。兩者不同,終當以史傳誌狀為正也。《誌銘》云:"乾道九年七月戊申,卒於家,年四十。"則亦不僅見於《夷堅志》矣。

羅端良四十九　願　生紹興六年丙辰　卒淳熙十一年甲辰

錢遵王以為淳熙乙巳卒,誤也。今從曹涇撰墓誌。

案:曹涇所撰《鄂州太守存齋先生羅公傳》,見《鄂州小集》卷首,非墓誌也。

呂伯恭四十五　祖謙　生紹興七年丁巳　卒淳熙八年辛丑

案:本傳無卒年,見《東萊集》後附錄年譜,及劉時舉《續通鑑》卷十、《直齋書錄解題》卷十八。

陳君舉六十七　傅良　生紹興十一年辛酉　卒開禧三年丁卯

史無卒年,據葉適撰墓誌。

案:樓鑰《攻媿集》卷九十五,《陳公神道碑》云:"嘉泰《止齋集》附錄誤作"嘉定"。三年,集英殿修撰陳公告老於朝,除寶謨閣待制,遺奏聞,贈四官。"又云:"十一月十有二日,終於里第,享年八十有七。"又云:"鑰與公同生於丁巳。"葉適《水心文集》卷十六《陳公墓誌銘》云:"嘉泰二年《附錄》誤作"三年"。始復官,三年十一月丙子卒。開禧元年三月,葬於帆遊鄉。"《止齋集》卷五十二,附錄蔡幼學所撰行狀亦略同。不知錢氏何以誤"嘉泰"為"開禧"。使果以開禧三年卒,安得於元年已先葬乎?當改作生紹興七年丁巳,卒嘉泰三年癸亥。

袁和叔八十一　燮　生紹興十四年甲子　卒嘉定十七年甲申

案：本傳不載其年壽及卒年，《真文忠公集》卷四十七《顯謨閣學士致仕袁公行狀》云："八月癸巳，薨於正寢。既薨之三日，寧皇亦棄天下。"則當卒於嘉定十七年；然仍不言年若干歲。此當別有所本，俟更考。

李季章六十四　壁　生紹興二十九年己卯　卒嘉定十五年壬午

案：本傳不載其年壽，見真德秀《文忠集》卷四十一，《故資政殿學士李公神道碑》。

蔡仲默六十四　沈　生乾道三年丁亥　卒紹定三年庚申
史不載其壽，今據真西山撰墓誌。

案：此文見《真文忠集》卷四十二，《題九峯蔡先生墓表》，非墓誌也。

真景元五十八　德秀　生淳熙五年戊戌　卒端平二年乙未

案：《宋史·儒林傳》不載其年壽及卒年，見魏了翁《鶴山大全集》卷六十九，《參知政事資政殿學士致仕真公神道碑》，及劉克莊《後村大全集》卷一百六十八，《西山真文忠公行狀》。又案：本傳云："真德秀，字景元，後更為景希。"誤也。葉紹翁《四朝聞見錄甲集》考亭條。云："文忠真公字景元。攻媿從容叩公曰：'何以謂之景元？'公對以慕元德秀。攻媿曰：'誤矣。'取《毛詩》'高山仰止，景行行止'注文以示公曰：'景，明也。詩人以明行對高山，則景不可以訓慕。'遂為公易曰希元。然天下稱景元已久，至今亦未有稱希元者。"其丙集二元條。又記此事，則謂樓公取詩注示之，真遽易為希元，不云樓易之也。《神道碑》曰："字景元，後更字希元。"《行狀》則直云："字希元。"并不載其初字。此條雖據《宋史》書之。揆以《春秋》"名從主人"之義，當作"希元"為是。

魏華父六十　了翁　生淳熙五年戊戌　卒嘉熙元年丁酉
史不載其年壽。

案：既云"史不載其年壽"，而不言所據何書，疑有脱文。今亦未詳其所出，俟再考。

劉潛夫八十三　克莊　生淳熙十四年丁未　卒咸淳五年己巳

案：《宋史》無傳，見《後村集》附錄，門人洪天錫所撰墓誌銘。

元裕之六十八　好問　生金明昌元年庚戌即宋紹熙元年　卒宋寶祐五年丁巳

案：《金史》本傳不載其卒年。見郝經《陵川集》卷三十五《遺山先生墓銘》。

劉京叔四十八　祁　生金泰和三年癸亥　卒宋淳祐十年庚戌

案：《金史》附見《文藝・劉從益傳》，不載其壽算及卒年。王惲《秋澗集》卷五十八，《渾源劉氏世德碑》云："(祁)年四十八。"郝經《陵川集》卷二十《渾源劉先生哀詞》云："庚戌春，方負笈南邁，以遂摳衣之問，而凶訃掩至。"

王伯厚七十四　應麟　生嘉定十六年癸未　卒元元貞二年丙申　史不載其壽，今據[延祐]《四明志》。何焯云："生於嘉定十四年，年六十七。"此考之未審也。今據[延祐]《四明志》，及陳著《本堂集》考正之。

案：以王氏為生於嘉定辛巳，乃閻若璩語，見《困學紀聞箋》袁桷序篇内，此引作"何焯"，誤也。錢氏《潛研堂文集》卷十九《鄞縣志辯證》云："《宋史・王應麟傳》，不載其卒之年月及年歲若干。閻百詩據本傳云，後二十年卒，則卒當於元成宗元貞二年丙申。又據方回序《小學紺珠》在元大德庚子，自稱回年七十四，公長回六歲。是王氏生於宋寧宗嘉定十四年辛巳。如閻說，厚齋生於辛巳歲，卒於丙申歲，年七十有六也。今考[延祐]《四明志・人物傳》，厚齋年七十四，而陳本堂《祭厚齋文》，皆稱柔兆涒灘之歲，孟冬甲辰，其文亦云'余八十三，公七十四'，則厚齋卒於元貞丙申，年七十四，信矣。推其生年，當在嘉定十六年癸未，非辛巳歲也。本堂祭文，又有季夏聞訃之語，則厚齋之卒，在是年六月也。”

牟獻之八十五　巘　生宋寶慶三年丁亥　卒元至大四年辛亥

案:獻之姓名,附見《宋史·牟子才傳》,及《元史·儒學·牟應龍傳》,僅書其官大理少卿,别無事蹟。惟所著《陵陽集》,有其子應復序云:“至元丙子,即杜門隱居三十六年,年八十五以終。”錢氏蓋據此推算。

王仲謀七十七　惲生　生元戊子即宋紹定元年　卒大德八年甲辰

案:《元史》本傳不載其年壽,《秋澗集》附錄有其子公孺所撰神道碑銘云:“大德甲辰歲,六月辛丑,以疾斃,享年七十有八。”又有陳儼所撰哀挽詩序亦云:“内翰秋澗公謝事之明年,終命於家,春秋七十八。”此作“七十七”,誤也。當作生金正大四年丁亥,即宋寶慶三年。

胡身之五十八　三省　生宋紹定三年庚寅　卒元至元二十四年丁亥

案:身之,宋元《史》皆無傳。宋《寶祐四年登科錄》:“第五甲第一百二十一人,胡三省,字景參,年二十七。”此以推之,正當生於紹定庚寅。《宋元學案》卷八十五云:“史失其傳,不知卒於何時。”此條所記年壽及卒年,未詳見於何書。考袁桷《清容居士集》卷四十三,《祭胡梅磵文》,不署年月。其卷三十三《師友淵源錄》云:“胡三省,天台人,寶祐進士,釋《通鑑》三十年,兵難稾三失。乙酉歲,至元二十二年也,胡氏《通鑑注》序,末題旃蒙作噩,即是年。留袁氏塾,日手抄定注。己丑寇作,以書藏窖中得免。”全祖望《鮚埼亭集》外編卷十八《胡梅磵藏書窖記》云:“南湖袁學士橋,清容之故居也。其東軒有石窖焉。予過而嘆曰,此梅磵藏書之所也,”就二書之言觀之,則梅磵方於至元二十六年己丑,自藏其書,安得先卒於二十四年耶?錢氏必有所據,姑誌所疑以俟再考。

祖謨謹案:錢氏定胡氏卒年在元至元二十四年丁亥者,蓋據

《通鑑釋文辨誤自序》。序作於是年春,錢氏殆以是年成書之後胡氏不久即逝,故以此為其卒年,實則非也。考[光緒]《寧海縣志》卷二十藝文内編墓碑類嘗據胡氏家乘載身之子幼文所作墓碑,謂公生於宋寶慶六年庚寅四月癸亥,卒於大德壬寅正月戊午,享年七十有三,是身之卒於元大德六年也。寶慶六年,即紹定三年,别詳拙著《胡三省生卒行歷考》,載《輔仁學誌》第十三卷。

周公謹七十七　密　生宋紹定五年壬辰　卒元至大元年戊申

至大戊申,年七十七,尚無恙,據《癸辛雜識》。

案:公謹,宋元《史》皆無傳。其生於紹定壬辰,見《珊瑚木難》卷《五弁陽老人自銘》,惟其卒年不可知。錢氏自言據《癸巳雜識》。余取津逮本《雜識》再三檢閱,其紀元終於大德,見《别集》卷上。干支終於戊戌,即大德二年見《别集》卷下。并無至大戊申年七十七之文,不知錢氏所據何本。錢氏時僅有《津逮秘書》及《稗海》兩刻本。且即令果有此語,又惡從知其便終於是年乎?此條所記卒年及壽算,恐皆不可據也。

戴帥初六十七　表元　生宋淳祐四年甲辰　卒元至大三年庚戌

案:《元史·儒學傳》不載其卒年。宋濂《學士集》卷六,《剡源集》序亦見本集卷首。云:"元執政者薦之,起為信州教授,先生年已六十一矣,後六年終。"據本傳,信州之授,在大德八年。由此下推六年,正得至大庚戌也。

吴幼清八十五　澄　生宋淳祐九年己酉　卒元元統元年癸酉

案:《元史》本傳云:"天曆三年,朝廷以澄耆老,特命次子京為撫州教授以便養。明年六月卒,年八十五。"考《文宗紀》:"天曆三年五月,改元至順。"是澄卒於至順二年。上推八十五歲,則當生於淳祐七年丁未。然《吴文正公集》卷首,載危素撰年譜,虞集撰行狀,《道園學古錄》未收。皆云:"淳祐九年己酉生,《文正集》卷三十四,《劉季説墓表》云:"與余同生淳祐己酉者,有程鉅夫。"其他篇自言生年者尚多。元統元年六月卒,年八十五。"行狀作"至順四年",即元統元年也。揭傒斯撰神道碑,《揭文安公集》未收。書其卒年亦同,此皆出於同時人之手,危素又其弟子,自為可信,錢氏從之是也。失在不引本傳,著其異同耳。吴修附注謂文正卒於至順二年,年八十三。其説與史及碑狀皆不合,乃欲以駁錢氏,誤之甚矣。

陳可大八十一　澔　生宋景定二年辛酉　卒元至正元年辛巳

案:《元史》無傳,此不知據何書,俟考。

袁伯長六十一　桷　生宋咸淳三年丁卯　卒元泰定四年丁卯

吴修附注曰:"修案:《甫里集》云:'伯長生咸淳丙寅,宋亡時纔十有四歲。'丙寅至祥興己卯,正十四年也。如泰定丁卯卒,當年六十二。"嘉錫案:錢氏據《元史》本傳也。考蘇天爵《滋溪文稾》卷九《袁文清墓誌銘》云:"泰定四年,八月三日,以疾終於家,享年六十有二。"然則史果誤矣。

柳道傳七十三　貫　生宋咸淳六年庚午　卒元至元二年壬午

案:本傳不載卒年,見黄溍《金華黄先生集》卷三十,《翰林待制柳公墓表》。

虞伯生七十七　集　生宋咸淳八年壬申　卒元至正八年戊子
《水東日記》云"七十二"。

案:伯生壽算及卒年,均見本傳。錢氏既據以入錄,又以《水東日記》作"七十二"為疑。考歐陽玄《圭齋集》卷九,《虞雍公神道碑》云:"宗亡,公五齡。"又云:"至元八年五月二十三日,以疾薨,享年七十有七。"碑傳相合,無可疑者。葉盛《水東日記》卷三十七,錄皇宋第十六飛龍之時,此明初閩儒余應詩,見程敏政《宋遺民錄》卷十五。以元順帝為瀛國公之子,因考史册所書,野史所記,附於詩後。所謂史册,即《元史》也。考其所引,惟前三行出《順帝本紀》,其餘大抵出於《虞集傳》。亦有數句非《集傳》語。然其字句頗有譌誤。如傳言:"文宗在上都時,將立其子阿刺忒納答剌為皇太子。"盛乃引作:"文宗在上都時,將立之為太子。"是指順帝矣。考之史傳并無其事。蓋随筆掇錄,未能細審。其以伯生為卒年七十二，亦是筆誤耳。以至正八年五月卒為十一月，亦誤。既非别有所出，何足為據？錢氏引以存疑，未免自生荆棘矣。

曹雲西八十四　知白　生宋咸淳八年壬申　卒元至正十五年乙未

案：《元史》無傳，俟考。

張伯雨七十二　雨　生至元十四年丁丑　卒至正八年戊子

劉基作墓誌云："至正乙酉，與外史一見，明年七月卒。"則年止七十也。

案：《元史》無傳。劉基撰墓誌，《誠意伯文集》未收。姚綬撰小傳，均附汲古閣刻本《句曲外史集》第三卷後。此條采自小傳，而以墓誌注其異同也。

黄晉卿八十一　溍　生至元十四年丁丑　卒至正十七年丁酉

案：本傳不載卒年，見《金華黄先生文集》附録，宋濂撰行狀。

吴仲圭七十五　鎮　生至元十七年庚辰　卒至元十四年甲午

案：《元史》無傳。《四庫全書總目》卷一百六十八曰："《梅花道人遺墨》二卷，元吴鎮撰。《嘉興志》稱其卒於明洪武中。考鎮自書墓碣，稱生於至元十七年庚辰，卒於至正十四年甲午，則未嘗入明，志為舛誤。"此條"卒至元十四年"，當改作"至正"。

歐陽原功七十五　玄　生至元二十年癸未　卒至正十七年丁酉

吴修附注曰："修案：《元詩選》小傳云，卒年八十五。"嘉錫案：《元史》本傳云："至正十七年，十二月戊戌卒，年八十五。"《元詩選》蓋本於此。然考《圭齋文集》卷十六，附危素所撰行狀云："公生於至元二十年五月，至正十七年十二月戊戌，薨於崇教里寓舍。"是圭齋之年，實止七十有五。錢氏本之行狀自不誤，誤乃在《元史》耳。

于思容五十　欽　生至元二十一年甲申　卒至順四年癸酉即元統元年

案:《元史》無傳,見《柳貫待制集》卷十一,《于思容墓誌銘》。

顧仲瑛六十　瑛　生至大三年庚戌　卒明洪武二年己酉

案:仲瑛姓名,附見《明史·文苑·楊維楨傳》,稱"崑山顧瑛",又附《陶宗儀傳》後,稱"顧德輝,字仲瑛"。實即一人。傳不言壽若干。見《玉山逸稿》附錄殷奎撰墓誌銘。

# 《文津文庫》近期書目

## 1、哲學宗教

六十四卦經解　　(清)朱駿聲著;胡雙寶點校

## 2、歷史地理

現代中國名人外史　　坦蕩蕩齋主著
商周史料考證　　丁　山著
中國金石學講義　　陸和九著
西域考古記舉要・中國西部考古記
**漢魏兩晉南北朝史叢考**　　余嘉錫著

## 3、書目版本

國學要籍研讀法四種　　梁啓超著
士禮居藏書題跋記　　黃丕烈著
刼中得書記　　鄭振鐸著
書林清話　　葉德輝著
余嘉錫古籍論叢　　余嘉錫著

## 4、文學藝術

中國版畫史略　　郭味蕖著
古小說鈎沉　　魯　迅著
古代小說叢考　　余嘉錫著